本书受河南省高等学校哲学社会科学基础研究重大项目"汉画中的礼文化研究"（编号：2022-JCZD-16）、南阳师范学院汉文化学科群建设委托项目"汉代文明社会研究"（编号：22822301）、南阳师范学院重点学科"中国古代史"、河南省高等学校人文社会科学重点研究基地"汉文化研究中心"经费支持。

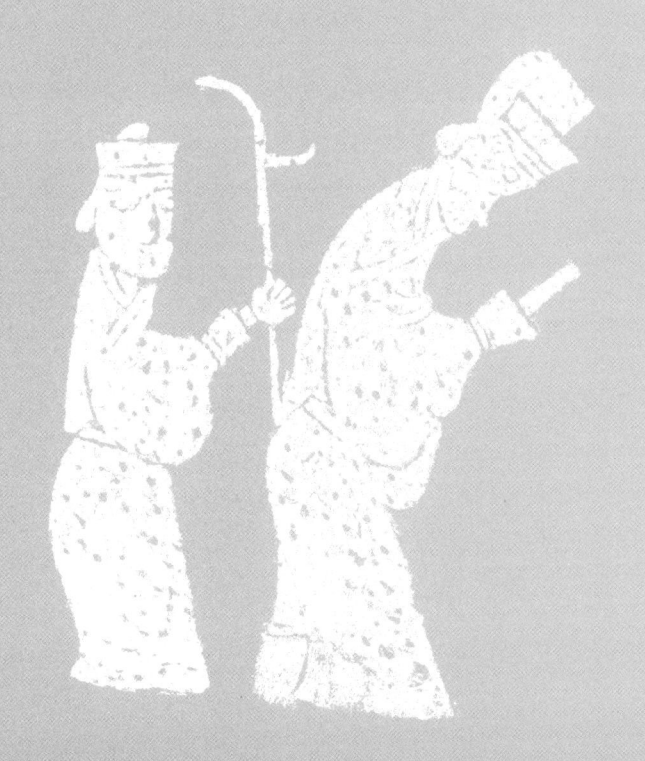

高二旺 鲁丽 著

汉画中的
礼文化研究

中国社会科学出版社

图书在版编目（CIP）数据

汉画中的礼文化研究 / 高二旺，鲁丽著. -- 北京：中国社会科学出版社，2024.9. -- ISBN 978-7-5227-3765-2

Ⅰ. K879.424；K892.26

中国国家版本馆 CIP 数据核字第 2024F80S15 号

出 版 人	赵剑英
责任编辑	金　燕　胡安然
责任校对	杨　林
责任印制	李寡寡

出　　版	中国社会科学出版社
社　　址	北京鼓楼西大街甲 158 号
邮　　编	100720
网　　址	http://www.csspw.cn
发 行 部	010-84083685
门 市 部	010-84029450
经　　销	新华书店及其他书店
印　　刷	北京明恒达印务有限公司
装　　订	廊坊市广阳区广增装订厂
版　　次	2024 年 9 月第 1 版
印　　次	2024 年 9 月第 1 次印刷
开　　本	710×1000　1/16
印　　张	26
插　　页	2
字　　数	401 千字
定　　价	139.00 元

凡购买中国社会科学出版社图书，如有质量问题请与本社营销中心联系调换
电话：010-84083683

版权所有　侵权必究

目　录

绪　论 ……………………………………………………………（1）

第一章　礼文化相关汉画涌现的社会背景 ………………………（9）
　第一节　两汉礼制建设和以礼治国实践——礼文化题材
　　　　　汉画出现的学术与政治背景 ……………………………（9）
　第二节　两汉的礼文化教育——礼文化题材汉画出现的
　　　　　教育背景 …………………………………………………（18）
　第三节　多彩的生活礼俗——礼文化题材汉画出现的社会
　　　　　背景 ………………………………………………………（35）
　第四节　画像在礼文化实践中的功用 ………………………………（40）

第二章　汉画中的军事政治之礼 …………………………………（46）
　第一节　汉画中的军事之礼 …………………………………………（46）
　第二节　汉画中的政治之礼 …………………………………………（68）
　第三节　车马出行汉画中的军事政治之礼 …………………………（81）

第三章　社会活动类题材汉画体现的礼文化 ……………………（107）
　第一节　汉画中的交接之礼 …………………………………………（107）
　第二节　汉画中的祭祀与丧葬之礼 …………………………………（159）
　第三节　汉画中的其他社会活动之礼 ………………………………（183）

第四章　汉画反映的主流礼义精神 (225)
第一节　汉画中的忠义之礼 (225)
第二节　汉画中的孝悌之礼 (240)
第三节　汉画中的贞节信义之礼 (256)

第五章　汉画反映的礼俗观念 (264)
第一节　汉画反映的天界观念与仙界礼仪 (264)
第二节　汉画反映的灵魂观念与阴间之礼 (280)
第三节　汉画反映的吉祥观念与利后礼俗 (289)

第六章　汉画中的建筑及礼器用具 (304)
第一节　汉画建筑中的礼文化 (304)
第二节　汉画社会活动中的礼器用具 (329)
第三节　汉画中的其他礼器 (372)

余　论 (382)
第一节　汉代礼文化与汉画之间的相互影响 (382)
第二节　关于汉画解读过程中的过分解读与不当解读反思 (396)

主要参考文献 (400)

绪 论

礼作为传统文化的重要载体，贯穿中国历史的各个层面。从礼的实施范围来说，礼文化包括国家制度层面的礼制文化和广泛流行于民众之中的礼俗文化。从礼的构成要素来说，礼又是由外在仪节和内在规范形成的礼仪、作为行礼依托物质条件的礼器用物，以及基于礼文化实施目的的礼义内涵共同体现出来的文化系统。从本质上讲，古代礼文化不仅是中国作为文明社会的体现，也是古代的一种国家制度，更是古人的一种行为规范。礼文化是精神文明和物质文明的结合体，具有很强的教化意义和实践功能。汉代是中国古代礼文化系统实施的历史时期，也是中华民族文化基因定型的关键时期。汉代的礼文化不仅通过史书等文字资料流传下来，还通过文物和画像石等历史遗存得以生动保留。因此，各种汉画图像是研究汉代礼文化的宝贵资料。

汉画是汉代人留下的珍贵历史财富，其载体包括画像石、画像砖、壁画、帛画、器物画等。其中，画像石是汉画的主体，其次为汉画像砖。此外还有摩崖石刻画像，如孔望山摩崖石刻。画像石由于体积较大，故画面能塑造较复杂的内容和题材，且不容易被破坏。画像砖个体小，画面的复杂程度难比画像石，但由于其复制更为容易，其传播也更为便捷，对研究汉画像的传播特点和普及程度更为有利。并且由多个画像砖组成的壁面同样能塑造复杂和大型的画面，这种砖墓在汉代比较少见，到南朝得以广泛流传。由于墓葬原因，汉代更多的是土面壁画。画面内容复杂，其色彩容易保存下来。崖墓由于刻绘难度较大，且受外部环境影响大，画面精美程度一般不够理想。至于帛画和器物上的刻画，其优点也是色彩更容易保持，但保存难度较砖石更大。汉画中既有礼仪和礼器方面的刻画，也有在内容上体现出的礼文化暗示。受当时的礼制所限和礼俗影响，汉画的制作要受到礼文化的约束，同时，汉代的礼文化也会在汉画中得到体现。目前与本书相关的研究成果主要体现在以下几个方面。

其一，汉画研究为主，部分内容涉及礼文化。

中华人民共和国成立以来到20世纪末，随着大量画像石墓的发掘和画像砖石的发现，人们对汉画的研究日益深入。21世纪以来，关于汉画的整理与研究成果大量涌现，信立祥《汉代画像石综合研究》、王建中《汉代画像石通论》等成果对汉画的分期、题材分类、艺术风格等进行了总体研究。① 中国画像石全集编辑委员会编著的《中国画像石全集》对山东、河南、四川、陕西、江苏等地发现的画像石进行了研究整理。② 在《汉代画像石全集·中国画像石概论》中，俞伟超把汉画的内容分为七个主题，分别为：天象，鬼神，祥瑞，古之帝王、圣贤和忠臣、孝子、烈士、贞女等历史成败故事，表现墓主身份的车马出行图等，表现主人财富的农田、牧场及作坊等，表现墓主生活的宅院、仓廪、庖厨、宴饮、乐舞、百戏和讲学、献俘等活动。蒋英炬、杨爱国在《汉代画像石与画像砖》一书中将画像石内容分为四类：社会生活类，车骑出行及乐舞百戏类，历史故事类，神鬼祥瑞类。③ 从中我们不难看出，无论怎样对汉画内容分类，每一类题材的画像石中都有很多关于汉代礼文化的内容，反映了礼文化已经渗透入汉代社会生活的方方面面。关于汉画著录和研究的成果，还有朱青生主编的《汉画总录》系列著作。④ 此外，汉画像石的几大重要发现地都有地域性的研究成果出现，如河南南阳、山东、江苏徐州、陕西、四川、安徽等地都有本地汉画整理、研究的著述。

时至今日，汉画的研究与其他学科领域的结合也在日益深化，每个领

---

① 信立祥：《汉代画像石综合研究》，文物出版社2000年版；王建中：《汉代画像石通论》，紫禁城出版社2001年版。
② 中国画像石全集编辑委员会编：《中国画像石全集》，山东美术出版社、河南美术出版社2000年版。
③ 蒋英炬、杨爱国编：《汉代画像石与画像砖》，文物出版社2001年版。
④ 《汉画总录》系列由朱青生主编，广西师范大学出版社出版，目前尚未出齐。

域都有代表性的学者，如汉画的民俗学研究、神话学研究、宗教学研究、美术学研究、建筑学研究、音乐学研究等。① 研究内容涵盖汉代政治、经济、文化、教育、思想、民俗、艺术等各个方面。

此外，研究汉画的角度也在不断创新。郑岩论文《关于汉代丧葬画像观者问题的思考》、李立著作《汉画像的叙述——汉画像的图像叙事学研究》等成果都从宏观和整体的视角，利用图像学来研究汉画。② 还有通过汉画艺术来探讨汉代思想史的，如刘茜《汉画像石图像艺术与汉代生死观》。③ 有的学者把汉画作为一门学科进行研究，如陈江风论文《汉画学学科建设的思考及其依据——纪念鲁迅先生收集汉画像90周年》，以及杨絮飞、李国新著作《汉画学概论》等。④ 上述成果在内容方面部分涉及汉代礼文化的内容，诸如丧礼、乐礼、祭祀之礼等。

其二，从汉画角度研究汉代礼文化。

汉代画像既具有重要的艺术价值，同时也是研究汉代经济、政治、文化、思想的重要材料。反映社会现实的汉代画像在一定程度上具有实物描绘的特点，它作为史料更为真实形象，在这方面的价值是书面材料所不能比拟的。利用汉画专门来探讨汉代的礼文化是汉画研究的一个方向。

车马出行之礼研究较早，如日本学者林巳奈夫的论文《后汉时代の车马行列》对画像石中最常见的车马出行制度进行探索，根据画像石中的车马出行图来推知墓主或祠堂主人的身份乃至其升迁过程。⑤ 土居淑

---

① 汉画的民俗学方面有朱存明等《民俗之雅：汉画像中的民俗研究》，生活·读书·新知三联书店2019年版；汉画神话学研究如王青《中国神话的图像学研究》，科学出版社2019年版；宗教学研究如汪小洋《汉墓壁画的宗教信仰与图像表现》，上海古籍出版社2012年版；建筑学研究如黄续《砖石为骨　图像为魂：汉画像砖石的营建与装饰》，文化艺术出版社2022年版；汉画音乐学研究如李荣有《中国音乐图像学概论》，人民音乐出版社2020年版。
② 参见郑岩《关于汉代丧葬画像观者问题的思考》，载朱青生主编《中国汉画研究2》，广西师范大学出版社2006年版；李立《汉画像的叙述——汉画像的图像叙事学研究》，中国社会科学出版社2016年版。
③ 刘茜：《汉画像石图像艺术与汉代生死观》，中国社会科学出版社2015年版。
④ 陈江风：《汉画学学科建设的思考及其依据——纪念鲁迅先生收集汉画像90周年》，《鲁迅研究月刊》2005年第3期；杨絮飞、李国新：《汉画学概论》，大象出版社2019年版。
⑤ ［日］林巳奈夫：《后汉时代の车马行列》，《东方学报》1966年第37期。

子论文《古代中国の画像石》也对车马出行图进行了研究。① 信立祥论文《汉代画像中的车马出行图考》、巫鸿论文《从哪里来？到哪里去？——汉代艺术中的车马图像》都探讨了汉画中的车马出行礼仪。②

从汉画探讨汉代祭祀、思想、礼乐、交往、服饰等礼俗方面的成果也不断出现。佐原康夫《汉代祠堂画像考》对作为墓祭设施的祠堂汉画进行研究，探讨了其中蕴含的宗教和教化要素。③ 陈江风《汉画像中的玉璧与丧葬观念》从玉璧画像入手探讨了汉代的丧葬观念。④ 李卫星《汉画像石所见周礼遗俗》研究了汉画像石中所体现的周礼遗俗。⑤ 李建新《从汉画像看汉代的祭祀礼俗》、任义玲《汉代画像石刻中的拜谒礼俗探析》、王元林《试析汉墓壁画孔子问礼图》都对汉代的礼俗进行了探讨。⑥ 汪小洋《汉画像石宗教思想的研究》、黄宛峰《汉画像石与汉代民间丧葬观念》，两部专著都对汉画中的宗教思想与丧葬观念进行了研究。⑦ 李荣有《礼复乐兴：两汉钟鼓之乐与礼乐文化图考》《汉画钟鼓之乐与礼乐文化考论》则对汉代的礼乐制度进行了考证。⑧ 张倩倩论文《汉代世俗世界中的礼乐文明——汉画像石与汉代礼乐文化简论》探讨了汉画像石中的社会世俗礼乐文化。⑨ 王玉金《从南阳汉画看汉代的等级制度》、胡丹丹《汉画中的汉代服饰研究》从交往及服饰等方面论述

---

① ［日］土居淑子：《古代中国の画像石》，同朋舍1986年版。
② 信立祥：《汉代画像中的车马出行图考》，《东南文化》1999年第1期；［美］巫鸿、郑岩：《从哪里来？到哪里去？——汉代艺术中的车马图像》，《中国书画》2004年第4期。
③ ［日］佐原康夫：《汉代祠堂画像考》，《东方学报》1991年第63卷。
④ 陈江风：《汉画像中的玉璧与丧葬观念》，《中原文物》1994年第4期。
⑤ 李卫星：《汉画像石所见周礼遗俗》，《中原文物》2001年第1期。
⑥ 李建新：《从汉画像看汉代的祭祀礼俗》，《开封大学学报》2008年第1期；任义玲：《汉代画像石刻中的拜谒礼俗探析》，《东南文化》2009年第4期；王元林：《试析汉墓壁画孔子问礼图》，《考古与文物》2012年第2期。
⑦ 汪小洋：《汉画像石宗教思想的研究》，天津人民美术出版社2004年；黄宛峰：《汉画像石与汉代民间丧葬观念》，中国社会科学出版社2015年版。
⑧ 李荣有等：《礼复乐兴：两汉钟鼓之乐与礼乐文化图考》，中国社会科学出版社2012年版；李荣有：《汉画钟鼓之乐与礼乐文化考论》，《天津音乐学院学报》2012年第2期。
⑨ 张倩倩：《汉代世俗世界中的礼乐文明——汉画像石与汉代礼乐文化简论》，《齐鲁文化研究》2013年总第13辑。

了南阳汉画中的等级制度。①

在对汉代礼文化的微观研究和图像解析方面，杨爱国《汉画像石中的庖厨图》探讨了汉代的饮食礼俗，认为庖厨图中主要内容大致分为屠宰图、汲水图、炊煮图、切菜图四类。②徐志君论文《汉画所见棨戟研究——论使用、形制和意义》对汉画中棨戟的形制进行了研究，认为棨戟在两汉（主要是东汉）的社会现实中，流变为中下层官吏都可以享用的仪仗的一部分，成为普通官宦家庭门口迎谒的一种象征物。③刘乐乐《河南汉画中建鼓图的礼仪功能探析》认为建鼓作为乐器之一，承担着祭祀的娱神功能以及宴饮或丧葬表演的娱人功能，与其他图像配合具有求仙道的象征意义。④王怀平《汉画像"孔子见老子"与喻"礼"图式资源》认为，隐喻"礼"意是"孔子见老子图"画面制作的主要目的，尚"礼"的人物形象，问"礼"的故事图景，喻"礼"之图像符号都是汉画像"孔子见老子图"留给后人的图式文化资源。⑤

此外，巫鸿《礼仪中的美术——巫鸿中国古代美术史文编》等著述从美术考古的视角对画像石等各类出土美术作品进行了研究和解析，从宏观和图像分析的角度来探讨汉画中的"礼仪美术"，认为礼仪美术是中国美术在魏晋以前的主要传统，其不少内容论及汉画中出现的礼文化。⑥遗憾的是，这些研究大多是从绘画本身进行研究，较少结合汉代社会历史进行更为细致的研究。其对汉代礼俗、礼制以及汉画中礼器仪节的探讨还有很大空间。

其三，从史学角度研究汉代礼文化。

---

① 王玉金：《从南阳汉画看汉代的等级制度》，《南都学坛》1993年第1期；胡丹丹：《汉画中的汉代服饰研究》，《黑龙江史志》2015年第11期。
② 杨爱国：《汉画像石中的庖厨图》，《考古》1991年第11期。
③ 徐志君：《汉画所见棨戟研究——论使用、形制和意义》，《南京艺术学院学报》（美术与设计版）2015年第5期。
④ 刘乐乐：《河南汉画中建鼓图的礼仪功能探析》，《文化遗产》2017年第3期。
⑤ 王怀平：《汉画像"孔子见老子"与喻"礼"图式资源》，《齐齐哈尔大学学报》（哲学社会科学版）2019年第12期。
⑥ ［美］巫鸿著，郑岩、王睿编：《礼仪中的美术——巫鸿中国古代美术史文编》，郑岩等译，生活·读书·新知三联书店2005年版。

秦汉史学界对汉代礼文化进行了诸多研究。当前关于汉代礼文化的研究成果主要表现在汉代礼学、礼制和礼治等方面。礼学方面如华友根《西汉礼学新论》、周德良《白虎通暨汉礼研究》等，从各个方面探讨了汉代礼学。①

礼制也是汉代礼文化研究的一个重点，陈戍国专著《秦汉礼制研究》分五礼对两汉礼制进行了研究。向晋卫论文《汉代礼制与公私秩序的构建》②把汉代礼制与汉代社会的研究结合起来，其他还有对汉代建筑礼制、服饰礼制、丧葬礼制等进行研究的论文。

韩国河专著《秦汉魏晋丧葬制度研究》、范志军学位论文《汉代丧礼研究》都考察了汉代的丧礼制度。③郭善兵论文《略析汉晋时期皇帝宗庙四时祭、禘祫祭问题》、王柏中专著《两汉国家祭祀制度研究》是研究汉代祭祀之礼的成果。④研究汉代建筑礼制的专著有杨宽《中国古代陵寝制度史研究》、姜波《汉唐都城礼制建筑研究》等。⑤杨树达《汉代婚丧礼俗考》、彭卫《汉代婚姻形态》、李如森《汉代丧葬礼俗》几部著作都是研究汉代婚丧礼俗的成果。⑥

把礼与汉代政治结合起来进行研究也是一个重要方向，这方面的成果如苏诚鉴论文《宗法礼制与王莽代汉》、向晋卫论文《两汉时期的"制礼"运动》、胥仕元论文《汉初礼治与皇权巩固》、李俊芳专著《汉代皇帝施政礼仪研究》等都对汉代礼的应用及礼与国家统治的关系进行了考察。⑦除采用传

---

① 华友根：《西汉礼学新论》，上海社会科学院出版社1998年版；周德良：《白虎通暨汉礼研究》，台湾学生书局2007年版。

② 陈戍国：《秦汉礼制研究》，湖南教育出版社1993年版；向晋卫：《汉代礼制与公私秩序的构建》，《兰州学刊》2011年第11期。

③ 韩国河：《秦汉魏晋丧葬制度研究》，陕西人民出版社1999年版；范志军：《汉代丧礼研究》，博士学位论文，郑州大学，2006年。

④ 郭善兵：《略析汉晋时期皇帝宗庙四时祭、禘祫祭问题》，《历史教学问题》2003年第4期；王柏中：《两汉国家祭祀制度研究》，民族出版社2005年版。

⑤ 杨宽：《中国古代陵寝制度史研究》，上海古籍出版社1985年版；姜波：《汉唐都城礼制建筑研究》，文物出版社2003年版。

⑥ 杨树达：《汉代婚丧礼俗考》，商务印书馆1933年版；彭卫：《汉代婚姻形态》，三秦出版社1988年版；李如森：《汉代丧葬礼俗》，沈阳出版社2003年版。

⑦ 苏诚鉴：《宗法礼制与王莽代汉》，《学术界》1987年第5期；向晋卫：《两汉时期的"制礼"运动》，《云南社会科学》2006年第3期；胥仕元：《汉初礼治与皇权巩固》，《河北大学学报》（哲学社会科学版）2008年第6期；李俊芳：《汉代皇帝施政礼仪研究》，中华书局2014年版。

统的史料，从文学角度来研究汉代礼文化也是一个值得注意的方向。如许结论文《汉赋与礼学》从学术史的角度对汉大赋的形成及价值进行了重新评估，认为汉赋与汉代礼学有着紧密的联系。①

从研究现状可以看出，目前汉画研究处于百花齐放的状态，但仍有可深挖之处：其一，从艺术的视野对汉画研究较多，对汉画的史料价值发掘不够，在视角上侧重思想史研究和微观阐释，比较研究偏少，研究方法主要体现在图像分析、图像解读等方面，对汉画的史料作用不够重视，对汉画的宏观研究少；其二，结合汉画来研究汉代礼文化的成果主要集中在某个方面的礼仪，如车马出行、丧礼祭祀、拜谒、服饰或某种礼仪器物等方面，对汉代礼文化的研究尚不够系统全面；其三，关于汉代礼文化的研究侧重于礼学和礼制研究，对丧葬、祭祀、建筑等探讨颇多，但对礼文化与社会的互动关注不够，对汉代礼的实践及其社会功能的探讨依然薄弱。

此外，专门研究汉代礼文化的成果极少使用汉画的材料。如有些研究秦汉礼制或汉代礼文化的专著对汉代礼制或某方面礼俗进行了较为系统的研究，但其中几乎没有用到汉画像砖石的材料。礼制作为礼文化的核心层面，不仅具有礼仪的特点，它还同官制、法律等国家政治制度紧密结合在一起。反映礼文化的汉代画像在一定程度上具有实物描绘的特点，在这方面的价值是书面材料所不能比拟的。从汉画的角度来研究汉代礼文化，不仅能深化汉画的研究，还能使我们从一个新的视角来研究汉代礼制与国家制度，并通过画像中展现的汉代礼俗去了解汉代丰富的物质文明和精神世界。

《周礼》把礼分为吉礼、凶礼、军礼、宾礼、嘉礼五类，被后世历代因循。若把汉画中的礼文化与古代经典的五礼分类比照，我们会发现不少汉画题材都与礼文化有关，如吉礼，见于祭祀等画像内容；凶礼，包含丧葬、送丧等画像内容；军礼，见于部分车马出行、战争、献俘、部分宴饮等画像；宾礼，见于部分车马出行、拜谒等画像；嘉礼，见于

---

① 许结：《汉赋与礼学》，《阜阳师范学院学报》（社会科学版）2003年第1期。

宴饮、乐舞、养老等画像。本著作的主体分为六章，重点对汉画涌现的社会背景以及汉画中体现的军事政治之礼、社会生活之礼、礼义精神、礼俗观念、汉画建筑中体现的礼文化及礼仪器具等进行研究，并对汉代礼文化与社会的互动情况进行探讨。

第一章

礼文化相关汉画涌现的社会背景

汉画中的许多内容都是汉代礼文化的反映，而汉代礼学发展、礼制建设、礼文化教育以及民间礼俗的状况是汉画产生的社会土壤，因此有必要对汉画中诸多礼文化要素产生的社会背景进行述论。

第一节 两汉礼制建设和以礼治国实践——礼文化题材汉画出现的学术与政治背景

两汉是中国古代礼学经典文献整理和将以礼治国理论付诸实践的朝代，其间礼学的发展及相关文献的整理为汉代礼文化的兴盛奠定了学术基础。在此基础上，两汉还进行了多次制礼活动，与在此基础上的礼治实践构成汉代礼文化题材汉画出现的政治背景。

一 两汉礼学发展及礼类文献的著述

礼文化题材汉画的出现，与两汉礼学文献的流传有着不可分割的联系，而礼学的传承与发展和礼学文献的整理也为汉代的制礼活动和以礼治国实践奠定了理论基础。

两汉时期，礼学大家涌现，比较著名的有西汉叔孙通、高堂生、刘向、戴圣、萧望之，东汉郑玄、马融、贾奎、卢植、曹褒、蔡邕、张衡、应劭等。两汉礼学家们整理出来了《仪礼》《礼记》等经典性的著作，尤其是郑玄为三礼作注，使之成为礼学的经典文献，对后世影响深远。

据《汉书·儒林传》载，西汉初期的礼学家除叔孙通外，言礼者还有高堂生、孟卿等人。《仪礼》原名《士礼》，西汉初年，鲁高堂生传《士礼》十七篇，而鲁地的徐生最擅长颂礼。孝文时，徐生因善颂礼而仕进为礼官大夫，后来其孙子徐襄也以擅长颂礼为大夫，官至广陵内史。徐延及徐氏弟子公户满意、桓生、单资皆为礼官大夫。其后学瑕丘人萧奋以精通《礼》至淮阳太守。

《礼记》原名《礼》，最早传播者是孟卿，他师事萧奋，以《礼》授后仓、闾丘卿。后仓说《礼》数万言，整理后被称《后氏曲台记》，并以此传授沛闻人通汉、庆普，梁戴德、戴圣叔侄。通汉以太子舍人身份论辩石渠，官至中山中尉。庆普授鲁夏侯敬，又传族子庆咸，为豫章太守。戴德号"大戴"，后为信都太傅；戴圣号"小戴"，以博士身份参加石渠论辩，官至九江太守。《礼》以大戴、小戴、庆氏之学三家最为著名。三家在后世都有流传，并有不少后学以此入仕。大戴授琅邪徐良，为博士、州牧、郡守，家世传业。小戴授梁人桥仁、杨荣子孙。桥仁仕进为大鸿胪，家世传业，杨荣官至琅邪太守。这样大戴又分出徐氏之学，小戴又分出桥、杨氏之学。东汉前期，大小戴《礼》尚能平分秋色，到东汉末年，郑玄为小戴礼记作注，遂成为经典之作长期流传，大戴礼记渐衰。

据《隋书·经籍志》记载：关于《礼记》的著述有戴德撰《大戴礼记》十三卷、卢植注《礼记》十卷、戴圣撰《礼记》二十卷，郑玄注戴圣所撰《礼记》二十卷；关于《仪礼》方面有郑玄注《仪礼》十七卷、马融注《仪礼义疏见》二卷、《仪礼义疏》六卷；丧服相关的著述有郑玄注《丧服经传》一卷，《丧服谱》一卷，马融注《丧服经传》一卷；关于《周礼》方面有郑玄注《周官礼》十二卷、马融注《周官礼》十二卷。研究礼经的综合类著述也不少，如西汉戴圣撰《石渠礼论》四卷、《群儒疑义》十二卷；东汉许慎撰《白虎通》六卷、《五经异义》十卷；戴逵撰《五经大义》三卷。郑玄生活在东汉末年，他注《礼纬》三卷，还撰《礼乐义》十卷，《礼秘义》三卷，《三礼目录》一卷，并与后汉侍中阮谌等撰《三礼图》，还为《仪礼》《礼记》《周礼》等礼典作注，使之成为后世通行的礼学经典。① 其他如应劭著《汉官礼仪故事》，"凡朝廷制度，百官典式，多劭所立"；② 卢植作《三礼解诂》；景鸾撰《礼内外记》，号曰《礼略》。这些礼学文献的整理极大有利于礼制的教育和礼学的传承、普及。

礼学经典的大量涌现，再加上礼学研究者的师承传播，这些著述对汉代的礼制建设无疑具有理论指导作用。

二 西汉朝仪创设和官方制礼活动

礼作为一种社会文明和社会意识的集中体现，制度层面的礼从来都是受到国家干预的。汉代是中国古代继先秦之后礼制发展的重要阶段，西汉礼仪创建开始于叔孙通草创朝仪、定宗庙仪法。早在西汉初年，由于刘邦的功臣多来自社会下层，毫无礼仪修养，以至于出现酒后大呼小叫，拔剑击柱这样令人头疼的事。高祖刘邦深受功臣们无礼乱象的困扰，便命儒士叔孙通制订礼仪，以端正君臣之位，树立皇权威严。叔孙通带领山东的一帮弟子们用草人进行演练，朝仪实施后，朝堂上群臣肃静，没有谁再敢做出无礼之举。刘邦非常震惊，深切体会到作为皇帝的威严："吾乃今日知为天子之贵也！"③ 他随即任命叔孙通为奉常，修定仪法，并给予参与修订朝仪的儒生们一定的政治待遇。汉初的礼仪修订还未完成，叔孙通便去世了。文帝、景帝统治时期，致力于发展经济，休养生息，礼制建设多阙。到武帝时期，文治武功兼修，对制礼作乐表现出浓厚的兴趣。他认为导民以礼才能使老百姓安居乐业，并对当时的礼坏乐崩感到忧虑。元朔五年（公元前124年）夏，武帝下诏"令礼官劝学，讲议洽闻，举遗兴礼，以为天下先"。④ 他倡导恢复古礼，为西汉的礼仪兴盛创造了良好的政治环境。为了真正实践礼仪，武帝在位期间亲自制订封禅礼，并六次举行封禅

---

① （南朝宋）范晔：《后汉书》卷79下《儒林传下》，中华书局1965年版。本书所引《后汉书》均采用此版本。
② 《后汉书》卷48《应奉传附子劭传》。
③ （汉）班固：《汉书》卷22《礼乐志》，中华书局1962年版。本书所引《汉书》均采用此版本。
④ 《汉书》卷6《武帝纪》。

大典。

此外，武帝还制定了三年一郊祭的制度，在雍地建立五畤，亲往祭祀，开创了把天神泰一和五帝一起合祀的制度。在祭祀地神方面，他立后土祠于汾阴，亲祭社神。祭祀祖先神方面，武帝在汶上造明堂。对汉初至武帝时制礼的概况，班固评价认为，西汉面临的是战国秦朝留下的各种积弊，高祖刘邦拨乱反正，文帝和景帝务在养民，他们对兴复古礼之事，还有很多不完备的地方。武帝"兴太学，修郊祀，改正朔，定历数，协音律，作诗乐，建封禅，礼百神"，①继周代礼乐文明后，文治武功，功绩斐然。汉武帝时期的王霸之业和文化昌盛，与其重视礼仪是分不开的。

武帝之后，昭、宣、元三帝在位期间，虽然有大臣一再要求制礼作乐，但由于种种原因，在礼制建设方面没有什么大的进展。成帝继位后大兴礼仪，他亲自于长安南郊礼天，于北郊祠后土，令博士们行大射礼。他以张禹为丞相，在礼制的创设方面取得了一定的进展。此间刘向上疏："宜兴辟雍，设庠序，陈礼乐，隆雅颂之声，盛揖攘之容，以风化天下。"②可见当时的礼制建设还可以深入开展下去。后因刘向去世，其上言也就不了了之，成帝礼制建设并未彻底完成。总的看来，西汉礼制建设成效较著的时期，在高祖、武帝、成帝三朝。西汉的礼制建设取得了一定的成就，但总的来说还不够完善，这从史书的记载可见一斑。《汉书》仅有《礼乐志》一卷，《郊祀志》二卷，表明西汉礼制建设还不成体系。

西汉末年王莽篡政，他借助元帝以来形成的复古思潮，进一步托古改制，仿周礼制礼作乐，以至于"不暇省狱讼冤结民之急务"。③王莽改革的力度很大，并且细致入微。如王莽效法古礼，力行男女之大防的教化。元始五年（5年），王莽加九命之锡，大权在握，他上奏实行男女异路的礼制，对违犯者处以象刑。王莽还大力提拔积极推行礼制改革的官员，其中，刘歆、陈崇等十二人都因为治明堂、宣教化有功而被封为列侯。④王

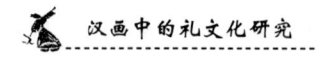

---

① 《汉书》卷6《武帝纪》。
② 《汉书》卷22《礼乐志》。
③ 《汉书》卷99中《王莽传中》。
④ 《汉书》卷99上《王莽传上》。

莽即位后,更是对遵行礼教的官吏加以褒奖。虞唐尊为太傅期间,外出看见男女同在路上走在一起的情况,便亲自下车,依照象刑把这些人衣服染成犯人穿的红褐色。王莽听说后非常高兴,下诏让公卿们向唐尊看齐,还封唐尊为平化侯。① 从这样一个并没有什么功劳却因执着推行王莽礼制而封侯的官员中可见王莽复兴古礼的狂热程度。强化男女大防,其实是一种倒行逆施,但在客观上对王莽在社会上推行礼制多少产生了影响。王莽败亡后,其创立的礼仪制度部分为东汉采用。

三 东汉礼制创设与系统礼制的形成

东汉礼制更加成熟,在因袭前代礼仪的基础上完善创新,其间经过了光武帝、明帝、章帝等帝王,以及曹褒、胡广、蔡邕等大臣对礼制创设的努力,最终形成了系统的礼制。《后汉书》有专门的《礼仪志》和《舆服志》,记载了当时的各种礼制。

光武帝时期,开始对礼制进行恢复和完善。建武五年(29年),光武帝修起太学,让官员们学习礼仪,按照古典法式,利用笾豆干戚等古代礼器,演习礼制,穿着与方位相应的服装,并按照一定的仪程学习矩阵和行礼步伐,辅之以各种灵活的动作。② 这是光武帝重视礼制的开始。建武七年(31年)春,光武帝再次下诏禁止厚葬,诏书提到,当世以厚葬为美德,把薄葬看作卑下的行为,此俗导致富者奢僭,贫者财产耗竭,以至于达到法令和礼义都不能禁止的地步,"其布告天下,令知忠臣、孝子、慈兄、悌弟薄葬送终之义"。③ 可见武帝初年,社会上把厚葬看作是美德,结果厚葬消耗大量钱财,对社会伦理造成挑战,以至于皇帝不得不下诏纠正。

到了建武十三年(37年),益州公孙述已经被平定,公孙述以前所用的瞽师、郊庙乐器、葆车、舆辇等礼制器物被传送京师,至此东汉礼制法物才得以完备。建武十五年(39年),光武帝接受群臣建议定号位分封藩王,以"明亲亲,尊宗庙,重社稷"。司空奉上舆地图,太常"择吉日,

---

① 《汉书》卷99下《王莽传下》。
② 《后汉书》卷79上《儒林传上》。
③ 《后汉书》卷1下《光武帝纪下》。

具礼仪"。① 建武十九年（43年），在张纯等人的建议下，东汉初步确定了有关皇室宗庙的礼制。此后张纯又提出了有关制定封禅礼仪的问题，建议二月择嘉时"东巡狩，封于岱宗，明中兴，勒功勋，复祖统，报天神，禅梁父，祀地祇，传祚子孙"。② 中元元年（56年），光武帝东巡岱宗。博士曹褒随光武帝巡狩岱宗，定封禅礼，返回后"受诏议立七郊、三雍、大射、养老礼仪"。③ 光武帝还根据张纯和博士桓荣的意见营建明堂、辟雍、灵台。

光武帝为东汉一朝的礼制建设奠定了基础，但远未达到完备的程度。明帝时开始修订礼仪制度，东平王刘苍起到了推动作用，永平元年（58年），"四方无虞，苍以天下化平，宜修礼乐，乃与公卿共议定南北郊冠冕车服制度"。④ 在位举行封禅之礼，并诏令曹褒"议立七郊、三雍、大射、养老礼仪"。⑤

明帝在位期间是礼制建设的成熟时期，他继位的第二年便"宗祀光武皇帝于明堂，以配五帝。礼备法物，乐和八音，咏祉福，舞功德，其班时令，敕群后"。⑥ 可见当时礼乐制度已经比较完备。明帝还带头实行大射礼、养老礼、乡饮酒礼、藉田等礼仪。

章帝时期，一方面组织进行大规模的五经研讨和礼仪创建活动，召集官员和诸儒于白虎观，"讲议《五经》同异"，"如孝宣甘露石渠故事，作《白虎议奏》"。⑦ 另一方面重用当时的礼学家曹褒，准备系统地完善礼仪。曹褒博物识古，是著名的大儒，一生中著有《通义》十二篇，并为《礼记》四十九篇作传。他在汉初叔孙通所制《汉仪》十二篇的基础上撰制《汉礼》，但遗憾的是大臣们指责他擅制《汉礼》，破坏扰乱圣王之术，⑧

---

① 《后汉书》卷1下《光武帝纪下》。
② 《后汉书》卷35《张纯传》。
③ 《后汉书》卷35《曹褒传》。
④ 《后汉书》卷42《光武十王传·东平宪王苍传》。
⑤ 《后汉书》卷35《曹褒传》。
⑥ 《后汉书》卷2《显宗孝明帝纪》。
⑦ 《后汉书》卷4《章帝纪》。
⑧ 《后汉书》卷35《曹褒传》。

曹褒所制《汉礼》也半途而废。

东汉后期，蔡邕、张衡、卢植等都曾就礼制建设提出过建议。经过两汉多位帝王和大臣的努力，完备的礼制体系在东汉末年基本形成。范晔高度评价东汉的礼制建设："大礼虽简，鸿仪则容。天尊地卑，君庄臣恭。质文通变，哀敬交从。元序斯立，家邦乃隆。"①

总的看来，汉代的礼制建设主要经历了三个阶段，分别为西汉初年至武帝时期，成帝至王莽改制时期，东汉光武帝至明帝、章帝时期。两汉的礼制建设时断时续，故而有学者认为，汉代的礼制建设是失败的，并认为汉朝制礼的最后失败是由经学作为官学的内在矛盾以及专制制度的内在矛盾所决定的。② 这其实是一种误解，从以上正史所载两汉礼制以及两汉的礼学文献来看，两汉的礼制修撰和推行是成功的，至于礼制建设过程中的时断时续，在许多王朝都是如此。由于政权的更迭，任何朝代的礼制都处于不断适应社会的变动之中。也就是说，礼制建设不是一劳永逸和一蹴而就的。西汉武帝和东汉明帝的礼制建设成果最为显著，武帝兴复太学，完善郊祀制度，改易正朔，并对国家的历数、音律、诗乐进行改革，举行封禅，礼敬百神，文治武功均焕然可述。明帝时达到了"七郊礼乐三雍之义备"的程度，章帝时东汉礼制建设继续完善，"左右艺文，斟酌律礼"。

可以说，汉代是继周代之后第一个有详细记载，真正制礼作乐而且帝王亲自践行各种礼仪活动的王朝。尽管还存在一定不够完美的地方，但其创设礼制的模式和各种礼制的内容为后世奠定了基础。两汉能够维持四百年的统治，跟汉代礼制发挥的稳定社会作用是分不开的。两汉对后世礼制建设也有着不可低估的影响。有学者认为，从汉代到清代，中国传统社会的礼治模式，无论在观念、制度，还是在规范等层面的建构，主要是在两汉形成的。③ 因此，汉代礼制是中国古代礼制史上的重要一环，奠定了其后中国礼制的框架。

---

① 《后汉书》卷96《礼仪志下》。
② 王四达：《论汉礼的兴作在经学演进过程中的三次跃迁》，《福建论坛》（人文社会科学版）2002年第3期。
③ 李宗桂：《汉代礼治的形成及其思想特征》，《哲学研究》2007年第10期。

四　两汉礼制建设之比较

西汉是礼制建设的草创和发展时期，东汉是礼制的系统完善时期。纵向比较，东汉礼制比西汉礼制更为完备。从正史的结构和内容可见一斑，《史记》有《礼书》一卷，论述了丰富的礼文化思想，但没有具体礼制内容，这跟司马迁生活的武帝时代尚未大规模制礼有关；《汉书》有《礼乐志》一卷，仅概述西汉礼制历史，而且是"礼"与"乐"合为一卷的，并没有具体内容，此外有《郊祀志》两卷可作为补充。相比而言《后汉书》有《礼仪志》三卷、《舆服志》两卷，还有《祭祀志》三卷，这些都详细记载了汉代礼制的内容，体现了东汉礼制建设的成果。对东汉礼制建设的特点，陈戍国认为，东汉礼仪对前朝既有继承也有创新，并没有简单地否定新莽礼仪。有学者认为，东汉诸礼对西汉、新莽的礼仪，既有因袭，也有革除和完善，并有一定程度的创新，故并非完全与旧制无关。[①]从史书所载来看，东汉礼制确实并非照搬西汉礼制，它在西汉礼制的基础上有了很大程度的创新。

从礼制建设的重心来看，西汉初建时期，出于紧迫需要重视朝仪，随后扩及祭祀礼制及官员礼制，如汉武帝非常注重封禅、郊祀、宗庙、明堂、巡狩等祭祀之礼。西汉末年至新莽时期，王莽出于维护统治需要，重视政治礼制的托古改制。

东汉时期礼制建设不仅重视礼仪的制度创建，更加注重礼仪的实施。重视通过礼仪活动以上率下，以及礼仪对社会各阶层民众的教化。光武帝继位初年便修起太学，让官员们学习礼仪，还按照古典法式，利用笾豆干戚等古代礼器演习礼制。张纯对东汉初期的礼制建设出力颇多，朝廷每有疑议，便会咨访张纯，因此"自郊庙婚冠丧纪礼仪义，多所正定"。[②] 明帝即位次年，亲行辟雍礼，他头戴通天冠，身穿绣有日月图案的衣服，陈列完备的礼器法物，举行盛大的清道之仪，他先是坐明堂而

---

① 陈戍国：《中国礼制史·秦汉卷》，湖南教育出版社2002年版，第417—418页。
② 《后汉书》卷35《张纯传》。

朝群后，并登上灵台望天而祭，在辟雍之上行袒割之礼，尊养三老五更。举行飨射礼结束后，明帝正坐亲自讲授经文，诸儒们执经随意上前问难，当时盛况空前，包括冠带缙绅士大夫在内的百姓，环绕桥门而观听者大概有亿万计。天子亲自讲授经文，百姓也能听讲，表明礼仪开始走向民间。

可见，东汉不仅注重朝廷礼仪的重建，更注重冠、昏、丧、祭、乡射等与社会大众密切相关诸礼的完善。东汉还强调礼制在强化等级上的重要功能，如舆服在东汉时期确立，主要由东平王刘苍等人制订，他看到天下太平，认为应借此机会修订礼乐，他与公卿们共同议定"南北郊冠冕车服制度，及光武庙登歌八佾舞数"。① 舆服作为实践性很强的朝廷礼制，在确定社会等级方面具有重要的作用。舆服礼仪的兴起，是为了报功彰德，尊仁尚贤。故这种礼仪尊敬位尊者，看重贵显者，不得随便逾越自身应有的礼仪，这就是礼的一个重要功能。人们不得穿与自身地位不相匹配的衣服，是为了顺应礼的要求。如果人们都顺守礼仪，那么就会起到"上下有序，德薄者退，德盛者缛"的正面引导作用。② 东汉地方官员也注重礼仪的教化，如伏湛做任何事都遵循文德，把礼乐作为政治教化之首，即便是仕途不顺也不愿停止。为此，他奏行乡饮酒礼，朝廷遂广泛施行。③ 东汉制礼活动促进了礼仪的社会化，上自天子下至民间儒生都注重以礼乐教化民众。

在汉代的礼制建设下，两汉社会的礼仪制度逐渐成熟，以舆服礼制为核心的礼文化直接影响汉画中的车马出行礼制。加之汉代实施以孝治国，许多汉画像石墓和祠堂建筑都是以孝的名义建造的，这些汉画像石建筑既是在汉代礼文化影响下的产物，其内容也反映了汉代礼文化的诸多层面。因此，礼学研究、礼制建设和礼仪实践构成了礼文化题材汉画涌现的政治背景。

---

① 《后汉书》卷42《光武十王传》。
② 《后汉书》卷119《舆服志上》。
③ 《后汉书》卷26《伏湛传》。

第二节　两汉的礼文化教育——礼文化题材汉画出现的教育背景

在汉代推行以礼治国的过程中，礼文化的教育和教化起到了传播和普及礼，以及提升全民文明素质的作用，这也为礼文化题材汉画的大量出现营造了良好的社会环境。礼类汉画的流行，同汉代对礼文化的重视和礼教的推行有很大关系，从某种程度上说，汉画本身就是礼文化教育的一个途径。

一　汉代礼文化教育主体和教育对象

（一）礼文化教育的主体

在汉代，帝王、朝官及地方官吏、儒林士人等都能够成为礼文化教育的主体。礼文化教育关键在于官方的引导和以身作则，匡衡上书说："臣闻教化之流，非家至而人说之也。贤者在位，能者布职，朝廷崇礼，百僚敬让。道德之行，由内及外，自近者始，然后民知所法，迁善日进而不自知。是以百姓安，阴阳和，神灵应，而嘉祥见。"①

帝王方面，两汉的皇帝大多有礼文化教育的举措。刘邦善于采纳合理意见，对礼的教化作用也有清醒的认识，早在与项羽相争时，"汉王为义帝发丧，袒而大哭，哀临三日"，② 获得了天下的拥护。拜韩信为大将时，接受萧何的建议择选良日，斋戒沐浴，设立坛场，③ 礼数备至。刘邦登基后，任用叔孙通制朝仪以教育群臣。刘邦对后代也常重视礼的教育，在《手敕太子》诏书中，他教育太子刘盈要礼敬功臣长辈："汝见萧、曹、张、陈、诸公侯，吾同时人，倍年于汝者，皆拜。并语于汝诸弟。"④ 可

---

① 《汉书》卷81《匡衡传》。
② 《汉书》卷1上《高帝纪上》。
③ （汉）司马迁：《史记》卷92《淮阴侯列传第三十二》，中华书局1959年版。本书所引《史记》均采用此版本。
④ （清）严可均校辑：《全上古三代秦汉三国六朝文》，中华书局1958年版，第130—131页。

见，刘邦在生活中不拘小节，但在大事上对礼非常重视。

此后的皇帝都非常重视礼的教化，或亲身实践，或下诏兴礼。文帝时，亲行耕籍之礼，十三年（公元前167年）春下诏亲率天下农耕以供宗庙粢盛，皇后身穿祭服行亲桑之礼，要求各种礼仪必须完备。① 武帝时期多次封禅泰山，完善朝廷礼制，并下诏令礼官劝学，讲议洽闻，"举遗兴礼，以为天下先"。② 宣帝时更加注意民间的礼仪教育，当时一些郡国的二千石官员规定百姓嫁娶时不得备办酒食互相庆贺聚集。宣帝下诏废除违反礼俗的苛禁，认为婚姻之礼是人伦的大端，而酒食宴会则是百姓践行礼乐的途径。禁止百姓聚饮是废乡党之礼的行为，剥夺了百姓的快乐，并非导民向善的做法。但随着民间奢靡越礼之风盛行，成帝下诏禁止车服嫁娶葬埋过制的现象："圣王明礼制以序尊卑，异车服以章有德，虽有其财，而无其尊，不得逾制，故民兴行，上义而下利。"③ 元帝在位期间，"宾礼故老，优繇亮直。外割禁囿，内损御服，离宫不卫，山陵不邑"。④ 哀帝时重视丧礼的教化功用，表彰恪守礼制的大臣，如河间王刘良为太后服丧三年，为宗室们作出了表率，被益封万户。哀帝还下诏规定"博士弟子父母死，予宁三年"。⑤

东汉明帝重视帝王礼仪，永平二年（59年），下诏封泰山，建明堂，立辟雍，起灵台。春天，他亲临辟雍，开始行大射礼，秋十月，又幸辟雍，开始行养老礼。永平十三年（70年）春二月，明帝亲耕于藉田，"礼毕，赐观者食"。⑥ 章帝建武年间，再次设置《颜氏》《严氏春秋》，大、小戴《礼》博士。这起到了教化天下的作用。

此外，帝王还通过对大臣的礼遇来教化官僚队伍。体现为生前的优待和死后的哀荣等方面，如博士张山拊死后，谷永上疏请"加其葬礼，赐之

---

① 《汉书》卷4《文帝纪》。
② 《汉书》卷6《武帝纪》。
③ 《汉书》卷10《成帝纪》。
④ 《汉书》卷100下《叙传下》。
⑤ 《汉书》卷11《哀帝纪》。
⑥ 《后汉书》卷2《显宗孝明帝纪》。

令谥，以章尊师褒贤显功之德"，① 皇上吊赠甚厚。此类例子不胜枚举。

朝臣及地方官也是礼文化教育的重要主体。朝臣是皇帝的重要辅佐、朝廷礼文化教育的重要推行者。武帝时公孙弘为学官，与太常孔臧等上书重申先帝旨意令礼官劝学兴礼，教化民众。② 丙吉为相时，对西汉中期的文化繁荣起到了不可忽视的作用。班固评价道："孝宣中兴，丙、魏有声。"③ 梁松博通经书，明习故事，"与诸儒修明堂、辟雍、郊祀、封禅礼仪，常与论议，宠幸莫比。光武崩，受遗诏辅政"。④

地方官在对民众的礼文化教育中处于主导地位。韩延寿为颍川太守期间，颍川多豪强，难治，而且民多怨仇。延寿欲更改恶俗，教以礼让，他招来郡中长老设酒具食，亲与相对，接以礼意，并与他们"议定嫁娶丧祭仪品，略依古礼"。延寿"令文学校官诸生皮弁执俎豆，为吏民行丧嫁娶礼"，百姓遵用其教。延寿还"上礼义，好古教化……修治学官，春秋乡射，陈钟鼓管弦，盛升降揖让，及都试讲武，设斧钺旌旗，习射御之事"。⑤ 黄霸继任颍川太守，沿袭了韩延寿的教化政策，"以礼义条教喻告化之"，受到宣帝的嘉奖。后来征为京兆尹而至丞相，"复以礼义为治"。⑥ 地方官因教化而受到帝王表彰的情况很常见，元始四年（4年），皇帝下诏祭祀那些教化民众政绩突出的官员，蜀郡的文翁、九江的召父都受到表彰，郡中的二千石每年都率官属们行礼祭祀。召信臣政绩显著，不仅在九江的墓地被奉祠，官府还在南阳为其立祠祭祀。⑦

百姓之外，地方官对属吏的礼制教化也是非常重要的，如尹翁归入守右扶风，"选用廉平疾奸吏以为右职，接待以礼，好恶与同之。其负翁归，罚亦必行"。⑧ 薛宣入守左冯翊，在属吏休息的日子，贼曹掾张扶独不肯

---

① 《汉书》卷88《儒林传·张山拊传》。
② 《史记》卷96《张丞相列传第三十六》。
③ 《汉书》卷74《丙吉传》。
④ 《后汉书》卷34《梁统传附子松传》。
⑤ 《汉书》卷76《韩延寿传》。
⑥ 《史记》卷96《张丞相列传》。
⑦ 《汉书》卷89《循吏传·召信臣传》。
⑧ 《汉书》卷76《尹翁归传》。

休,薛宣教育他说:"礼贵和,人道也是相通的。属官们虽有公事要处理,但他们的家人也希望得到关注。他们回去面对妻子,设酒肴招待邻里,一笑相乐,不是能起到很好的教化作用吗?"① 张扶惭愧,官属称善。朱博迁琅邪太守,新上任时右曹掾史们装病不见,朱博皆斥罢诸病吏。不久,门下掾赣遂作为耆老大儒又拜起舒迟,朱博命主簿:"赣老生不习吏礼,主簿且教拜起,闲习乃止。"又敕功曹令官属服装符合礼制,结果"视事数年,大改其俗,掾史礼节如梦、赵吏"。② 他以礼的教化为切入点整顿官场陋习。

建武初年,张湛为左冯翊太守,"在郡修典礼,设条教,政化大行"。③ 何敞任汝南太守,"分遣儒术大吏案行属县,显孝悌有义行者。……郡中无怨声,百姓化其恩礼"。④

也有一些官员以自己修身影响了周围的人,从而起到教育别人的作用。隽不疑"治《春秋》,为郡文学,进退必以礼,名闻州郡"。⑤ 张湛"矜严好礼,动止有则……三辅以为仪表"。⑥ 蔡衍是汝南项人,"少明经讲授,以礼让化乡里"。⑦ 周燮"志行高整,非礼不动,遇妻子如君臣,乡党以为仪表"。⑧

此外,儒林士人通过礼学研究和私学传授,也成为礼文化教育的重要推动者。鲁国作为孔子故里,礼学教育兴盛,以至于司马迁到孔子故里参观时,为那里繁盛的礼仪活动所吸引:"汉兴,然后诸儒始得修其经艺,讲习大射乡饮之礼。叔孙通作汉礼仪,因为太常,诸生弟子共定者,咸为选首,于是喟然叹兴于学。"⑨ 汉代的礼学家除了叔孙通外,还有高堂隆、伏生、大小戴、庆普、闻人通汉等人,他们都推动了礼的传承和教育。司

---

① 《汉书》卷83《薛宣传》。
② 《汉书》卷83《朱博传》。
③ 《后汉书》卷27《张湛传》。
④ 《后汉书》卷43《何敞传》。
⑤ 《汉书》卷71《隽不疑传》。
⑥ 《后汉书》卷27《张湛传》。
⑦ 《后汉书》卷67《蔡衍传》。
⑧ 《后汉书》卷53《周燮传》。
⑨ 《史记》卷121《儒林列传第六十一》。

马迁认为:"儒者博而寡要,劳而少功,是以其事难尽从。然其序君臣父子之礼,列夫妇长幼之别,不可易也。"他还提出:"夫礼禁未然之前,法施已然之后。法之所为用者易见,而礼之所为禁者难知。"①

(二) 礼的教育对象

帝王、官僚、百姓都是礼制的教育对象。

帝王是礼文化教育的主体,同时也是礼文化教育的对象。对帝王的礼文化教育主要有两个途径,一是帝王年幼时受到的皇族教育,其中包含有礼文化教育的内容;二是通过臣下的进谏,促使帝王自我反省。

对皇族的礼文化教育在年幼时就开始了,由太师、太傅等官员进行教育,东汉设立太子太傅一人,俸禄为中二千石。其职掌是辅导太子。"礼如师,不领官属。"②皇子封王的,其郡国设置傅一人,相一人,俸禄都是二千石。傅的职责是导王以善,以师礼对待,不同于普通臣子。相位比太守,属官有长史,地位如郡丞。③哀帝在诏书中提到:"朕幼而孤,皇太太后躬自养育,免于襁褓,教道以礼,至于成人,惠泽茂焉。"④

大臣的进谏也能对帝王起到一定的监督和教育作用。西汉谷永曾建议成帝"起居有常,循礼而动,躬亲政事"。谷永"因天变而切谏",试图对皇帝进行约束。⑤龚遂曾经建议昌邑王:"请选郎通经术有行义者与王起居,坐则诵《诗》《书》,立则习礼容,宜有益。"⑥昌邑王同意,龚遂选郎中张安等十人侍王,几天后张安等人被昌邑王驱逐。表明臣下试图用礼的教育来影响君王的努力很难奏效。有些权臣也可以对昏庸违礼的帝王进行废黜,如霍光废刘贺为昌邑王,立刘询为帝,即汉宣帝。

对皇权统治来说,礼文化教育的首要对象就是官僚。为对官僚进行礼文化教育,西汉初年便由叔孙通制礼仪以正君臣之位。刘邦高兴地说:

---

① 《史记》卷130《太史公自序第七十》。
② 《后汉书》卷117《百官志四》"太子太傅"条。
③ 《后汉书》卷118《百官志五》"王国"条。
④ 《汉书》卷77《郑崇传》。
⑤ 《汉书》卷85《谷永传》。
⑥ 《汉书》卷89《循吏传·龚遂传》。

"我今天才知道当天子的尊贵。"① 西汉对诸王进行教育，元帝曾遣王骏谕指曰淮南王刘钦："礼为诸侯制相朝聘之义，盖以考礼一德，尊事天子也。"②

民众是礼教化更广泛的对象，朝廷以礼为名进行的思想控制以及地方官推行的教化，无不是希望广大百姓成为顺民，正如孔子所说"教民亲爱莫善于孝，教民礼顺莫善于悌，移风易俗莫善于乐，安上治民莫善于礼"。③ 董仲舒也提到："节民以礼，故其刑罚甚轻而禁不犯者，教化行而习俗美也。"④ 此类例子甚多，不必赘述。

二 礼文化教育的内容和手段

汉代对礼制一词也有了专门的定义，司马迁说："天高地下，万物散殊，而礼制行也。"《集解》郑玄曰："礼为异。"《正义》解释道："大圣制礼，别异尊卑，是众大而行，故云礼制行矣。礼以节制为义，故云礼制。"⑤ 由此可见，礼制具有两层含义，一是区分尊卑，二是节制人欲。礼的一个重要功能是分辨等级，"贵贱有等，长少有差，贫富轻重皆有称也"。⑥ 为了达到这个目的，就必须用礼制去规范。礼制无论对修身还是治国都有着重要作用："治身者斯须忘礼，则暴嫚入之矣。为国者一朝失礼，则荒乱及之矣。"制礼也是为了维持社会关系的稳定，具体说来："人性有男女之情，妒忌之别，为制婚姻之礼。有交接长幼之序，为制乡饮之礼。有哀死思远之情，为制丧祭之礼。有尊尊敬上之心，为制朝观之礼。"⑦ 根据礼文化教育的目的，汉代的礼文化教育的内容主要集中在以下几个层面。

（一）尊卑有序——尊敬

表尊敬是礼制的基本要求，尊敬上天、尊敬鬼神、尊敬帝王、尊敬上

---

① 《汉书》卷22《礼乐志》。
② 《汉书》卷80《宣元六王传·淮阳宪王刘钦传》。
③ （唐）李隆基注，（宋）邢昺疏，金良年整理：《孝经注疏》卷6《广要道章》，上海古籍出版社2009年版，第62页。
④ 《汉书》卷56《董仲舒传》。
⑤ 《史记》卷24《乐书第二》。
⑥ 《史记》卷23《礼书第一》。
⑦ 《汉书》卷22《礼乐志》。

级长辈，互相尊敬，正所谓"庄敬恭顺，礼之制也"，① 有人概括为"礼主敬"。"故制礼以崇敬，作刑以明威。"② 序尊卑则是表达尊敬程度的前提，成帝曾下诏："圣王明礼制以序尊卑，异车服以章有德，虽有其财，而无其尊，不得逾制，故民兴行，上义而下利。"③ 司马迁认为："夫列君臣父子之礼，序夫妇长幼之别，虽百家弗能易也。"④ 礼制除了序尊卑之外，还有崇尚有德之人的目的，故礼制不能随便逾越，"故圣王弗替，而修礼地祇，谒款天神，勒功中岳，以彰至尊"。⑤

尊敬是礼的要求，但如果违背礼意，就会缺乏应有的尊重，"外貌斯须不庄不敬，而慢易之心入之矣"。⑥ 汉代用法律来禁止大不敬的行为，文帝时，丞相申屠嘉入朝，邓通有怠慢之礼。申屠嘉对文帝说："陛下爱幸臣，则富贵之。至于朝廷之礼，不可以不肃。"⑦ 遂招邓通到丞相府，欲以大不敬的名义斩杀，幸赖文帝求情才得以解围。其他如丞相韦玄成因"不驾驷马车而骑至庙下"的不敬罪名被削爵。⑧ 元朔三年（公元前126年），武安侯田恬"坐衣襜褕入宫，不敬"，国除。⑨

司直翟方进奏免司隶涓勋的主要理由就是不敬，根据汉代制度，司隶校尉位在司直下。翟方进任司直伊始，而涓勋也初拜为司隶，涓勋"不肯谒丞相、御史大夫，后朝会相见，礼节又倨"。⑩ 于是翟方进奏劾涓勋："勋吏二千石，幸得奉使，不遵礼仪，轻慢宰相。"请求把涓勋免职，皇上遂贬涓勋为昌陵令。宣帝初即位，严延年劾奏霍光"擅废立，亡人臣礼，不道"。尽管奏章被压下，但"朝廷肃焉敬惮"。⑪

---

① 《史记》卷24《乐书第二》。
② 《汉书》卷23《刑法志》。
③ 《汉书》卷10《成帝纪》。
④ 《汉书》卷23《刑法志》。
⑤ 《史记》卷117《司马相如列传》。
⑥ 《史记》卷24《乐书第二》。
⑦ 《史记》卷96《张丞相列传》。
⑧ 《汉书》卷73《韦贤传附子玄成传》。
⑨ 《史记》卷107《魏其武安侯列传》。
⑩ 《汉书》卷84《翟方进传》。
⑪ 《汉书》卷90《酷吏传·严延年传》。

建武八年（32年）夏，光武帝亲征隗嚣，窦融率步骑数万，与大军会高平第一城。窦融先遣从事问会见的礼仪，当时军旅频兴，即便是诸将与三公也不知礼仪。光武帝"闻融先问礼仪，甚善之，以宣告百僚。乃置酒高会，引见融等，待以殊礼"。① 光武帝优待窦融，主要是他重视礼仪，尊敬皇帝，光武帝礼遇窦融，其实是教育群臣们要明礼敬上。

东汉章帝性宽仁，叔父济南、中山二王每数入朝，特加恩宠，及诸昆弟并留京师，不遣就国。宋意上疏认为，帝王对臣下"恩宠逾制，礼敬过度"是不合适的，他说："《春秋》之义，诸父昆弟无所不臣，所以尊尊卑卑，强干弱枝者也。……不宜以私恩损上下之序，失君臣之正。"② 此建议被皇帝采纳。

威仪是体现尊敬的外在表现，"夫威仪，所以与君臣，序六亲也。若君亡君之威，臣亡臣之仪，上替下陵，此谓大乱"。③ 失去威仪便是不敬，永初六年（12年）春，行大射礼，司空张敏由于"陪位顿仆"，结果被策罢。④ 此外，两汉时期实行了严格的舆服制度，东汉时期更加成熟，正史中出现了专门的《舆服志》。从中可见官僚们的服装、出行、丧礼、封授等礼仪活动都能够体现出尊卑等级。礼贯穿了一个人的生死，"礼，生有爵，死有谥，爵以殊尊卑，谥以明善恶"。⑤

由此可见，尊敬应用在臣下对皇帝、下级对上级等广泛的场合，这的确是礼制的基本要求。为达到教育目的，既有正面的奖励诱导，也有对违制者的处罚警示。

（二）孝悌、尊师、养老

对父母的孝道不仅表现在孝养方面，更表现在对父母以礼对待上，即"生，事之以礼；死，葬之以礼，祭之以礼"。⑥ 原涉的父亲哀帝时为南阳太守，天下殷富，大郡二千石官员去世，赙敛送葬都在千万以上，家人赖

---

① 《后汉书》卷23《窦融传》。
② 《后汉书》卷41《宋均传附族子意传》。
③ 《后汉书》卷94上《礼仪志上》。
④ 《后汉书》卷44《张敏传》。
⑤ 《后汉书》卷20《祭遵传》。
⑥ 杨伯峻译注：《论语译注》，中华书局1980年版，第13页。

之以定产业。"时又少行三年丧者。及涉父死，让还南阳赗送，行丧冢庐三年，繇是显名京师。礼毕，扶风谒请为议曹，衣冠慕之辐辏"。① 原涉名声大显的主要原因在于为父亲实行了三年丧礼。

父母之外，老师也是应该礼敬的对象。于定国为廷尉，"迎师学《春秋》，身执经，北面备弟子礼"。② 不仅大臣如此，帝王也非常尊敬老师。东汉明帝即位，对桓荣"尊以师礼，甚见亲重，拜二子为郎"。永平二年（59年），三雍初成，拜荣为五更。"每大射养老礼毕，帝辄引荣及弟子升堂，执经自为下说"。③ 永平十五年（72年），桓郁入授皇太子经，"诏敕太子、诸王各奉贺致礼。郁数进忠言，多见纳录"。④ 明帝时还命郡、县、道于学校行乡饮酒礼，皆祭祀圣师周公和孔子，以犬作为祭祀用牲。⑤

尊老也是汉人的传统礼仪，早在高祖刘邦在位时，尊重"四皓"而立惠帝为太子。永平二年十月，明帝行养老礼，他"亲袒割，执爵而酳。祝哽在前，祝噎在后"，并命令有司"存耆耋，恤幼孤，惠鳏寡"。⑥ 孝在古代不仅是一种道德，也具有顺应天道的含义，是帝王应该遵守的礼制，章帝说："《礼》，人君伐一草木不时，谓之不孝。俗知顺人，莫知顺天。其明称朕意。"⑦

（三）贞顺节义

贞顺首先是一种家庭礼仪，是妻子对丈夫应尽的责任。在两汉时期，女性的贞节观念逐渐强化，对女性贞节礼教也处于定型时期。具体表现在贞节理论的成熟和系统化、政府对贞节行为干预的常态化和制度化以及女性贞节行为的增加等方面。⑧ 而节义是同贞顺联系在一起的。

叔孙通曾说："礼者，因时世人情为之节文者也。"⑨ 有气节而不失礼，

---

① 《汉书》卷92《游侠传·原涉传》。
② 《汉书》卷71《于定国传》。
③ 《后汉书》卷37《桓荣传》。
④ 《后汉书》卷37《桓荣传附子郁传》。
⑤ 《后汉书》卷94上《礼仪志上》。
⑥ 《后汉书》卷2《显宗孝明帝纪》。
⑦ 《后汉书》卷3《肃宗孝章帝纪》。
⑧ 高二旺：《论汉代妇女贞节礼教的定型》，《江汉论坛》2011年第8期。
⑨ 《汉书》卷43《叔孙通传》。

也是礼制要求的。在刘邦统一战争的最后阶段，鲁国还没有攻下。"汉王引天下兵欲屠之，为其守节礼义之国，乃持羽头示其父兄，鲁乃降"。刘邦还下令善待退伍返家的高爵之人，"令诸吏善遇高爵，称吾意"。① 田横自杀，刘邦壮其节，为之流涕，并发军队二千人，用王礼规格埋葬。能够尊重归降的人，表明刘邦的帝王胸怀。汉代苏武出使匈奴，在匈奴受到了19年的磨难，经受了各种威逼利诱，所持汉节"节旄尽落"，但他始终保持对汉廷的忠诚。苏武的事迹被人们广为传颂，也成为教育同时代人的生动教材。

建武三年（27年），光武帝诏书求天下义士。刘茂因保护太守刘福免受赤眉军杀害而被推举诏书即征茂拜议郎，后拜侍中。② 陈留郡缑氏女玉为父报仇，杀夫氏之党，外黄令梁配欲论杀玉。申屠蟠时年十五，为诸生，他进谏说："玉之节义，足以感无耻之孙，激忍辱之子。"③ 梁配听从建议减死论处，乡人称美。乐羊子之妻德行卓著，有强盗欲侵犯她，便先劫持她的婆婆进行威胁。乐羊子之妻举刀刎颈而死。太守听说后，以礼葬之，号曰"贞义"。④ 东汉安帝时，曾奖励节义行为，"贞妇有节义十斛，甄表门闾，旌显厥行"。⑤ 可见在节义的教育方面，同样离不开官方的引导。

（四）人情

礼因人情而设，反过来，礼又增进人情，为了达到这个目的，礼又是节制人欲的。人生而有欲，处理不好会产生祸乱。因此，古人"制礼义以养人之欲，给人之求，使欲不穷于物，物不屈于欲，二者相待而长，是礼之所起也。故礼者养也"。⑥ 卓茂的一个部下告发一个亭长接受他人馈赠，卓茂认为这是人之常情，不必计较："凡人之生，群居杂处，故有经纪礼

---

① 《汉书》卷1下《高帝纪下》。
② 《后汉书》卷81《独行传·刘茂传》。
③ 《后汉书》卷53《申屠蟠传》。
④ 《后汉书》卷84《列女传·乐羊子妻传》。
⑤ 《后汉书》卷5《安帝纪》。
⑥ 《史记》卷23《礼书第一》。

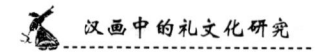

义以相交接。……亭长素善吏，岁时遗之，礼也。"① 东汉明帝时，在郡、县、道"行乡饮酒于学校"。郑玄认为"凡乡党饮酒，必于民聚之时，欲其见化知尚贤尊长也"。②

三　礼文化教育的特点

（一）范围广泛

由于礼的内容十分广泛，而礼文化教育寓于礼的实施之中，故不同的礼有不同的教化功能。如用封禅等帝王礼仪来彰显皇权、用乡饮酒礼来和睦社会、用军礼等张扬忠诚勇敢、用婚礼提倡贞节、用丧礼来弘扬孝道等。

早在高祖刘邦时，就在秦朝祭祀四帝的基础上"立黑帝祠，命曰北畤"，他的理由是天有五帝，白、青、黄、赤四帝之外，"待我而具五也"，③可见他以黑帝自居。汉武帝多次举行封禅大礼，目的就是彰显皇权的神圣。

军礼能够彰显军队的威严，文帝前往周亚夫驻守的细柳军营劳军，周亚夫先是拒绝了先驱入营，得到天子的诏书才打开营门，但命令"军中不得驱驰"，天子一行只得"按辔徐行"，至营，周亚夫持兵揖曰："介胄之士不拜，请以军礼见。"④天子改容式车，与之成礼而去。平定七国之乱，周亚夫成为平叛的主将。

（二）朝廷起到主导作用，并形成制度

在两汉的礼文化教育过程中，朝廷始终起着主导作用。西汉的礼仪大多采用秦制："至于高祖，光有四海，叔孙通颇有所增益减损，大抵皆袭秦故。自天子称号下至佐僚及宫室官名，少所变改。"⑤孝文帝在位时，好道家之学，以为"繁礼饰貌，无益于治"，⑥所以当有司议欲定《仪礼》

---

① 《后汉书》卷25《卓茂传》。
② 《后汉书》卷25《卓茂传》。
③ 《史记》卷28《封禅书第六》。
④ 《史记》卷57《绛侯周勃世家》。
⑤ 《史记》卷23《礼书第一》。
⑥ 《史记》卷23《礼书第一》。

的时候，孝文帝罢去该举。但文帝时期已经有了专门的礼官，"专务以德化民，是以海内殷富，兴于礼义"。① 景帝继续完善各项礼制，"制度斯创，礼法可则"。② 武帝时期，又增加了祭祀的神灵，并多次封禅泰山。武帝立《五经》博士，其中就有《礼》。后来宣帝时立《大小戴礼》，元帝时立逸《礼》博士。③ 汉代的上层礼仪又称《汉官仪》，《索隐》引《汉官仪》曰："天子法驾三十六乘，大驾八十一乘，皆备千乘万骑而出也。"④

东汉的礼制复兴开始于光武帝，明帝时期达到繁盛。"建武五年，乃修起太学，稽式古典，笾豆干戚之容，备之于列，服方领习矩步者，委它乎其中。中元元年，初建三雍。明帝即位，亲行其礼"。⑤

章帝时，曹褒受皇帝命令制礼，他在叔孙通《汉仪》的基础上"次序礼事，依准旧典，杂以《五经》谶记之文，撰次天子至于庶人冠婚吉凶终始制度，以为百五十篇，写以二尺四寸简"。⑥ 但曹褒所制《汉礼》并没有得到施行。

学校、辟雍、其他祭祀地点是汉代推行礼文化教育的重要场所。东汉中元元年（56年），"初营北郊，明堂、辟雍、灵台未用事"。⑦ 明帝还率群臣躬养三老、五更于辟雍，行大射大礼，郡、县、道行乡饮酒于学校，皆祀圣师周公、孔子，于是"七郊礼乐三雍之义备矣"。⑧ 张纯"以圣王之建辟雍，所以崇尊礼义，既富而教者也"。⑨ 三老、五更、太师等官职都具有礼制教化的职责。

在礼文化教育的过程中，某些官职发挥着特殊的作用。除上述太子太傅、国傅之外，还有太常、大鸿胪等官。太常，"卿一人，中二千石"。本

---

① 《史记》卷10《孝文本纪》。
② 《史记》卷11《孝景本纪》。
③ 《汉书》卷88《儒林传·房凤传》。
④ 《史记》卷58《梁孝王世家》。
⑤ 《后汉书》卷97上《儒林传上·序》。
⑥ 《后汉书》卷35《曹褒传》。
⑦ 《后汉书》卷98《祭祀志中》"北郊明堂辟雍灵台"条。
⑧ 《后汉书》卷94上《礼仪志上》。
⑨ 《后汉书》卷35《张纯传》。

注曰:"掌礼仪祭祀,每祭祀,先奏其礼仪。及行事,常赞天子。"① 大鸿胪,"卿一人,中二千石"。② 主要掌管郊庙行礼的赞导及诸王入朝的郊迎等礼仪。

(三) 皇权礼制处于核心地位,家族礼仪处于从属地位

对于皇族成员来说,他们之间包含着皇权下的等级关系和血缘形成的亲属关系。皇族成员的交往礼制中,皇权礼制凌驾于家族礼仪之上。刘邦见太公就是一个典型的例子。

高祖六年(公元前201年),五日一朝太公,"如家人父子礼"。太公家令劝太公说:"正如天无二日的道理,现在高祖虽然是儿子,但现在贵为人主。太公虽然是父亲,但身份是人臣。怎么能让令人主拜人臣呢?"后高祖朝见太公,太公拥彗,迎门却行。高祖大惊,下扶太公。太公说:"帝,人主也,奈何以我乱天下法。"③ 于是高祖乃尊太公为太上皇,对家令赐金五百斤。

惠帝二年(公元前193年)十月,惠帝与齐王在太后之前燕饮,"孝惠以为齐王兄,置上坐,如家人之礼"。④ 太后一怒之下,试图鸩杀齐王,由于其他原因才未能得逞。齐王因为座次问题差点丢命,也表明尊君之礼重于家庭之礼,为了皇权的威严,父子、兄弟之情只能压抑。

为了彰显皇权,景帝时期,丞相申屠嘉等上言立太祖、太宗庙:"高皇庙宜为帝者太祖之庙,孝文皇帝庙宜为帝者太宗之庙。天子宜世世献祖宗之庙。"⑤ 受到景帝的认可,制定天子、诸侯的祭祀礼制有利于强化等级。

(四) 礼文化教育的理论更加成熟

西汉时期对礼的重要性有了新的认识,"故礼,上事天,下事地,尊先祖而隆君师,是礼之三本也"。"礼者,人道之极也。然而不法礼者不足礼,谓之无方之民。法礼足礼,谓之有方之士"。⑥ 对于个人修养来说,

---

① 《后汉书》卷115《百官志二》"太常"条。
② 《后汉书》卷115《百官志二》"大鸿胪"条。
③ 《史记》卷8《高祖本纪》。
④ 《史记》卷9《吕本纪》。
⑤ 《史记》卷10《孝文本纪》。
⑥ 《史记》卷23《礼书第一》。

"君子以谦退为礼"。① 董仲舒是儒学家，同时又精通礼仪，"进退容止，非礼不行，学士皆师尊之"。②

礼的教育条件方面，礼仪是人民富足后的必然选择，司马迁认为"仓廪实而知礼节，衣食足而知荣辱"，王符也提到，"礼义生于富足，盗窃起于贫穷"。仲长统认为，"出于礼制之防，放于嗜欲之域久矣，固不可授之以柄，假之以资者也"。③

对于礼制区分上下的功能也有了本质认识，如张衡"若恩从上下，事依礼制，礼制脩则奢僭息"，④ 荀爽"礼者，尊卑之差，上下之制也"。⑤ 东汉舆服制度也明确提出："故礼尊尊贵贵，不得相踰，所以为礼也。"⑥

汉代把礼教和乐教结合起来，"知乐则几于礼矣。礼乐皆得，谓之有德。德者得也"，"礼乐刑政，其极一也，所以同民心而出治道也"。礼乐再与政刑结合起来，共同成为统治者操控民众、推行王道的重要工具。"礼节民心，乐和民声，政以行之，刑以防之。礼乐刑政四达而不悖，则王道备矣。"⑦

以五德终始观为主要内容的礼制是皇权政治的施政纲领。西汉文帝十五年（公元前165年），"黄龙见成纪……申明土德事"。皇帝下诏曰："朕亲郊祀上帝诸神。礼官议，毋讳以劳朕。"于是"天子始幸雍，郊见五帝，以孟夏四月答礼焉"，⑧ 并接受赵人新垣平的建议设立渭阳五庙。

汉代礼文化教育受到天人感应学说的影响，即便是天子也要受到礼的约束。帝王如果违反礼制，就是违反天道，会因此招到上天的警示。其中最明显的是星象的异常，如"礼失，罚出荧惑，荧惑失行是也。出则有兵，入则兵散。以其舍命国"，"礼、德、义、杀、刑尽失，而填星乃为之动摇"。⑨

---

① 《史记》卷24《乐书第二》。
② 《史记》卷121《儒林列传》。
③ 《后汉书》卷49《仲长统传》。
④ 《后汉书》卷59《张衡传》。
⑤ 《后汉书》卷62《荀淑传附子爽传》。
⑥ 《后汉书》卷119《舆服志上·序》。
⑦ 《史记》卷24《乐书第二》。
⑧ 《史记》卷10《孝文本纪》。
⑨ 《史记》卷27《天官书第五》。

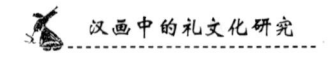

（五）礼文化教育途径多元

官学向来是礼文化教育的重要阵地。成帝时，刘向主张"兴辟雍，设庠序，陈礼乐，隆雅颂之声，盛揖攘之容，以风化天下"。成帝请公卿商议，不久刘向病卒，丞相大司空奏请立辟雍，后来成帝又崩。班固议论说："既庶且富，则须庠序、礼乐之教化矣。"但西汉的学校礼文化教育始终不尽如人意，"今大汉继周，久旷大仪，未有立礼成乐，此贾谊、仲舒、王吉、刘向之徒所为发愤而增叹也"。①

东汉时期，朱浮任太仆后，他向皇帝建议在国学兴盛的基础上宜广博士之选，重视太学的教化作用，他在上书中提到："夫太学者，礼义之宫，教化所由兴也"。说明太学确实是汉代礼文化教育的重要阵地。

永平十年（67年），明帝南巡狩到达南阳，他祠章陵，又祠旧宅。礼毕，"召校官弟子作雅乐，奏《鹿鸣》，帝自御埙篪和之，以娱嘉宾"。②可见学官的弟子们不仅学习礼乐，而且还能够制作乐曲。献帝尽管是傀儡皇帝，仍能重视礼仪活动，"冬十月，太学行礼，车驾幸永福城门，临观其仪，赐博士以下各有差"。③

本初元年（146年），梁太后下诏令大将军下至六百石的官员，全部遣子就学，并于每年举行一次乡射礼，以此为常。《汉官仪》也记载：在每年的春三月和秋九月，演习乡射礼，供差使的礼生们都用太学学生。④

由此可见，礼制是汉代学校教育的重要内容，而汉代学校的师生也广泛参与各种官方礼仪活动，成为礼教育的重要参与者。

私家传授礼经也是礼文化教育的重要途径，汉代礼学的传承具有明晰的脉络。前已论及，不再赘述。一些官员退休后进行私学讲授。王式曾为昌邑王师，后因昌邑王被废受到牵连归家。张长安、唐长宾、褚少孙都曾经师事王式。"唐生、褚生应博士弟子选，诣博士，抠衣登堂，颂礼甚严，试诵说，有法，疑者丘盖不言。诸博士惊问何师，对曰事式。皆素闻其

---

① 《汉书》卷22《礼乐志》。
② 《后汉书》卷2《显宗孝明帝纪》。
③ 《后汉书》卷9《孝献帝纪》。
④ 《后汉书》卷97上《儒林传上·序》。

贤，共荐式。诏除下为博士"。后张生、唐生、褚生皆为博士。① 刘昆是梁孝王之胤，"少习容礼"。在王莽专政时期，"教授弟子恒五百余人。每春秋飨射，常备列典仪，以素木瓠叶为俎豆，桑弧蒿矢，以射'菟首'。每有行礼，县宰辄率吏属而观之"。②

卓茂是南阳宛人，"元帝时学于长安，事博士江生，习《诗》《礼》及历算，究极师法，称为通儒"。③ 杜抚字叔和，犍为武阳人，"少有高才。受业于薛汉，定《韩诗章句》。后归乡里教授。沉静乐道，举动必以礼。弟子千余人"。④ 可见在私学教育中，礼的教育一直是非常重要的学习内容。

除了官学、私学之外，家学是礼文化教育的又一途径，曹褒是鲁国薛人，其父曹充，"持《庆氏礼》，建武中为博士，从巡狩岱宗，定封禅礼，还，受诏议立七郊、三雍、大射、养老礼仪"。⑤ 在父亲的影响下，曹褒也成为重要礼学家。班昭幼年便"蒙先君之余宠，赖母师之典训"，嫁到曹家后，"伤诸女方当适人，而不渐训诲，不闻妇礼，惧失容它门，取耻宗族"，作《女诫》七篇。她明确提出"主之不可不事，礼义之不可不存也"。⑥ 光武帝的郭皇后有着良好的家教，"郭主虽王家女，而好礼节俭，有母仪之德"。⑦

礼文化教育还有其他方式，其中利用画像推行礼文化教育是非常重要的形式。东汉对功臣以及一些道德典型绘图表彰的情况非常普遍，其仪礼教化的功能非常明显，"图象之设，以昭劝戒，欲令人君动鉴得失"。⑧

四 礼文化教育的影响

汉代的礼文化教育，造就了一批文化水平高，忠贞守礼的官僚队伍，东汉时期的官员、士大夫更加崇尚名节，⑨ 强化的尊卑等级维护了统治秩

---

① 《汉书》卷88《儒林传·王式传》。
② 《后汉书》卷97上《儒林传上·刘昆传》。
③ 《后汉书》卷25《卓茂传》。
④ 《后汉书》卷79下《儒林传下·杜抚传》。
⑤ 《后汉书》卷35《曹褒传》。
⑥ 《后汉书》卷84《列女传·曹世叔妻传》。
⑦ 《后汉书》卷10上《皇后纪上·光武郭皇后纪》。
⑧ 《后汉书》卷77《酷吏传·阳球传》。
⑨ 赵翼：《廿二史札记》，中国书店1987年版，第61—62页。

序的稳定。文化教育和伦理教育蕴含于礼的教育之中，无形中提高了各阶层受教育社会成员的文化素质。即便是两汉帝王，由于受到礼的教育，他们对上天、对百姓有一定的畏惧之心。这从西汉文帝、成帝、宣帝，东汉光武帝、明帝、和帝等人的诏书中可以看出。赵翼认为，"两汉之衰，但有庸主而无暴君"。① 汉武帝敢于下罪己诏，这也是前所未有的。

正是由于对礼文化教育的重视，汉代的选官制度深受其影响，无论是察举制还是征辟制，实质上都是以道德为标准进行选官的制度。西汉时期，有不少人因精通礼学而入仕，汉代是中国最早设立礼学博士的朝代。

中国被称为礼仪之邦就是在汉朝开始的。有学者认为，礼增强了汉民族的凝聚力，对于汉民族共同心理素质的形成具有重要的作用。② 汉民族最终在汉代形成，礼文化教育发挥着不可忽视的作用。

汉代的礼文化教育也扩展到少数民族，有效促进了少数民族的文化进步和文明化程度。如归顺的匈奴对汉朝"慕义而贡献"，汉朝"则接之以礼让，羁縻不绝"。③ 李忠以好礼修整著称，东汉初年任丹阳太守。"忠以丹阳越俗不好学，嫁娶礼仪，衰于中国，乃为起学校，习礼容，春秋乡饮，选用明经，郡中向慕之"。④ 东汉时期，对少数民族的礼文化教育促进少数民族的文化进步，光武中兴后，锡光为交阯太守，任延为九真太守，他们都教当地人"制为冠履，初设媒娉，始知姻娶，建立学校，导之礼义"。⑤ 东汉桂杨（应为桂阳）太守栾巴为改变当地文化落后、缺乏礼教的情况，"为吏人定婚姻丧纪之礼，兴立校学校，以奖进之。虽干吏卑末，皆课令习读，程试殿最，随能升授。政事明察"。⑥

由于对礼制、君臣名分和道德的过度强调，到东汉时期出现了用守礼的表象来包装自己的伪孝之人，如在墓道服丧的赵宣一度被人们称为孝子

---

① 赵翼：《廿二史札记》，中国书店1987年版，第25—26页。
② 董广文：《"礼"与汉族的形成和发展》，《云南学术探索》1994年第4期。
③ 《汉书》卷94下《匈奴传下》。
④ 《后汉书》卷21《李忠传》。
⑤ 《后汉书》卷86《南蛮传·序》。
⑥ 《后汉书》卷57《栾巴传》。

典范。① 礼文化教育也出现了重道德轻才能的现象，这种教育对帝王和官吏的约束力是有限的，官员的僭礼行为构成对礼制的挑战。但总的看来，汉代的礼文化教育是成功的，为后世树立了榜样。汉画中出现大量的有关礼文化方面的内容，与此有密切的关系。

汉代画像石中体现的礼文化，既有统治者的上层礼制，也有民间礼俗的展示。从礼制层面来看，画像中的礼仪规格往往同墓主的身份相应，不少画像石墓主身份确定的情况表明了这一点。但并非都是如此，由于对礼制的僭越，汉代一些富有之家生前就已突破礼制，其墓石画像内容也有违礼制。如《盐铁论·散不足》载东汉时期："士大夫务于权利，怠于礼义；故百姓仿效，颇踰制度。"如出行，"富者连车列骑，骖贰辎軿。中者微舆短毂，繁髦掌蹄"。② 富人对马匹进行修饰使用大夫规格的"繁髦掌蹄"，显然违背了礼制。祭祀方面，"富者积土成山，列树成林，台榭连阁，集观增楼。中者祠堂屏合，垣阙罘罳"，③ 罘罳是贵族才能使用的屏风。用乐方面，"富者钟鼓五乐，歌儿数曹。中者鸣竽调瑟，郑舞赵讴"。可见到东汉时期由于逾越礼制现象的普遍出现，不仅富人，甚至一些中等人家也开始在生活出行等礼仪方面效仿贵族，这就导致作为丧葬用途的画像中所展现的礼文化未必能显示死者生前的真正身份。但无论画像中的礼类内容与墓主实际身份是否相匹配，都体现了汉代的礼文化现象。而礼类画像中对礼器等实物内容，都如实再现了汉代的活动场景。

第三节　多彩的生活礼俗——礼文化题材汉画出现的社会背景

两汉时期，人们的社会生活更加丰富。无论是饮食、出行、交往、娱

---

① 东汉时期，青州民人赵宣埋葬亲属后不关闭墓道，并在墓道中居丧二十余年，乡邑称孝，州郡也多次礼请。陈蕃为青州刺史期间与赵宣相见，问及他的家庭成员才知道赵宣的五个子女都是在服丧过程中于墓道所生，遂治其罪。见《后汉书》卷66《陈蕃传》。
② （汉）桓宽撰，王利器校：《盐铁论校注》，中华书局1992年版，第349—350页。
③ （汉）桓宽撰，王利器校：《盐铁论校注》，中华书局1992年版，第352页。

乐歌舞等物质生活，还是祭祀、信仰等精神活动都非常丰富，这些礼俗为汉代画像石的涌现和礼文化的体现提供了物质上的支撑。

一 聚会饮酒与舞乐礼俗

汉代饮酒之风并非一开始就盛行，西汉建立之初，对私下饮酒进行各种限制。诸吕之乱被平定后，文帝下诏令天下"酺五日"，私下饮酒则受到各种限制，文颖注云："汉律，三人以上无故群饮酒，罚金四两。"对于"酺"，师古解释："酺之为言布也，王德布于天下而合聚饮食为酺。"① 后来，朝廷对于民间的饮酒逐渐放宽。五凤二年（公元前56年），汉宣帝下诏废除禁酒之令："夫婚姻之礼，人伦之大者也，酒食之会，所以行乐也。今郡国二千石，或擅为苛禁，禁民嫁娶不得具酒食为贺召，令民无所乐，非所以导民也"，要求"勿行苛政"。②

西汉时期，政府官员的饮酒非常普遍，丞相曹参"日夜饮酒"，属吏及宾客们见其无所事事，欲进行劝说，曹参"辄饮以醇酒，度之欲有言，复饮酒，醉而后去"。③ 薛宣为陈留太守时，曾教导下属说："盖礼贵和，人道尚通。……掾宜从众，归对妻子，设酒肴，请邻里，一笑相乐，斯亦可矣！"④ 廷尉于定国"食酒至数石不乱"，且"饮酒益精明"。⑤ 东汉时，饮酒海量者也不乏其人，郑玄能"饮酒一斛"，卢植"能饮酒一石"。自宣帝废除禁酒的苛政后，汉代民间的饮酒之风盛行。《盐铁论·散不足篇》记载："今宾昏酒食，接连相因，析醒什半，弃事相随，虑无乏日。"⑥ 酒在汉代人的生活中占有特殊地位，并与礼仪活动密不可分，"酒者，天之美禄，帝王所以颐养天下，享祀祈福，扶衰养疾。百礼之会，非酒不行"。⑦ 东汉末年的饮酒之风甚至与政治的黑暗一起成为国家衰败的征兆之

---

① 《汉书》卷4《文帝纪》及注文。
② 《汉书》卷8《宣帝纪》。
③ 《汉书》卷34《曹参传》。
④ 《汉书》卷83《薛宣传》。
⑤ 《汉书》卷71《于定国传》。
⑥ （汉）桓宽撰，王利器校：《盐铁论校注》，中华书局1992年版，第351页。
⑦ 《汉书》卷24下《食货志下》。

一,桓帝之末,京都童谣有两句曰:"嚼复嚼,今年尚可后年铙。"史家解释道"嚼复嚼者,京都饮酒相强之辞也。言食肉者鄙,不恤王政,徒耽宴饮歌呼而已也。今年尚可者,言但禁锢也。后年铙者,陈、窦被诛,天下大坏"。① 除了日常的饮酒风气外,汉代官方举行的乡饮酒礼②、祭祀等礼仪都与饮酒直接相关。

两汉时期盛行的饮酒之风,在汉画中也有诸多体现。汉代的用酒场景有祭祀用酒、祛鬼仪式、军功饮酒、丧礼吊唁、饮酒自娱等诸多场合,③汉画中诸多的饮酒场景正是汉代饮酒之风盛行的生动刻画,其中涉及饮酒的礼仪和饮酒器具等礼文化要素。

舞蹈唱歌也是汉代物质生活的重要组成部分,广泛用于生活娱乐、敬神祭祀、大型礼仪活动等场景。歌舞是汉代上层社会生活中不可或缺的元素,西汉李延年"性知音,善歌舞,武帝爱之"。④ 东汉马融为外戚豪家,"多列女倡歌舞于前"。⑤ 歌舞具有祈福的作用,人们认为"五星同色,天下偃兵,百姓安宁,歌舞以行,不见灾疾,五谷蕃昌"。⑥ 参加大型活动用歌舞助兴是礼仪的要求,西汉景帝后二年(公元前142年),诸王来朝,"有诏更前称寿歌舞。定王但张袖小举手,左右笑其拙"。⑦ 而用乐制度更是礼制的体现,大型的歌舞活动必有钟鼓。西汉成帝时,一些公卿列侯亲属近臣逾越礼制,"设钟鼓,备女乐,车服嫁娶葬埋过制。吏民慕效,浸以成俗"。⑧ 东汉时太常的职责就包括用乐礼制,"凡国祭祀,掌请奏乐,及大飨用乐,掌其陈序"。⑨ 在汉代,歌舞用于生活娱乐,也用于祭祀表敬,还用于丧葬挽歌等多种场合,并具有讴歌善政和谣讽恶政等多种功能。画像石中的歌舞场景,既是富贵之家的生活写照,也是礼制与身份

---

① 《后汉书》卷103《五行志一》"谣"条。
② 高二旺:《中国古代乡饮酒礼的四期流变》,《南都学坛》2022年第2期。
③ 孙泽娟、陈章龙、陈雪香:《汉画中的饮酒礼俗》,《农业考古》2018年第4期。
④ 《汉书》卷97上《外戚传上·孝武李夫人传》。
⑤ 《后汉书》卷64《卢植传》。
⑥ 《汉书》卷26《天文志》。
⑦ 《汉书》卷53《景十三王传·长沙定王刘发传》注引应劭语。
⑧ 《汉书》卷10《成帝纪》。
⑨ 《后汉书》卷115《百官志二》"太常"条。

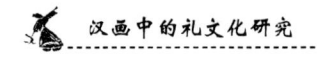

的彰显。

二 厚葬风气的流行

厚葬是汉画出现的直接动因，汉代的厚葬也是许多学者的共识，并通过考古发掘得到证明。尤其在洛阳、南阳、西安等地，汉代的墓葬广泛分布。如作为画像石第一产地的南阳，由于"南阳帝乡，多近亲"，① 达官显宦众多，厚葬之风更盛。南阳发掘的麒麟岗汉墓、汉郁平大尹墓、针织厂汉墓、中原技校汉墓、长冢店汉墓等身份显赫者的墓葬规模宏大，出土大量汉画像石，其中仅麒麟岗就出土汉画像石155块。此外，汉代人受"不死其亲""灵魂升仙"的观念影响，讲究"厚资多藏，器用如生人"，对厚葬风俗起到推波助澜作用。② 而汉代推行的选官制度，被选拔者的道德是非常重要的考核内容，而孝道正是考察的重心，西汉武帝时，"令二千石举孝廉，所以化元元，移风易俗也"。③ 在表现形式上，厚葬亲人被认为是最能体现孝道的行为。此后，举孝廉的记载在两汉史书中屡屡出现。尽管朝廷和部分有识之士提倡薄葬，但厚葬一直是汉代葬俗的主流，"世以厚葬为德，薄终为鄙，至于富者奢僭，贫者单财"。④ 王符批评这种现象："今京师贵戚，郡县豪家，生不极养，死乃崇丧。或至金缕玉匣，檽梓楩楠，多埋珍宝偶人车马，造起大冢，广种松柏，庐舍祠堂，务崇华侈。"⑤ 杨树达总结道："汉代厚葬之风特盛，至有约其父母之供养以豫储父母没后之用者。"⑥ 当然，孝并非汉代厚葬的唯一原因，寄托哀思是厚葬的又一原因，南阳许阿瞿画像石墓就是出于这一目的。还有一种厚葬是出于僭越礼制，东汉建宁二年（169年），宦官侯览"丧母还家，大起茔冢"，"又豫作寿冢，石椁双阙，高庑百尺"。⑦

---

① 《后汉书》卷22《刘隆传》。
② 唐红丽：《汉代厚葬之风孕育了汉画像石》，《中国社会科学报》2013年1月11日。
③ 《汉书》卷6《武帝纪》。
④ 《后汉书》卷1下《光武帝纪下》。
⑤ 《汉书》卷49《王符传》。
⑥ 杨树达：《汉代婚丧礼俗考》，上海古籍出版社2000年版，第81页。
⑦ 《后汉书》卷78《宦者传·侯览传》。

正是由于汉代人认为厚葬先人为孝，是身份的象征，厚葬最能表达对死者的礼敬，是安抚死者灵魂的最佳方式，故而各种画像石墓、砖墓、壁画墓应运而生，其中部分画像的内容直接与丧葬主题有关。

三 鬼神信仰、淫祀泛滥与升仙思想

信仰是汉画像石墓出现的精神动因，在两汉时期，升仙思想、西王母崇拜、鬼神信仰、各种祭祀等信仰类活动反映了汉代人的精神世界。这些在许多汉画像题材中均有表现，一定程度上再现了汉代的礼俗。

在汉代，神灵众多，相应的祭祀非常普遍。根据礼制要求，身份等级不同，祭祀的对象也有差异，"天子祭天下名山大川，怀柔百神，咸秩无文。五岳视三公，四渎视诸侯。而诸侯祭其疆内名山大川，大夫祭门、户、井、灶、中霤五祀。士庶人祖考而已。各有典礼，而淫祀有禁"。① 尽管国家禁止淫祀，但淫祀在汉代非常普遍。西汉城阳景王刘章去世后，"故其国为立祠，青州诸郡，转相仿效，济南尤盛，至六百余祠，贾人或假二千石舆服导从，作倡乐，奢侈日甚"。东汉宋均任辰阳长期间，"其俗少学者而信巫鬼，均为立学校，禁绝淫祀"。② "会稽俗多淫祀，好卜筮"，③ 太守司空第五伦到官后，果断禁绝。无论是合乎礼仪的祭祀，还是违背礼义的淫祀，都表明汉代祭祀的普遍性。汉画中众多的祭祀场景，正是汉代人鬼神信仰和祭祀活动的体现。

鬼神信仰之外，升仙思想在汉代也非常普遍，汉武帝求仙的故事正史有载。求仙成仙也是孝武帝封禅的一个目的，"孝武帝欲求神仙，以扶方者言黄帝由封禅而后仙，于是欲封禅"。④ 汉画中众多的升仙场景和羽人画像，都反映了汉代的神仙思想。在汉代人的仙人信仰中，西王母的地位非常重要，哀帝建平四年（公元前3年），"京师郡国民聚会里巷仟佰，设张博具，歌舞祠西王母，又传书曰：'母告百姓，佩此书者不死。不信我言，视门枢下，

---

① 《汉书》卷25上《郊祀志上》。
② 《后汉书》卷41《宋均传》。
③ （汉）应劭撰，王利器校注：《风俗通义校注》，中华书局1981年版，第401页。
④ 《后汉书》卷97《祭祀志上》"封禅"条。

当有白发'"。① 除西王母之外，东王公也是当时的仙人，东汉赵晔撰《吴越春秋》记载：越人"立东郊以祭阳，名曰东皇公；立西郊以祭阴，名曰西王母"。汉代神仙信仰中的礼文化不仅表现在祭祀等级、祭祀礼仪等方面，也表现在仙界本身存在的礼仪，如西王母信仰中，三足乌作为重要元素，充当着西王母使者的重要地位。司马相如赋中描述，"暠然白首戴胜而穴处兮，亦幸有三足乌为之使"。张揖注曰："三足乌，三足青乌也，主为西王母取食，在昆仑墟之北。"② 这些在汉代画像中均有体现。

第四节　画像在礼文化实践中的功用

在汉代的礼制建设与礼文化实践中，画像有着独特的政治功用、宣传作用和心理满足功能，主要表现为以下几个方面。

一　图画前朝事迹，教育当朝官民

由于礼制具有很强的实践性，用绘画的方式更能形象表现。画像在中国古代起源甚早，传说大禹时期铸造的九鼎"各象九州之物"，③ 上绘有各种普及知识的图画，通过观看和熟记这些图画，百姓可以汲取知识，为保护身体、驱灾辟邪提供参考。通过这种方式，图像发挥了宣传礼仪文明的教化作用。商周时期，图像仍发挥着传递知识、警醒世人的功能。

此外，三代统治者也把历史上的重大事件绘图像于庙堂，以达到歌功颂德、告诫世人、宣传教育的目的。早在商朝时，汤使人聘迎处士伊尹，"言素王及九主之事"，刘向《别录》解释了"九主"，"凡九品，图画其形"。④ 周文王继位后，他考察前朝得失、是非，探究尧舜为何会昌盛，桀纣何以会灭亡，并把这些故事图画刻绘于明堂显要之处。明堂是宣传礼制教化的重要场所，这样做显然也是为了警告教育世人。《孔子

---

① 《汉书》卷27上《五行志下之上》。
② 《汉书》卷57下《司马相如传下》。
③ 《史记》卷5《秦本纪》注引《正义》。
④ 《史记》卷3《殷本纪》。

家语》载，孔子参观周朝明堂，看到四门墙边有尧、舜、桀、纣的容貌和画像，善恶之状分明，告诫人们兴废的道理。"又有周公相成王，抱之负斧扆南面以朝诸侯之图焉"。孔子徘徊流连，反复观看。他对随从者说："这就是周朝能够兴盛的原因啊。"① 由此可见，通过图画进行礼文化教育宣传的做法在先秦就已经很成熟了。从已发掘秦咸阳宫遗址墙壁装饰来看，其彩色壁画已具有相当的艺术水平。此外，在咸阳梁山宫遗址还出土了秦代空心砖画像，图中龙首高昂，回身翘望，穿壁而过。据《史记》载，秦始皇修建有众多宫殿，梁山宫仅为其中之一。其壮丽程度应不及阿房宫，可以想见，阿房宫的墙壁上也一定绘有精美的壁画。无论是先秦还是秦代，这些绘画的主题都是前朝历史事迹，绘画这些图像的目的是告诫世人。

到了汉代，沿袭先秦，在庙堂或宫墙上画像的传统依然存在，画像内容仍有不少先秦的题材。在神话传说、历史故事、孝子贞女以及贵族生活的情景中，人物故事画像最为丰富。其中包括历代帝王系列，如三皇、五帝、夏桀、秦始皇等；还包括圣贤故事系列，如周公、孔子、老子、季札挂剑等；忠义故事如二桃杀三士、赵氏孤儿、完璧归赵、荆轲刺秦王等；孝行故事如老莱子娱亲、董永侍父等。此外，还有孝子烈女、神仙宗教等画像。鲁灵光殿的墙绘上对"淫妃乱主，忠臣孝子，烈士贞女，贤愚成败"，没有不载叙的，目的就是"恶以诫世，善以示后"。②

二 图画本朝功臣和道德模范，以示荣宠

在两汉时期，朝廷和地方政府经常把推行礼教的地方官、名臣、贤才文士的图像绘于祠堂，供人们瞻仰怀念。西汉地方官文翁死后就获此殊荣，早在景帝、武帝统治时期，文翁为蜀郡守，积极推行文教，为蜀地培养了不少杰出人才。文翁在蜀地做官并终于此地，吏民为他立祠堂，图形立庙，每年按时节祭祀不绝。直到东汉，巴蜀多文雅之士，就得益于文翁

---

① 张涛译注：《孔子家语译注》，人民出版社2017年版，第116页。
② （南朝梁）萧统编，（唐）李善注：《文选》卷11，中华书局1977年版，第171页。

的教化。①

在汉代，能够被人画图纪念，对其后人来说是非常自豪的事。《论衡·须颂篇》提到，宣帝在位时，曾把汉代功臣贤士画图纪念，有些人不在画上，其子孙就感到耻辱。② 史载，汉宣帝甘露三年（公元前51年），也就是赵充国死后的第二年，汉宣帝"思股肱之美"，在麒麟阁为11位功臣画像，依次为霍光、张安世、韩增、赵充国、魏相、丙吉、杜延年、刘德、梁丘贺、萧望之、苏武。③ 东汉时期，明帝追感前世功臣，永平年间下令追摹二十八位武将画像，悬挂于南宫云台。④ 其外又增加了王常、李通、窦融、卓茂等，共32人。到了熹平六年（177年），灵帝思感旧德，"乃图画（胡）广及太尉黄琼于省内，诏议郎蔡邕为其颂云"。⑤ 根据前述《赵充国传》，当时不仅画像，还有相应的论赞。

除地方官和名臣外，贤士和道德典范也是被图画的对象，如东汉陈纪孝行突出被隐州刺史"图象百城，以厉风俗"。⑥ 孝女叔先雄被郡县"图象其形"。⑦

图像的影响力最终要通过图画的观者实现，正如三国曹植《画赞序》所论："参观绘画的人看到三皇五帝画像，没有不仰戴的；见到三代暴虐的君主画像，没有不悲愤惋惜的；见到篡权的乱臣贼子画像，没有不咬牙切齿的；而见到高风亮节或有拥有奇才的士人画像，没有不敬佩忘食的；看到忠节之士死于国难，没有不昂首慷慨的；看到被君主放逐之臣和被父亲疏远儿子的画像，没有不叹息的；而看到淫乱之夫和善妒之妇，没有不侧目鄙视的；看到具有美德的王妃和恭顺的皇后画像，没有不赞扬尊崇的"，肯定了图画"存乎鉴戒"的功用。⑧ 这足以说明汉代图像的确是礼制

---

① 张勋燎：《成都东御街出土汉碑为汉代文翁石室学堂遗存考——从文翁石室、周公礼殿到锦江书院发展史简论》，《南方民族考古》2012年第8辑。
② 黄晖撰：《论衡校释》，中华书局1990年版，第851页。
③ 《汉书》卷69《赵充国传》。
④ 《后汉书》卷22《马武传》。
⑤ 《后汉书》卷44《胡广传》。
⑥ 《后汉书》卷62《陈寔传附子纪传》。
⑦ 《后汉书》卷84《列女传·孝女叔先雄传》。
⑧ 赵幼文校注：《曹植集校注》，人民文学出版社1984年版，第67—68页。

宣传的重要载体，发挥着普及文明、惩恶扬善、礼制教化、为后人提供借鉴的巨大作用。

三　通过再现场面的图画来彰显威仪

威仪是礼制的重要构成要素，由众多的礼仪要素构成，周代有"礼经三百，威仪三千"。在国家层面上，礼制又是具有约束力的制度，具有维护等级秩序、稳定社会的重要功能，"夫威仪，所以与君臣，序六亲"，"若君亡君之威，臣亡臣之仪，上替下陵，此谓大乱"。① 威仪还配合音乐诗歌等手段共同达到教化社会的目的，"其威仪足以充目，音声足以动耳，诗语足以感心，故闻其音而德和，省其诗而志正，论其数而法立。是以荐之郊庙则鬼神飨，作之朝廷则君臣和，立之学官则万民协"。② 此外，官僚所用器物上的画像内容直接与礼制有关，东汉桓帝生母孝崇匽皇后去世，"敛以东园画梓寿器"，画梓即"梓木为棺，以漆画之"。③

在画像石中，波澜壮阔的出行场面，肃穆的祭祀场景，盛大的音乐表演，显示身份的车马与冠服发饰，无不体现着浓烈的礼制气息和威仪的严格等级。通过这些礼制场景的描绘，比文字更加生动逼真地再现出墓主生前的高贵，彰显统治阶层的威严。而富人也能通过威仪场景的刻绘来显示其家族的显赫或富有，提升家族的影响力。

四　通过画像体现生者的价值倾向和利益追求

在汉代道德选官的背景下，孝成为汉代"举孝廉"的一个首要标准。为了博取孝名，人们便在墓地和祠堂这两种祭祀场所做文章。汉祠堂和墓地都是当时社会集会的重要场所，都具有公众性，当然也为死者家属提供了表明孝行的机会。修建祠堂作为祭祀先祖的重要礼仪建筑，耗资巨大，壁画刻绘精良的祠堂能给家族后人带来很好的声誉。墓葬也是这样，用巨大石块修建的墓室象征着雄厚的财力和对逝去先人的深厚感情，因而被视

---

① 《后汉书》卷94《礼仪志上》。
② 《汉书》卷22《礼乐志》。
③ 《汉书》卷10下《皇后纪下·孝崇匽皇后纪》。

为孝的外在表现。故而厚葬掺杂着生者不可言传的利益追求："今生不能致其爱敬，死以奢侈相高。虽无哀戚之心，而厚葬重币者，则称以为孝，显名立于世，光荣著于俗。故黎民相慕效，至于发屋卖业。"① 根据当时人们的思维逻辑，一个家庭舍得为死者花费巨资建造祠堂是他们孝行的一种标志。因此在题记中夸张地描述建造祠堂或墓地筹集所需资金的数量和建造祠堂时的艰辛，会增强公众对建祠者，也就是死者后人的敬意，从而使死者后人博取孝名。

如下列几座东汉祠堂的建造费用：戴氏祠堂（113年）花费"一万七千钱"；永建五年祠堂（130年）花费"□五千钱"（"五"前面缺字，可见也超过万钱）；杨氏祠堂（137年）花费"一万钱"；文叔阳祠堂（144年）花费"一万七千钱"；芗他君祠堂（154年）花费"二万五千钱"；安国祠堂（158年）花费"二万七千钱"；孔耽祠堂（182年）花费"三万钱"（包括祠堂和坟墓）。②

当然，画像石墓和石阙也花费巨大，明确表明修建费用的如：山东肥城县张文思为父造墓，"石值三千"（不含工费）；山东枣庄市朱作纪为母作墓，用"三万五千"钱；山东莒南孙仲阳为父造阙，"价值万五千"钱；山东平邑县功曹阙，"直四万五千"钱。③

清楚地记载建造祠堂的花费，其目的无非是宣扬自己是如何在家庭条件有限的情况下，克服重重困难不啬钱财修建祠堂，从而表明自己是真正的孝子。仅仅靠花钱建祠堂或墓地还不够，还需要对死者表达真正的哀悼才能体现自己的孝是发自内心的。所以，在汉画铭文中也不乏表明居丧致哀的文字，如安国祠堂就记载，其三个弟弟在墓地悲哀思慕，不离冢侧，而且"负土成坟，徐养陵柏，朝暮祭祠"。④

有学者认为，把孝子的名字和他们的孝行刻于石头上，主要是为了让

---

① （汉）桓宽撰，王利器校：《盐铁论校注》，中华书局1992年版，第354页。
② 李发林：《山东汉画像石研究》，齐鲁书社1982年版，第106页。
③ 赖非：《山东汉代画像石榜题》，《美术史研究》1994年第2期。
④ [美]巫鸿：《武梁祠——中国古代画像艺术的思想性》，柳扬、岑河译，生活·读书·新知三联书店2006年版，第244页。

活人，也就是生活在孝子周围的人看，让人们褒扬孝子的德行，从而产生很好的宣传效果，孝子则能够从中提高名声，最终从中受益。① 在汉代的举孝廉背景下，只有其孝行被人广泛知晓才能被举荐。通过厚葬而被举孝廉做官，做官后再通过厚葬来证明自己的孝行，如山东嘉祥的武开明和武荣父子，据祠堂碑文记载，两人都是通过举孝廉做官的。

墓葬画像作为儒家礼教宣传的手段之一，一方面是让别人看的，另一方面是自我标榜道德。历史人物及相关的典型事例在画像中屡屡出现，不仅是为了表现墓主所标榜的道德伦理观念，而且也标榜墓主与这类历史人物是同类人。如东汉赵岐曾提前为自己准备死后随葬之物，他绘季札、子产、晏婴、叔向四位先贤的画像居于宾位，"又自画其像居主位，皆为赞颂"。② 把自己与先贤同列，且把自己居于主位，可见其主要目的是表现墓主的贤明之德。敢于把历史人物画像绘于墓室或祠堂，一般来说墓主的身份较高，儒学素养较高且注重对自我道德的标榜。可以说，汉代社会提倡的社会道德伦理观念的核心是"忠"，其次是"孝"和"贞"，这些在汉画中均有不同程度的体现，这与汉代倡导的三纲理论是相辅相成的，也是汉代社会所倡导的主流价值观。

---

① 杨爱国：《汉代画像石榜题略论》，《考古》2005 年第 5 期。
② 《后汉书》卷 64《赵岐传》。

第二章

汉画中的军事政治之礼

军事与政治主题是汉画题材中的重要内容，体现了汉代国家层面的军事和政治礼制，并在一定程度上反映了汉代社会的军事和政治状况。

第一节　汉画中的军事之礼

汉代军礼题材的画像砖石中所表现的主要有献俘礼、射猎礼、祭祀阅兵之礼，以及作为车马出行的军伍前驱和军乐等军礼仪仗。这类题材的汉画虽然不多，却能够与史料中的礼制互证，汉画对军礼内容的详细刻画也弥补了正史记载的不足。

古代军礼在尧舜时期就已经出现。据载，舜在位时曾修五礼。马融等认为五礼即吉、凶、宾、军、嘉五礼，当然涵盖军礼在内。此外，《尚书·大禹谟》中的"汝徂征"就是军礼。① 军礼作为五礼之一，功能就是"以军礼同邦国"，② 即周王朝用军礼的方式来会同天下诸侯国。它具体包括征伐动众（大师）之礼、平均赋税（大均）之礼、田猎阅兵（大田）之礼、劳役用众（大役）之礼、勘定边界以合众（大封）之礼等五个方面。它涵盖了军事领域中的战前动员、经济保障、后勤补给、战备阅兵、国境外交等各个环节。随着社会的发展，后世所说的军礼内涵已经大大缩小，主要涉及征伐动众的大师之礼与农闲时狩猎练兵的大田之礼这些与军队征战直接相关的礼仪以及

---

① 《史记》卷1《五帝本纪》。
② 杨天宇：《周礼译注》，上海古籍出版社2004年版，第278页。

与军事相关的祭祀之礼等。两汉时期，军礼有了新的发展，出现了《军礼司马法》155篇。① 说明早在西汉时期，汉代对军礼的理论已经有了专门的总结。汉代军礼的具体实施情况在史书中记载较少，一些专家对汉代军礼中的祭祀、拜将、劳军、抚恤伤亡等问题进行了研究。② 但值得注意的是，汉代画像石中关于军事题材的描绘，诸如献俘、阅兵、兵神蚩尤形象等，同样是研究汉代军礼的重要资料。这类画像尽管不多，但能形象地反映出汉代军礼在实施中的某些细节内容，具体表现为以下几个方面。

一 貙刘、阅兵与军祭之礼

在每年秋季农闲之时，汉代把田猎这样的军事训练与阅兵礼仪融合起来，并开展相关的祭祀活动，这种祭祀被称为貙刘礼。《后汉书·礼仪志》记载了立秋之日举行貙刘之礼的情况，其大致过程如下。

在立秋这一天，皇帝举行郊天之礼结束，开始举行军事活动，扬军队之威武，在城郊东门斩牲并供奉陵庙。其具体仪式是：皇帝乘坐专门的军车——戎路，用长着朱鬣的白马驾车，皇帝亲自执弩射牲，牲是已经准备好的鹿麛。作为牲的鹿麛被射杀后，太宰令和谒者各驾车，把牲装上获车，飞驰送往陵庙。皇帝还宫后，派遣使者带着束帛并把这些礼品赐给武官们。随后，武官们陈兵训练，演练战阵的排列仪式，还有斩牲的礼仪，"武官肄兵，习战阵之仪、斩牲之礼，曰貙刘"。在貙刘过程中，官兵们全部参与演习孙、吴兵法的六十四种阵法，名曰"乘之"。③ 来年立春之时，皇帝会派使者赠赐文官，也有大队人马逡巡射牲的礼节，但没有演习战阵的活动。

在立秋举行的貙刘礼，包括武官们陈兵训练，并有官兵们参与演习战阵的活动，可见貙刘礼实际上是皇帝于立秋农闲亲自检阅军队，进行军事演练并射猎，把猎物供奉宗庙祭祀的礼仪活动。期间皇帝乘坐戎车，军队演习战阵之法，射猎斩牲，祭祀宗庙陵墓，这些活动应是由先秦军礼中的

---

① 《汉书》卷30《艺文志》。
② 参见陈戍国《中国礼制史·秦汉卷》，湖南教育出版社2002年版，第180—189页。
③ 《后汉书》卷95《礼仪志》。

大田之礼发展而来的。

射牲作为东汉貙刘礼的一个仪式，是军礼的一项重要活动。汉画中有与射牲相关的画面描绘，如山西离石马茂庄出土的东汉和平元年（150年）画像石墓门楣画像石（见图2-1），前一导骑正弯弓劲射，另外六导骑紧随其后，两骑一排，分三排。然后是单独乘一健硕马匹的主将，七位从骑在后，紧随主将的是一排两骑，随后为单骑，还有一单骑牵着一头骆驼。整队人马似在快速奔腾，导骑与随从手执棨戟，幡带飘扬，由于在疾驰，马腹近地。骑士皆身带弓箭或手执长矛，最前的导骑正在飞奔的马上张弓而射。整个队伍虽然马匹较多，但排列有序，并非杂乱纷纭的狩猎场面，其与貙刘礼中的"逡巡射牲"更加吻合。

图2-1 射牲

（采自中国画像石全集编辑委员会编《中国画像石全集5·陕西、山西汉画像石》，山东美术出版社、河南美术出版社2000年版，图二九〇，第215页。）

立秋时官兵们演习孙、吴兵法中的战阵也是貙刘礼的重要仪式，也是常规性练兵活动，南阳市王庄画像石墓的一幅车马出行画像中的场景就与此非常相像（见图2-2）。图中有三骑导从于前，其后的主车由三马挽拉，车上有盖，车上有一驭者一主将，驭者双手挽缰，主将端坐车上。主车之后有八骑作为护卫，共分两排，后排四名骑吏均侧身作挽射状。最后方，也就是图右下角有一人，正在惊慌地回头张望。图中骑者姿态多为侧身向外，后两排八骑尤为明显，他们的动作整齐划一，就连马腿迈动时的步调都相当一致。由此分析，这幅图所展现的并非普通意义上的车马出行，应为正在进行演练战阵的仪仗队,真实再现了东汉貔刘礼"武官肄兵"的场面。

图 2-2 武官肄兵

(采自韩玉祥、李陈广主编《南阳汉代画像石墓》,河南美术出版社1998年版,图七,第204页。)

汉画中除了射牲与演习战阵的内容外,南阳市王庄画像石墓出土的另一副车马出行画像更加生动地展现了军队演练的场面(见图2-3),画像中主车居中,车前有八骑分两队排列,骑手们右手持盾控缰,左手持刀上举,服装统一,均侧身左顾,动作整齐,行进的马匹也列队整齐,就连马腿迈动的步幅都高度一致。根据东汉礼制,公以下至二千石的官吏,有骑吏四人,千石以下至三百石的官吏出行,县长有两人先导,皆带剑,并"持棨戟为前列,捷弓鞬九鞬"。① 该图中,前导共有八骑,超出公一级的标准,故并非一般意义上的车马出行。骑手戴武士冠,且手持刀盾,显然

图 2-3 阅兵礼

(采自韩玉祥、李陈广主编《南阳汉代画像石墓》,图一三,第206页。)

---

① 《后汉书》卷119《舆服志上》。

是军人。据此推断，这幅图反映的是正在阅兵或举行重大礼仪活动的仪仗队。

汉代的阅兵活动持续到东汉末年，建安二十一年（216年），有司奏："古四时讲武，按西京承秦制，三时不讲。唯十月都试金革。今兵戈未偃，士众素习，但以立秋择吉日，大朝车骑，号曰阅兵。上合礼名，下承汉制。"① 根据文献记载以及汉画的刻画，我们可以看出，汉代没有按照先秦旧制进行四时阅兵，而是沿袭秦朝军礼，每年在立秋的十月份举行一次阅兵，减少阅兵次数的主要原因是战争较多，"兵戈未偃"。在举行阅兵活动时，往往同宗庙祭祀结合起来，貙刘射牲便是这种活动的集中体现。

在涉及军礼的兵神祭祀方面，代表性的是黄帝和蚩尤祭祀。西汉初年楚汉相争之际，刘邦曾"祠黄帝，祭蚩尤于沛廷"。蚩尤是中国传说中九黎族的首领，后来与黄帝战于涿鹿，兵败被杀，被后人尊为兵神，成为军礼祭祀的对象。之所以祭祀黄帝和蚩尤，应劭曰："黄帝战于阪泉，以定天下。蚩尤亦古天子，好五兵，故祠祭之，求福祥也。"② 两汉时期，逐渐把蚩尤作为专门的兵神进行祭祀。尽管黄帝祭祀规格更高，但已经不再作为兵神享祭。据传蚩尤死后，天下再度骚乱，黄帝便图画蚩尤形象来威慑天下，而天下人都以为蚩尤未死，"八方万邦皆为弭服"。这种祭祀蚩尤的做法在民间也存在，"蚩尤冢在东平郡寿张县阚乡城中，高七丈，民常十月祀之"。③ 这表明蚩尤虽然战败，但其军事威望仍长期存在于广大的地区。西汉成帝时，采纳丞相匡衡建议，一度废止高帝所立蚩尤祭祀。④ 东汉时期继续蚩尤祭祀，永平年间，明帝命马严卫护南单于，并"敕严过武库，祭蚩尤"。⑤ 汉代画像有关于蚩尤的刻绘，在山东武氏祠后石室第三石中有"蚩尤战斗图"的画像（见图2－4），该神呈熊状，头顶弓弩，口衔箭矢，双手持短戟，双足趾夹持弩箭。

---

① （唐）杜佑撰，王文锦等点校：《通典》，中华书局1988年版，第2078页。
② 《汉书》卷2上《高祖本纪上》。
③ 《史记》卷1《五帝本纪》。
④ 《汉书》卷25下《郊祀志下》。
⑤ 《后汉书》卷24《马援传附兄子严传》。

第二章　汉画中的军事政治之礼

图 2-4　兵神

（采自朱锡禄《武氏祠汉画像石》，山东美术出版社 1986 年版，第 38 页。）

在山东省临沂市沂南县界湖镇北寨村画像石墓前室北壁正中有幅画面（见图 2-5），朱雀之下有一虎首神怪，张口露齿，头上顶着插三支箭的弩弓，胸垂两乳，四肢长着长毛，左手持一短戟，右手举一带缨的短刀，左足趾夹一刀，右足趾夹一短剑，胯下还立一盾牌。有学者认为这一神怪画像应与"蚩尤"传说有关，并题其图为《黄帝蚩尤战图》。① 对于这一神怪形象的原型，应该是战神形象，但是否为"蚩尤"还不得而知，至于把该图定名并把黄帝加上，实属过度解读。

河北石家庄东岗头东汉墓出土的同类器物，蚩尤手持剑和盾，足握刀和斧，身侧又有四神形象。② 美国华盛顿弗利尔美术馆藏有汉代蚩尤形带钩，蚩尤头上没有弩弓，而口中衔矛，左手举盾，右手持剑，左足抓刀，右足抓

图 2-5　兵神（1）

（采自王培永、朱青生主编《汉画总录 34·沂南》，广西师范大学出版社 2019 年版，第 166 页。）

---

① 刘铭恕：《武梁祠后石室所见黄帝蚩尤战图》，《中国文化研究汇刊》1942 年第 2 期。
② 王海航：《石家庄市东岗头村发现汉墓》，《考古》1965 年第 12 期。

钺。东汉时期,"诏令赐邓遵金蚩尤辟兵钩一"。①邓遵被赐的金蚩尤辟兵钩应该就是这种带钩。②

四川出土的一块画像砖中,有一幅兵神画像(见图2-6)。身披盔甲,四肢雄健,头戴弓巾,口衔弓弦。左手持戟,右手持矛,左脚趾夹战斧,右脚趾夹剑。其飞扬的尾部表明其作为神的身份。

图2-6 兵神(2)

(采自高文主编《中国巴蜀新发现汉代画像砖》,四川美术出版社2016年版,第73页。)

山东的一幅立柱画像中(见图2-7),上部为兵神画像。一熊海口大张,头顶弓弩,左手执刀,右手持斧,右腰部挂长剑。双脚呈利爪状。

王子今认为,"蚩尤"神话在汉代得以演绎充实,形成内容丰满的故事。不仅官方祭祀体系中重视"蚩尤"祭祠,民间也有广泛的"蚩尤"信仰。特别是齐鲁地方"蚩尤"崇拜尤为浓重,反映了汉文化内涵丰富的特色。③

汉代的军祭之礼并不限于兵神祭祀,西汉祭祀黄帝也与军事有关,西汉武帝灭南越后,根据前代"振兵释旅,然后封禅"的传统"北巡朔

---

① (宋)李昉等撰:《太平御览》卷354引《东观汉记》,中华书局1960年版,第1629页。本书所引《太平御览》均采用此版本。
② 孙机:《汉代物质文化资料图说》,文物出版社1991年版,第252—253页。
③ 王子今:《汉代"蚩尤"崇拜》,《南都学坛》2006年第4期。

第二章　汉画中的军事政治之礼

方，勒兵十余万骑，还祭黄帝冢桥山，释兵凉如"。① 祃祭也是军祭的一种，应劭注认为："至所征伐之地，表而祭之谓之祃。祃者，马也。马者兵之首，故祭其先神也。"② 和帝对匈奴用兵后曾下诏书："师克有捷，丑虏破碎，遂埽厥庭……有司其案旧典，告类荐功，以章休烈。"其中"告类荐功"③ 就是战胜后祭祀上帝与天神之礼。

二　战争与献俘、献捷之礼

献俘之礼先秦就已经出现。殷墟出土的甲骨卜辞显示，献俘礼在当时已经形成了较严格的礼制，成为殷商军礼中的一项重要内容。甲骨文所见殷商时期的献俘礼礼仪主要包括逆俘、反主、奏恺、杀俘祭祖、献捷等仪节。④ 其中，献俘礼可以起到震慑敌人、张扬武功、统计战果的作

图2-7　兵神（3）
（采自中国画像石全集编辑委员会编《中国画像石全集3·山东汉画像石》，图三〇，第27页。）

用，并希望通过献俘的仪式祈求获得更大的胜利。至于两汉的军礼，根据学者对文献记载的研究，西汉的军礼除了阅兵和军祭外，还有拜将、劳军、祖道、抚恤、葬死、受降等礼仪。东汉的军礼则有命将出征、刻石勒功、田猎之礼等。⑤

根据汉画中的内容，汉代献俘礼仍然采用，成为军礼一项重要内容。这也是军法的要求，通过对献俘和献首数量的统计来计算军功的大小，俘

---

① 《汉书》卷25上《郊祀志上》。
② 《汉书》卷100下《叙传下》。
③ 《后汉书》卷4《孝和帝纪》。
④ 郭旭东：《甲骨卜辞所见的商代献捷献俘礼》，《史学集刊》2009年第3期。
⑤ 陈戍国：《中国礼制史·秦汉卷》，湖南教育出版社2002年版，第320—325页。

虏和斩首人数达到一定数量的可以加官晋爵。汉代不少将军就因此而获得封侯，如上谷太守郝贤随大将军卫青与匈奴作战，屡立战功，最终因"捕斩首虏二千余人"，① 被封为众利侯，食邑一千一百户。甘延寿征讨郅支单于，"斩王以下千五百级"，② 也被封侯。但如果虚报首级数量，则会受到更为严厉的惩罚。西汉宜冠侯高不识就是因为攻打匈奴后"增首不以实"，③ 依律当斩，最后赎罪免死。将领虚增首级不过是谎报战果，即便这样也要受到处斩这样严厉的军法处置，可见当时军法的严酷。老臣冯唐曾对汉武帝说："斩首捕虏，上功莫府……陛下法太明，赏太轻，罚太重。"他还举了一个例子，云中太守魏尚因所献首虏少量差了六级，结果被"下之吏，削其爵，罚作之"。④ 从以上材料可以看出，西汉武帝时期，在战争中抓获的俘虏和斩获的首级，都集中置于行军主将的临时府舍也就是"莫府"之中。砍掉部分俘虏的首级，把抓获的俘虏献给长官，作为汉代献俘礼的一项重要内容，在汉画中有生动的描绘。

在济宁县发现的一座汉画像石墓中，一块画像石上有关于胡汉交战场面的刻绘（见图2-8）。该画像分两层，上层图中有一行人，二骑吏作为前导，紧随其后的是二伍伯，再往后是骑羊者一人，骑羊者后面是车辆，最后是随行步卒。下层画像以竖立着的一个华盖为中心，华盖下右侧端坐一位身着冠服、形象高大的将军，左侧跪一兵士，似在向将军汇报战果。华盖右方，也就是画面右侧，有二十人左右正载歌载舞庆贺战斗的胜利。在华盖之外左侧，有八位汉朝军人正押解一队胡人战俘，两名战俘步行，还有四名战俘双手被反缚，跪卧于地。画面最左端，地上置一长案，案上摆放有三颗胡人的首级，在地下和长案底部都有胡人的无头尸体，还有一位军人正持刀砍向跪地的两个胡人士兵。把头颅摆放在案子上是为了祭祀。这幅汉画很富有情节性，汉军战胜后，向主将汇报战果。汉兵向主将献上战俘，并割下胡人首级进行祭祀，这是汉代献俘礼的表现。有学者把

---

① 《史记》卷111《卫将军骠骑列传》。
② 《汉书》卷17《功臣表·义成侯甘延寿》。
③ 《汉书》卷17《功臣表·宜冠侯高不识》。
④ 《史记》卷102《冯唐列传》。

汉画中的献俘定为周代礼俗,[①] 其实是不准确的,该图反映的不是周代情况,而是对汉朝与匈奴战争情况的形象描绘,是汉代军礼的真实再现。

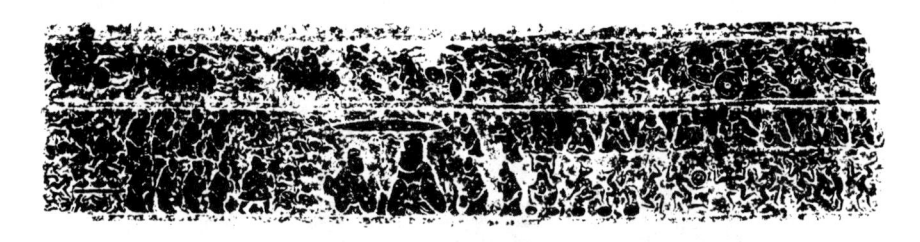

图2-8　胡汉交战与献俘

(采自中国画像石全集编辑委员会编《中国画像石全集2·山东汉画像石》,图七,第4—5页。)

山东画像石中还有一幅献俘画像(见图2-9),时间为东汉章帝时,画面自下而上共分四层,第二层为献俘场景,两名汉朝军人押解一双手被反缚的胡人而至。汉朝主将凭几而坐,后有一卫士持戟侍立,押解者有两人,其中一人跪于主将前报告情况,另一人则持盾荷戟跟在俘虏身后。

图2-9　献俘(1)

(采自中国画像石全集编辑委员会编《中国画像石全集2·山东汉画像石》,图一三八,第129页。)

---

① 李卫星:《汉画像石所见周礼遗俗》,《中原文物》2001年第1期。

胡人的特点是冠高耸，鼻子突出。为防止战俘逃跑，一般用绳子捆绑，甚至把战俘用绳子串系起来。山东的一幅画像石中就描绘了这样的场景（见图2-10），汉官面前，一汉卒绑缴来两个胡兵俘虏，胡兵被反绑双手，两人都用绳子相连。

图2-10 献俘（2）

（采自中国画像石全集编辑委员会编《中国画像石全集2·山东汉画像石》，图一〇二，第95页。）

在山东嘉祥的一幅胡汉交战的图中（见图2-11），也刻画有献俘场面。该画面位于最下层，三名被俘的胡兵被押送面见汉朝官员。右侧汉官坐于矮榻之上，身后有两名持戟侍卫分立左右。汉官面前是一个跪地禀报的属官，一手向后指向三名战俘。三名战俘双手被高高地反绑于后，紧跟其后的是一名拥盾荷戟的汉押送兵。

图2-11 献俘（3）

（采自中国画像石全集编辑委员会编《中国画像石全集2·山东汉画像石》，图一四〇，第131页。）

陕西绥德画像石也有战争画像（见图2-12），图中骑兵疾驰，最左侧有车马行进，车前有人执笏迎谒，右侧为骑兵和车马在山间驱驰的场景。

第二章 汉画中的军事政治之礼

图 2-12 战争与拜谒

（采自杨絮飞编著《中国汉画造型艺术图典·人物》，大象出版社 2014 年版，第 337 页。）

陕西绥德的一块画像石有关于凯旋场景的描绘（见图 2-13），画面主体是两列共 27 名骑兵自右向左奔驰，骑兵左侧上部有六人或站立或跪伏向主将汇报战果，下侧有平躺于地的尸首，也有双手被绑于后的战俘，其后有士兵押送。最左侧是主将端坐于华盖之下，其身后是手持伞盖的侍从。

图 2-13 战争与凯旋

（采自杨絮飞编著《中国汉画造型艺术图典·人物》，第 366 页。）

类似的战俘图还有多幅。如山东邹城郭里镇高李村 M1 墓有战争与战俘画像（见图 2-14）。图中汉军手持弓箭和长戟，把胡人骑兵打得纵马仓皇而逃，有的坠落马下。中间是 10 名双手被捆绑于后的胡人，其后有 3 名手持盾牌和刀剑的步卒押送，还有一名骑兵跟随。在山东嘉祥也有一幅献捷图（见图 2-15），画面右侧长官端坐，面前有或跪拜或站立进行禀

图 2-14 战争与战俘

（采自胡新立、朱青生主编《汉画总录 31·邹城》，广西师范大学出版社 2017 年版，第 88—90 页。）

图 2 – 15　战争与献捷

（采自杨絮飞编著《中国汉画造型艺术图典·人物》，第 371 页。）

报的三位官员，最左一人站立，手持弓矢。左侧是战斗场景的描绘，其中一汉兵正刺向仰面后倒的胡人士兵。

　　刻有献俘内容的汉画还见于其他地方，如南阳汉画像砖、① 山东肥城建初八年（83 年）张文思为父造祠堂后壁②以及山东孝堂山石祠西壁画像，③ 由于画面漫漶不清，故不再列出。在山东沂南的一幅胡汉作战图中（见图 2 – 16），以两个桥柱和桥梁为分界，画面从左往右共分三个部分，中间是一座桥，桥上是一列一手持刀、一手持盾的汉人士兵，正在向左进攻，前部有几个胡人正在攻打桥头，后部是 4 位手持斧钺的士兵在督战。桥的下部有载人船只、鱼以及正手持渔具捕鱼的人。画面左侧是山岭，其中头戴尖顶帽身着短衣的胡人骑兵和手持弓箭的步兵正在向右与汉人对

图 2 – 16　胡汉战争与车马出行

（采自王培永、朱青生主编《汉画总录 34·沂南》，广西师范大学出版社 2019 年版，第 16 页。）

---

①　南阳市文物研究所编：《南阳汉代画像砖》，文物出版社 1990 年版，图一四四。
②　中国画像石全集编辑委员会编：《中国画像石全集 3·山东汉画像石》，山东美术出版社、河南美术出版社 2000 年版，图二一二，第 198 页。
③　中国画像石全集编辑委员会编：《中国画像石全集 1·山东汉画像石》，山东美术出版社、河南美术出版社 2000 年版，图四三，第 23 页。

战，前面有一胡人头部与身体分离，首级面露恐惧表情。画面的最右侧是车马出行场景，主人与御者坐于车上，前有两骑吏前驱，后有两骑吏殿后。

以上画像既有战争场景的刻绘，也有献俘和献首的情景，献俘时不仅要捆绑战俘，还要有人押送，向幕府军营中的长官禀报。汉画像砖石中所见与战争有关的军礼包括献俘、献馘奏凯等礼仪，大多与胡汉战争有关，表明汉代的对外战争主要发生在与匈奴之间，也是汉代实行"上首虏"制度的确证。凭首级数量记功是先秦做法，秦朝大力采用作为军事激励手段，当时便受到人们的抨击，并被鲁仲连称为"弃礼义而上首功之国"。① 两汉对匈奴作战时期，特别是汉武帝时期也普遍实行计首授功的军事激励制度，表明汉代对秦制有继承之处。

两汉时期的战争不仅发生在汉匈之间，还发生在平定内部边族的过程中，如西汉昭帝时，度辽将军明友攻破乌桓，"斩虏获生，有功"，被封为平陵侯。平乐监傅介子持节使，"诛斩楼兰王安，归首县北阙，封义阳侯"。师古曰注解，"俘取曰获"。② 俘虏又称生口，正史关于此类记载颇多，如延平元年（106 年），西域副校尉梁懂在平定龟兹的过程中，"胡众败走，乘胜追击，凡斩首万余级，获生口数千人，骆驼畜产数万头"。③ 东汉在平定西羌的过程中，"或枭克酋健，摧破附落，降俘载路，牛羊满山"。④

三 备战之礼——武库、武士

作为备战的一种，武库在汉画中有多处刻画，兵器一般陈设在木制的架上，这种木架应为"兰锜"。⑤ 南阳白滩的一幅画像石刻画了汉代的武库情况（见图 2-17），武器架横向排成两行，长杆兵器插入兵器架内斜放，应该为矛戟之类，最上端没有显示，但部分刻画有缨饰。兵器间还挂有兵

---

① 《史记》卷 83《鲁仲连列传》。
② 《汉书》卷 7《昭帝纪》。
③ 《后汉书》卷 47《梁懂传》。
④ 《后汉书》卷 87《西羌传》。
⑤ 杨泓：《武库和兰锜》，《文物》1982 年第 2 期。

器袋之类，以及盾牌等器物，最下层有三条狗看护。最上层是一名官员和三名执棒看守武库的警卫。

图 2-17　武库（1）

（采自王清建、朱青生主编《汉画总录 20·南阳》，广西师范大学出版社 2013 年版，第 277 页。）

在成都曾家包汉墓的一幅武库图中（见图 2-18），兵器架的兰锜与马厩、酿酒、纺织等画面结合在一起，武器架放置于画面右侧，上部的兵器

图 2-18　马厩与武库

（采自中国画像石全集编辑委员会编《中国画像石全集 7·四川汉画像石》，山东美术出版社、河南美术出版社 2000 年版，第 38 页。）

第二章　汉画中的军事政治之礼

从上到下依次是三头叉、戟、矛、环首刀，下部的兵器由左至右分别为弓、箭箙、凸盾等。值得注意的是，这里的武器架是竖起来的，而兵器则是一层一层地横放的。

在南阳唐河针织厂出土的武库画像中（见图2-19），长戟斜立于武器架上，架上部悬挂有弓弩，武器架中下部悬挂有盾牌，最下方有两门吏看守。

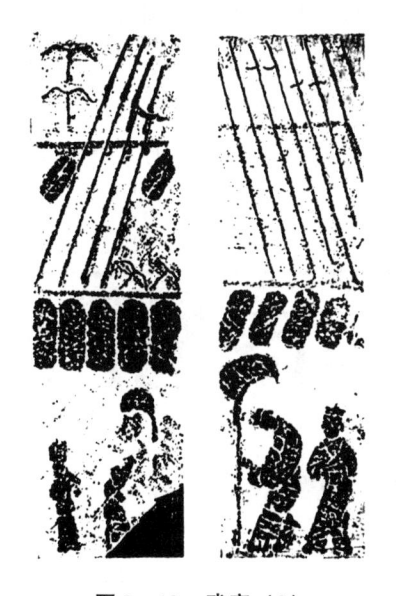

图2-19　武库（2）
（采自韩玉祥、李陈广主编《南阳汉代画像石墓》，第53页。）

图2-20　武库（3）
（采自王培永、朱青生主编《汉画总录36·沂南》，第192—194页。）

在山东省临沂市沂南县界湖镇北寨村画像石墓后室靠南壁承过梁墙西面刻有武库画像（见图2-20）。画面分为上下两格，上格为单纯的武库，最上方有一横放式小型兵器架，上摆放有一对短戟、二带鞘环首刀、一长剑、一钢锏。其下有一更大的兵器架，左右立柱均有托勾，架上横放五样长兵器，由下往上分别为一长矛、二戟、二铍。在兵器架的下部还有二盾摆立、左栏下有一箭箙。该兵器架的左侧还有一小兵器架，竖排两杆有缨有套的棨戟，戟套挂于棨戟之上，打结的缨带则挂于兵器架的中下部。下格左侧为又一小兵器架，架横二簜，左有一粗簜，簜脚栾曲，架上插两杆

· 61 ·

长矛状榮戟，矛的尖部和矛头下系有缨带。右侧为两个头戴介帻的守卫，左一人双手捧方篋，右一人右手持便面，左手握持一带花纹的纺锤状长物。两人脚下有一高圈足壶、一提梁壶、一三足圆樽（奁盒）、一高足豆形台灯。

在山东邹城郭里镇黄路屯收集的一块画像石局部（见图2-21），有武库画面。左侧是人物画像，中部是武库画像，从左往右分别刻戟四，盾牌一，箭箙二，弓、弩和环首刀各一。武库右侧有一大象，象背上骑二人，象后跟随两胡人，分别持戟、持勾，最右有一象鼻状的雕刻残像。与此前武库不同的是，盾超出普通比例的大小，且没有武器架。似乎是在描绘仙界的武库情况。

图2-21 武库（4）

（采自胡新立、朱青生主编《汉画总录31·邹城》，第170—171页。）

南阳市英庄汉墓出土的画像石上刻一幅武库图（见图2-22），画面中有三张弩竖立，其间立放有三把战斧，此外还有带双腿支架的两个箱子或置物架。

图2-22 武库（5）

（采自凌皆兵、朱青生主编《汉画总录15·南阳》，第250—251页。）

此外，四川中江崖墓也有兵器架兰锜的画像。① 至于其他地方的武库画像不再一一列出。从武库画像我们可以看出，汉代常用武器主要有斧钺、盾牌、弓弩、戟、刀、剑、矛、勾、叉、锏、棒等，这些冷兵器较前代及后代变化不大。武库中武器的摆放一般有专门的武器架，长兵器集中摆放，盾牌、短兵器及剑箙填白式摆放。至于武器摆放的方式，既有横向摆放，也有竖向摆放，此外有悬挂式、竖插底座式等。汉代有专门掌管武库的官吏，"武库令一人，六百石。本注曰：主兵器。丞一人"。② 不仅如此，武库也是祭祀兵神蚩尤的场所，东汉马严曾受皇帝之敕"过武库，祭蚩尤"。③ 官府武库画像是汉代军事力量的展示，私人武库在西汉是威仪和权势的象征，在东汉是豪强地主武装的表现。④

武士也是体现汉代军事力量的元素。在汉画像中，蹶张作为武士形象之一，在各地的画像石与画像砖中都有刻画，如方城城关蹶张画像石（见图2-23）。武士上身赤裸，足踏弓背，双手拉弓弦，口衔一箭矢。南阳师范学院博物馆所征集画像石也有蹶张画像（见图2-24）。蹶张作为步兵精锐，汉丞相申屠嘉就曾"以材官蹶张从高帝击项籍，迁为队率"。⑤ 材官传为"多力"之武士，能用脚踏强弩使之张开。蹶张与材官往往并称，《汉书·申屠嘉传》如淳注曰："材官之多力，能脚踏强弩张之，故曰蹶张。律有蹶张士。"师古曰："今之弩，以手张者曰擘张，以足蹋者曰蹶张。"汉朝初年，材官有专门的设置，"天下既定，踵秦而置材官于郡国，京师有南北军之屯"。⑥ "高祖命天下郡国选能引关蹶张，材力武猛者，以为轻车、骑士、材官、楼船，常以立秋后讲肄课试，各有员数"。⑦ 东汉光武帝时才废罢材官蹶张等兵种。汉代的蹶张画像在河南、四川的画像石、砖中

---

① 中国画像石全集编辑委员会编：《中国画像石全集7·四川汉画像石》，山东美术出版社、河南美术出版社2000年版，图三八，第34页。
② 《后汉书》卷117《百官志四》。
③ 《后汉书》卷24《马援传附兄子严传》。
④ 杨泓：《武库和兰锜》，《文物》1982年第2期。
⑤ 《史记》卷96《张丞相列传》。
⑥ 《汉书》卷23《刑法志》。
⑦ 《后汉书·光武帝纪下》注引《汉官仪》。

有多处体现。一般出现在墓门等地，目的是保护墓主灵魂，避免恶鬼的侵扰。

图 2-23 蹶张（1）
（采自中国画像石全集编辑委员会编《中国画像石全集6·河南汉画像石》，第37页。）

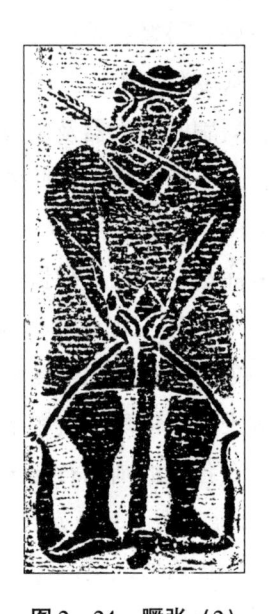

图 2-24 蹶张（2）
（采自南阳师范学院汉代石刻艺术馆藏画像石，作者拍摄。）

四 军乐之礼

军乐是军礼的一项重要组成要素，而鼓吹是其中重要的乐器。鼓吹主要由建鼓以及其他吹奏类乐器构成。鼓吹所用之鼓主要为建鼓，是中国古代特有的打击乐器。建鼓起源于殷商时期，"一曰建鼓，夏后氏加四足，谓之足鼓。殷人柱贯之，谓之楹鼓。周人悬之，谓之悬鼓。近代相承，植而贯之，谓之建鼓，盖殷所作也"。① 到了汉代，建鼓被广泛应用于军礼和其他各种礼仪活动场合。② 根据蔡邕《礼乐志》，鼓吹就是军歌乐，也被称为短箫铙歌。也就是说当时用于军中鼓吹的乐器除鼓之外，其他主要为短

---

① 《隋书》卷15《音乐志下》。
② 《后汉书》卷19《耿弇传附国子秉传》。

箫和铙。短箫铙歌的声音嘹亮、激昂，主要指发音清越、富于穿透力的排箫，有利于烘托气氛。鼓吹常用于官员的出行，西汉丞相孔光、大司空何武曾奏郊祭乐人员六十二人，其中"骑吹鼓员三人"。① 在普通鼓吹的基础上，羽葆鼓吹是高等级身份的象征。关于羽葆的形制，在鼓上饰有流苏羽葆，"乐上众饰，有流遡羽葆，以黄金为支，其首敷散，若草木之秀华也"。② 在江苏的一幅建鼓舞画像中（见图2-25），可以明显看出羽葆在上端形如草木花朵盛开，与史书所载相合。

图 2-25 建鼓舞

（采自杨絮飞编著《中国汉画造型艺术图典·人物》，第107页。）

作为羽葆的流苏一般是用鸟尾羽毛制成，"聚翟尾为之，亦今纛之类也"。③ 羽葆鼓吹中，有的置于马上，称之为羽葆骑吹。四川画像砖中有一幅由六骑组成的骑吹乐队（见图2-26），乐手装束统一，均着广袖长服，头戴圆冠。六匹马也全副盛装，马尾均裹结成燕尾状，六匹马分两排整齐排列，都是左足前迈，行进步调一致。其中左侧三骑中最上方一骑，马上竖建鼓羽葆，其他各骑也执不同的乐器或弹或吹。

---

① 《汉书》卷22《礼乐志》。
② 《汉书》卷22《礼乐志》臣瓒注。
③ 《汉书》卷76《韩延寿传》师古注。

图 2-26 羽葆骑吹

（采自高文、王锦生编著《中国巴蜀汉代画像砖大全》，国际港澳出版社 2002 年版，图一一一，第 113 页。）

建鼓舞除了平地上与马上之外，也有车上、骆驼上等多种形式，车上的建鼓舞（见图 2-27）与骆驼上的建鼓舞（见图 2-28）在汉画中均有刻画。

图 2-27 车上建鼓

（采自杨絮飞编著《中国汉画造型艺术图典·人物》，第 128 页。）

图 2-28 驼上建鼓

(采自杨絮飞编著《中国汉画造型艺术图典·人物》,第128页。)

羽葆鼓吹作为军礼,不仅用作军事活动中的威仪,也应用于上层人物的出行或送葬。西汉韩延寿在东郡时,"试骑士,治饰兵车,画龙虎朱爵。延寿衣黄纨方领,驾四马,傅总,建幢棨,植羽葆,鼓车歌车"。① 鼓吹用于送葬的情况在东汉也比较普遍,耿弇的儿子耿秉永元三年(91年)卒,被赐以朱棺、玉衣,由将作大匠穿冢,并"假鼓吹,五营骑士三百余人送葬"。此外,1952年在成都站东乡青杠坡3号东汉墓出土的画像砖,就是一幅汉代典型的骑吹画面。该画面由六骑组成,分别演奏筲、排箫、铙、鼓等乐器。② 由此可见,上植羽葆的建鼓是一种级别很高的军事礼仪。韩延寿此举是僭越礼制的行为,故而被人弹劾,并被处以弃市的处罚。东汉建初八年(83年),因班超功勋卓著,"拜超为将兵长史,假鼓吹幢麾"。③ 可见鼓吹一般用于军事,其作为军仪赏赐,一般用于有战功之人。

在大型的音乐活动中,鼓的演奏效仿了古代的军事行动。如在乐器演奏开始时,一般"先鼓以警戒"。《正义》解释道:"先鼓者,为武王伐

---

① 《汉书》卷76《韩延寿传》。
② 严福昌、肖宗弟主编:《中国音乐文物大系·四川卷》,大象出版社1996年版,第174页。
③ 《后汉书》卷47《班超传》。

纣，未战之前，鸣皮鼓以警戒，使军众逆备也。今作《武乐》者，未奏之前鸣皮鼓以敕人使豫备具也，是明志后有事也。"① 西汉郊祭"凡鼓十二，员百二十八人，朝贺置酒陈殿下，应古兵法"。② 内容与军事有关的舞蹈在西汉初年有《武德》舞，是汉高祖四年（公元前203年）所作，"以象天下乐已行武以除乱也"。③ 东汉建武八年（32年），光武帝刘秀幸祭遵营，"劳飨士卒，作黄门武乐，良夜乃罢"。④

当然，并非所有的建鼓图像都是礼制的表现。建鼓画像大多同乐舞活动场景结合起来，还有些具有神话色彩，反映了当时的升天思想。如山东邹城画像中的建鼓，⑤ 在建鼓的流苏上，有仙人坐于其上，也有杂技活动表演。类似的建鼓舞画像在全国各地还有多幅，这些均反映了汉代人认为建鼓舞能够通神的信仰。在这些画像中，建鼓与高耸的竖杆和巨大的羽葆一起，占据画面的主体部分，显示了建鼓的特殊功能。

第二节 汉画中的政治之礼

政治类的汉画体现了汉代的政治现实和政治生态，部分历史故事类汉画，诸如前代圣贤、捞鼎图、胡汉战争、刺客、周公辅佐成王汉画等反映了汉代政治礼制。汉代政治题材类汉画，与汉代的谶纬与天人感应理论的流行密不可分，反映了当时的天命观和正统观念。

一 谶纬与天命论在汉代的流行

早在先秦的时候就已经有了谶言的说法。据战国时扁鹊讲述，秦缪公曾大病一场，昏迷七天才醒来，缪公对公孙支和子舆说自己到了天帝之所，度过了愉快的时光，天帝告诉他说："晋国将要大乱，五世都不会得

---

① 《史记》卷24《乐书第二》。
② 《汉书》卷22《礼乐志》。
③ 《汉书》卷22《礼乐志》。
④ 《后汉书》卷20《祭遵传》。
⑤ 杨絮飞编著：《中国汉画造型艺术图典·人物》，大象出版社2014年版，第117页。

到安定。经过动乱后,晋国将会称霸,但会出现君主未老便死去的情况。霸主的儿子将使国中出现男女不分的情况。"公孙支把他的话记载并藏起,"秦谶于是出矣"。① 西汉哀帝时,待诏夏贺良等言说赤精子的谶言,认为"汉家历运中衰,当再受命,宜改元易号"。② 王莽篡权称帝,就是利用谶言来制造舆论。光武帝刘秀从起兵到后来称帝治国,无不是利用图谶为政治服务。刘秀起义初,宛人李通等以图谶说光武云:"刘氏复起,李氏为辅。"称帝时,群臣又引《谶记》曰:"刘秀发兵捕不道,卯金修德为天子。"③ 刘秀即位后,马上"宣布图谶于天下",并且"是时帝方信谶,多以决定嫌疑"。④ 桓谭就是由于反对谶纬之说差点被光武帝杀掉。⑤ 许多汉画内容其实是对谶言的宣传。

汉代谶纬的流行其实是儒学的神化。姚智远等认为,伴随着儒教神学思想的形成、发展和国家化,其对两汉之间的丧葬画像,无论从内容还是到形式,影响是全面而深刻的。⑥ 谶纬作为儒学与神学的结合,它并没有背离儒教,而是给儒教披上了一层神秘的外衣,其维护皇权和等级制度的核心精神并没有改变。

天人感应是儒教神学的出发点,通过祥瑞类汉画彰显汉代帝王的神性以及汉代政权的神授和正统性。

天命与正统思想是政治类汉画出现的推动因素。刘邦出身卑微,汉代统治者面临着这样一个难题:与前代统治者无亲无故的汉皇室,如何能证明自己承天之命,开创一个新朝代。⑦ 为了解决这个问题,刘向、班固等人为刘邦精心炮制了一个显赫皇族世系。说汉帝的世系源自帝尧,到了周代,在秦地改称刘氏,先祖被赐封为丰公。正是由于汉承尧运,

---

① 《史记》卷43《赵世家》。
② 《汉书》卷11《哀帝纪》。
③ 《后汉书》卷1上《光武帝纪上》。
④ 《后汉书》卷1下《光武帝纪下》。
⑤ 《后汉书》卷28下《桓谭传下》。
⑥ 参见姚智远、徐婵菲《儒教神学对两汉之间丧葬画像的影响》,载郑先兴主编《汉画研究(中国汉画学会第十届年会论文集)》,湖北人民出版社2006年版。
⑦ 顾颉刚编著:《古史辨》卷5,上海古籍出版社1982年版,第430—439页。

所以德祚能够盛兴，且刘邦斩蛇的事情在符文上有记载，王朝旗帜崇尚赤色，故天命与火德相应，认为这是自然而然的事情，是得到天命的正统王朝。① 这样不仅把高祖刘邦的世系上溯到尧，还对刘邦和他建立的汉朝政权进行了神化。刘邦本人也具有神性，"断蛇著符"就是最好的例证。这种思想在汉画中有生动的描绘，目的是宣扬皇权的存在顺应了天道，政治上正统合法，该类的画像主要有：高祖斩蛇画像、鼎类画像、祥瑞图等。

二　汉画图像体现的天道与政治正统之礼

（一）捞鼎与拜鼎类画像中的政治之礼

鼎是王权的象征，在三代，九鼎的迁转代表王权的更替。神鼎的象征意义在春秋时期依然存在，《左传》鲁宣公三年（公元前660年）载，楚庄王问鼎之大小、轻重。王孙满对他进行了批评，认为"在德不在鼎"，"周德虽衰，天命未改。鼎之轻重，未可问也"，② 以此维护了周朝的威严。《墨子·耕柱》把鼎神圣化，夏后开铸宝鼎，"鼎成三足而方，不炊而自烹，不举而自臧，不迁而自行"。武梁祠鼎的图像榜题，内容为"神鼎""自孰"，这显然是对《墨子·耕柱》中关于神鼎描述的改造。鼎不仅有神性，而且能够传递，并且鼎还具有继承性，九鼎铸成后，迁于夏代。"夏后氏失之，殷人受之。殷人失之，周人受之"。③ 这种理论神化了鼎的作用，强调从三代传下的宝鼎才象征王朝正统。宝鼎之外，周鼎是另一个正统传承的象征，"周民东亡，其器九鼎入秦"。④ 但周朝九鼎到底在何处不得而知，以至于秦始皇统一六国后，经过彭城，"斋戒祷祠，欲出周鼎泗水。使千人没水求之，弗得"。⑤

到了汉代，鼎仍是象征皇权正统的重要礼器。西汉文帝时，听信"周鼎亡

---

① 《汉书》卷1下《高祖纪》。
② 杨伯峻编注：《春秋左传注》，中华书局1981年版，第669—671页。
③ （清）孙诒让撰，孙启治点校：《墨子间诂》，中华书局2001年版，第425—426页。
④ 《史记》卷4《周本纪第四》。
⑤ 《史记》卷6《秦始皇本纪》。

在泗水中"的传说,派人"使治庙汾阴南,临河,欲祠出周鼎"。① 后来证明是一场骗局。

西汉时汾阴出土大鼎,武帝把宝鼎荐于宗庙,臧于甘泉宫,并改年号为"元鼎"。得到宝鼎后,武帝立后土、太一祠,并举行封禅之礼。得鼎之初,群臣们都祝贺汉武帝得周鼎,只有吾丘寿王认为不是周鼎。认作周鼎,表明周秦以来有德者继承周鼎的说法被西汉沿袭。但由于周鼎年代久远且历经变乱,在汉代已难令人信服。于是寿王另辟蹊径进行解释说,以前秦始皇亲自在彭城出鼎,结果什么也没有捞到,是由于无德,"天祚有德而宝鼎自出,此天之所以与汉,乃汉宝,非周宝也"。② 也就是说,寿王提出的宝鼎自出说法其实是故意混淆周鼎与宝鼎的区别,强调了宝鼎的神性但弱化了宝鼎的继承性,以此来完善宝鼎理论,这样就把汉朝直接同天命构建起联系,让人们相信汉朝的建立是顺应天道,并且汉德昌明。因而汉画中经常见到捞鼎图,主要刻画的就是秦始皇捞鼎不成,天命在汉。鼎不仅象征皇权的天授性,还象征天下太平。发现宝鼎是政治清明的一个祥瑞。发现宝鼎后,汉武帝在诏书中提到:"朕以眇身托于王侯之上,民或饥寒,故巡祭后土以祈丰年。冀州脽壤乃显文鼎,获荐于庙。"③

汉画中的鼎有捞鼎、升鼎、争鼎、拜鼎等多种画面。汉画泗水捞鼎图源于秦始皇捞鼎的传说,周显王后期,其鼎沉落泗水河底。秦王朝初建之时,水落鼎出。秦始皇认为是自己德合三代的征兆,大喜过望,派遣上千人去打捞神鼎。就在他们系牢绳索准备将鼎拽出水面的瞬间,一条龙从空中一口咬断绳索,神鼎从此消失。④ 这个故事在很多汉代石刻中都能见到,包括武氏祠左石室第三石上有一幅画像(见图2-29)。这个图像的主题,无疑是显示秦始皇违背天命。画中场面表现神龙咬断绳索的瞬间,绳子突然断裂使拽鼎者人仰马翻。这幅图画的政治用意是:秦朝的建立违背了上天的旨意,也没得到上天的保佑。神鼎与祥瑞形象一起,揭示出谶纬在东

---

① 《汉书》卷25上《郊祀志》。
② 《汉书》卷64上《吾丘寿王传》。
③ 《汉书》卷6《武帝纪》。
④ (北魏)郦道元著,陈桥驿校证:《水经注校证》,中华书局2007年版,第601页。

汉社会中的政治价值,以及征兆图像广泛流行的原因。

东汉时期,出土于南阳新野横长方形实心大砖(见图2-30),边框饰以菱形图案。画面中为一座木制拱形桥,有围栏,两端竖表木。桥面正中行驶着一辆双马驾的轺车,车内坐两人,一主人一驭者。两个戴冠的小吏于车前恭迎,车后有一小吏执笏跪地恭送。桥面两端各有三个力士,正赤膊露腿用力牵拉绳索,桥下有一个鼎正升出水面,为帮助升鼎,有四人手持圆环,分乘两艘小舟。桥的左侧阙前,有一辆轺车飞驰而来,远处有两个骑马执弓的人在奔跑,前方一条猎犬已经捕住一只野兔。桥的右侧,同样有一辆轺车正在行进,跟随其后的是两名骑马小吏。

图2-29 捞鼎(1)

(采自朱锡禄编著《武氏祠汉画像石》,第49页。)

图2-30 捞鼎(2)

(采自邓本章主编《中原文化大典·文物典》,中州古籍出版社2008年版,第241页。)

第二章 汉画中的军事政治之礼

山东邹城郭里镇高李村 M1 号墓出土前室西壁画像石为捞鼎主题的画像（见图 2-31）。画面正中为一座拱桥，桥上有栏杆。桥顶竖立两粗大的高杆，杆顶有类似轱辘的横档。有绳索穿过，捞鼎人左六右七，拉鼎之人全部为女子。桥下巨鼎刚露出水面，鼎中冒出一蛟龙，咬断鼎耳。两杆之间站立一位头戴高冠的身形高大人物。

图 2-31 捞鼎（3）

（采自胡新立、朱青生主编《汉画总录 31·邹城》，第 78 页。）

捞鼎画像还见于其他各地的画像石，特别是以下两幅捞鼎图（见图 2-32、图 2-33），画面上部均有两列人互相拜见的场景，似乎正等待向被捞上来的鼎行拜礼。

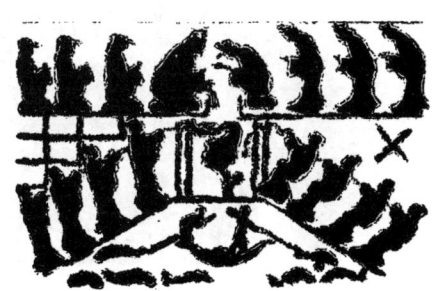

图 2-32 捞鼎（4）　　　　　　**图 2-33 捞鼎（5）**

（均采自李国新、杨蕴菁编著《中国汉画造型艺术图典·建筑》，第 279 页。）

鼎具有神性，画像中有不少戏鼎、争鼎场景的描绘，四川宜宾石棺有龙虎戏鼎的场景（见图2-34）。江苏睢宁九女墩汉墓出土有犀牛争鼎图（见图2-35），画面分上下两层，下层为车马出行，上层中有一鼎，鼎旁有人形怪兽，鼎上部有珍禽异兽和神树，两头巨大的犀牛分立鼎的两边，两首相对，作出要争斗的样子。两头巨大的犀牛与其说是为了争鼎，倒不如说是鼎的守护者，同鼎上的神物一起，都在印证鼎的神性。

图2-34 龙虎戏鼎

（采自中国画像石全集编辑委员会编《中国画像石全集7·四川汉画像石》，图一二〇，第94页。）

图2-35 犀牛争鼎

（采自中国画像石全集编辑委员会编《中国画像石全集4·江苏、安徽、浙江汉画像石》，图一一二，第79页。）

第二章　汉画中的军事政治之礼

鼎从早期的煮食器发展为礼器后，常用于一些重大的祭祀场合，而升鼎和拜鼎都表现了对鼎的重视。到了汉代，鼎非一般人能够拥有，升鼎具有一定的政治意味。此外，鼎作为礼器，升鼎的另一象征是重大祭祀场面的体现。在墓葬中出现这种画像，应该是为了彰显墓主的尊贵，在一幅升鼎画像中（见图2-36），鼎耳分别系着一根绳子，绳子的另一端穿过吊环，分别由一人拉着。从两人吃力地拉绳的样子，可以判断鼎的沉重。四川彭州画像砖的升鼎（见图2-37）和拜鼎（见图2-38）画像中，鼎上有花纹装饰，特别是拜鼎画像，左侧一人执笏，右侧一人手执芝草，都躬身向鼎。西汉武帝时在汾阴所发现之鼎，"鼎大异于众鼎，文镂毋款识"。① 四川画像砖中的鼎与史书描述有一定接近。无论是捞鼎、升鼎、争鼎，还是拜鼎等画像都显示了人们对鼎的重视。

图2-36　升鼎（1）

（采自杨絮飞编著《中国汉画造型艺术图典·人物》，第340页。）

---

① 《史记》卷13《孝武本纪》。

图 2-37 升鼎 (2)

（采自杨絮飞编著《中国汉画造型艺术图典·人物》，第 669 页。）

图 2-38 拜鼎

（采自杨絮飞编著《中国汉画造型艺术图典·人物》，第 669 页。）

（二）高祖斩蛇画像体现的政治之礼

高祖斩蛇画像也是政治之礼的反映，该故事见于《史记》《汉书》等文献，刘邦为亭长时往骊山送刑徒，途中斩杀一蛇，后刘邦又来到杀蛇之所，见有一老妪夜里哭泣。有人问她为何哭泣，老妪说："有人杀了我的儿子，故而哭泣。"那人问："你儿子为什么会被杀？"老妪说："我儿子是白帝子，由于变成大蛇挡道，现在却被赤帝子斩杀，所以哭泣。"① 高祖斩

---

① 《史记》卷 8《高祖本纪》。

蛇是神化高祖刘邦的一个传说，既然刘邦为赤帝子，他建立汉朝也就是顺应天道了。河南唐河县针织厂汉墓（见图2-39）出土以及四川雅安高邑阙（见2-40）都有高祖斩蛇的画像。可见，像中体现的政治之礼有正统、天命、尊贵等多重象征意义。

图2-39 高祖斩蛇（1）

（采自韩玉祥、李陈广主编《南阳汉代画像石墓》，图三八，第62页。）

图2-40 高祖斩蛇（2）

（采自中国画像石全集编辑委员会编《中国画像石全集7·四川汉画像石》，图八四，第68页。）

（三）祥瑞类汉画体现的天道正统之礼

各种祥瑞类汉画是天道正统的体现，反映了统治者的政治礼制。根据天人感应学说，祥瑞和灾异是政治兴衰的前兆，董仲舒说："美事召美类，恶事召恶类，类之相应而起也。"① 若君主失道，国家将败，"天乃先出灾害以谴告之"。如果君主不知道自我反省，上天就会出一些怪异的事来警惧君主，若君主还不知道改变，就会导致自身的伤败。② 如果统治者推行王道，便会风调雨顺，"道，王道也；王者，人之始也。王正则元气和顺、风雨时、景星见、黄龙下"。③ 如果政治清明，便会有甘露、朱草、醴泉、嘉禾、凤凰、麒麟等各种祥瑞出现，"故天为之下甘露，朱草生，醴泉出，风雨时，嘉禾兴，凤凰麒麟游于郊"。④ 如果臣弑其君，子弑其父，就会出现日食、暴雨、雪灾、地震等灾害。

根据天人感应理论，祥瑞图案总是与政治礼制结合起来，更多的是显示政治的清明。巫鸿认为武梁祠祥瑞榜题内容清楚地显示出这些图像的政治道德取向。⑤ 不仅如此，各种祥瑞图都有一定的礼制含义，也有不同的政治寓意，现根据有关史料把代表性的祥瑞解释如下。

凤凰、麒麟：代表多种美德，集礼义仁信于一体。《山海经》对凤凰如此描述："其状如鸡，五采而文，名曰凤凰，首文曰德，翼文曰义，背文曰礼，膺文曰仁，腹文曰信。"这种鸟出现"则天下安宁"。⑥ 麒麟与凤凰往往同时出现，代表着仁道、善政和尊重生命，"夫覆巢破卵，则凤皇不翔。刳牲夭胎，则麒麟不臻。诚物类相感，理使其然"。⑦

木连理：又称连理树或连理木，也是政治清明的祥瑞之一。象征着和睦友爱，以德化人。要求王者应多行仁义，怀柔远人。《艺文类聚》引《瑞应

---

① （清）苏舆撰，钟哲点校：《春秋繁露义证》，中华书局1992年版，第358页。
② 《汉书》卷56《董仲舒传》。
③ （清）苏舆撰，钟哲点校：《春秋繁露义证》，中华书局1992年版，第101页。
④ （清）苏舆撰，钟哲点校：《春秋繁露义证》，中华书局1992年版，第102页。
⑤ ［美］巫鸿：《武梁祠——中国古代画像艺术的思想性》，柳扬、岑河译，生活·读书·新知三联书店2006年版，第119页。
⑥ （晋）郭璞注，（清）郝懿行笺疏，沈海波校点：《山海经》，上海古籍出版社2015年版，第19页。
⑦ 《后汉书》卷61《黄琼传》。

图》曰:"木连理,王者德化洽,八方合为一家,则木连理。"又《孝经援神契》载:"德至草木,则木连理。"① 东汉明帝时,出现"树枝内附"祥瑞,注文曰:"内附谓木连理也。"作为这种祥瑞的显现,便是西南各族进贡,"西域诸国遣子入侍"。② 这种木连理的情况出现较少,故而被人们认为是德行所感。东汉蔡邕是著名的孝子,"母卒,庐于冢侧,动静以礼。有菟驯扰其室傍,又木生连理,远近奇之,多往观焉"。③

甘露、朱草、嘉禾、醴泉:象征统治者推行礼乐之治,不违农时,阴阳和谐,百姓安居乐业。"礼乐不失,则天降甘露,地出醴泉,是通于神明之德也"。④ "故阴阳和,风雨时,甘露降,五谷登,六畜蕃,嘉禾兴,朱草生,山不童,泽不涸,此和之至也"。⑤ 尤其是嘉禾,作为祥瑞的一种,一般是指一茎多穗的谷物。司马相如赋曰:"导一茎六穗于庖。"郑氏曰:"导,择也。一茎六穗,谓嘉禾之米,于庖厨以供祭祀也。"⑥ 光武帝刘秀的名字也同嘉禾这种祥瑞有关,他出生的建平元年(公元前6年),"是岁县界有嘉禾生,一茎九穗,因名光武曰秀"。⑦ 在汉画中,木连理和嘉禾均有相关刻画。

汉代的祥瑞还有黄龙、玉英、芝草、比翼鸟、神雀、比目鱼、瑞兽等,在汉代画像中均有所刻画。江苏邳州燕子埠墓门左侧柱上有麒麟、福德羊的画像(见图2-41),并有相应的榜题,其实是对盛世社会的赞扬与希冀。

在汉画中也有对嘉禾的刻画。如陕西米脂官庄二号画像石墓后室南壁画像石的主体画像的两端(见图2-42),都有谷穗的刻画,一茎多穗的特点表现得非常明显。

---

① (唐)欧阳询撰,汪绍楹校:《艺文类聚》,上海古籍出版社1982年版,第1699页。
② 《后汉书》卷2《显宗孝明帝纪》。
③ 《后汉书》卷60下《蔡邕传》。
④ 《史记》卷24《乐书》注引《正义》。
⑤ 《汉书》卷58《公孙弘传》。
⑥ 《汉书》卷57下《司马相如传》。
⑦ 《后汉书》卷1下《光武帝纪下》。

图 2-41　麒麟、福德羊

(采自中国画像石全集编辑委员会编《中国画像石全集 4·江苏、安徽、浙江汉画像石》，图一三八局部，第 101 页。)

图 2-42　嘉禾

(采自姬翔月《陕西米脂官庄二号画像石墓发掘简报》，载中国汉画学会、河南博物院编《中国汉画学会第十三届年会论文集》，中州古籍出版社 2011 年版。)

甘肃李翕渑池五瑞图石刻上有白鹿、黄龙、甘露、嘉禾、连理木五种祥瑞图像（见图 2-43），铭文提到李翕在渑池为官期间，"德治精通，致黄龙白鹿之瑞"。由此也不难看出，祥瑞画像不仅有歌颂王朝统治清明的一面，也有颂扬地方官推行德治的用意。

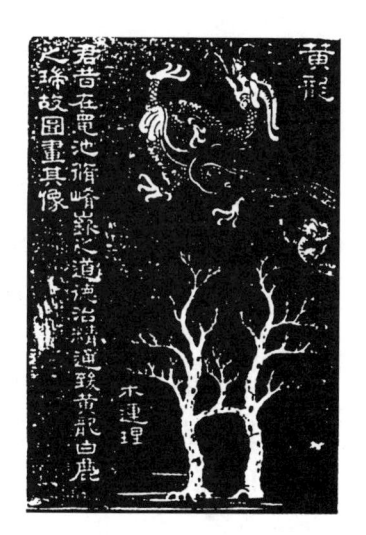

图 2-43　汉李翕五瑞图

[采自（清）冯云鹏、冯云鹓辑《金石索》，《续修四库全书》编纂委员会编《续修四库全书》八九四《史部·金石类》，上海古籍出版社 2002 年版，第 354—355 页。]

第三节　车马出行汉画中的军事政治之礼

全国各地的画像中有大量的车马出行画像，与规格有关的车马出行是汉代军事、政治礼制的反映。而与交往活动有关的车马出行又是汉代社会生活的生动体现。本节主要探讨车马出行画像体现的军事政治之礼，其中体现的交往礼仪和思想信仰问题，将在本书其他章节探讨。

据《汉官仪》记载：天子出行的车驾队伍称之"卤簿"，有大驾、法驾、小驾之称。大驾由公卿奉引，大将军参乘，太仆驾车，随从车辆八十一乘。至于汉代贵族官僚，完整的出行队伍有一定的组合模式，遵循出行礼制的要求。汉画中的车马出行涉及诸多方面，尤其是车马出行礼制，是军事政治之礼非常重要的体现。

一　汉画车马出行的类别及车马队伍的构成要素

完整的车马出行的队伍主要用于官员出行，一般由前驱（先驱）、主车、属车、护从及后殿几部分组成,前导和护从合称为导从,还有的把后殿作为属车或护从的一部分。汉画中完整的车队比较少见,有的仅有前驱和主车,没有属车和护从。现仅以导从和主车进行探讨。

在汉画像中有多种车马出行画像,如各种普通车辆的车马出行、车马临阙、车骑过桥,伴随车马出行的还会有迎谒、骑吏、伍伯等。

汉代墓室中的车马出行图,根据其图像学意义,大体可以分为两类。一类为摹实的车马出行,另一类为阴间的车马出行,无论哪类,在车骑出行画像中,往往出现由多辆车组成的车队,且前有导从,后有护卫,浩浩荡荡。这既是贵族生活的反映,也是汉代礼制的表现。同是车骑出行,因出行者的地位、级别不同,场面和规格也各不相同。汉代统治阶级对此有严格的规定,不准逾越。《后汉书·舆服上》:"诸侯王法驾,官属傅相以下,皆备卤簿,似京都官骑,张弓带鞬,遮迋出入称促。列侯,家丞、庶子导从。若会耕祠,主县假给辟车鲜明卒,备其威仪。导从事毕,皆罢所假。"由此可见,车马的导从等礼制所用之人、车等威仪并非官员自备,而是由官府统一调配,使用之后归还官府。

山东临沂市白庄画像石中的一幅车马出行图分为上下两层(见图2-44),上层应该是接续下层的同一出行队伍,共有7辆车、8骑吏、4伍伯,出行显现了完整的车队,不仅有前驱导骑、导车、主车、从车,还有迎宾与送行场景。由此不难看出,出行者政治地位较高。

图2-44 车马出行、迎宾画像

(采自中国画像石全集编辑委员会编《中国画像石全集3·山东汉画像石》,图一四,第12—13页。)

二 车马出行的前驱与护从礼制

前驱与护从有时被合成为导从。可以说,导从之礼在先秦就已经存在了，如太仆等职官都有充当前驱的职责，周王出入时，太仆"自左驭而前驱"。此外，内小臣掌王后之命，"后出入，则前驱"。在周代大的祭祀活动中，条狼氏"掌执鞭而趋辟"。① 执鞭是为了驱马前进，"左执鞭弭，马不出者，助之鞭之"。② 周代葬礼过程中，以方相氏执戈扬盾为前导。可见先秦的前驱导从主要使用鞭策和兵器。

汉承秦制，在军事活动或高规格的官方出行活动中，以军人组成的前驱和车马队列也用于地位较高者日常出行、丧葬威仪等方面。一定级别的官员出行，皆有一定数量的导从仪仗队伍。③ 这种仪仗的执行者主要为军人，可视为军礼的延续。因此，以军人充当的前驱具有军事礼仪和政治礼仪的属性。《后汉书·舆服志》载："公卿以下至县三百石长导从，置门下五吏、贼曹、督盗贼功曹，皆带剑，三车导。主簿、主记，两车为从。县令以上，加导斧车。公乘安车，则前后并马立乘。长安、洛阳令及王国都县加前后兵车。"④ 作为前驱的导斧车一般用于县令以上的官员，而伍伯和骑吏则是充当前驱和护从的军人。高规格的出行往往斧车、骑吏、伍伯并用，导从人数有礼制限定。根据画像砖石中的车马出行图，充当前驱的导车、伍伯、骑吏均有刻画。

导车作为重要的前驱，有轺车、斧车等，且其规格较高。最能体现出导车军礼威仪的是导斧车，它源自先秦的战车，车上建有巨钺，为县令以上官员出行的导车。⑤ 四川汉代画像砖中有导斧车画面（见图2-45）。

山东沂南汉墓中室北壁横额西段车马画像中（见图2-46），导斧车同骑兵、步兵导从一起使用，导斧车上坐两人，一把战斧高高地立于车上，驾车人居前，乘车人居后，两杆长长的棨戟斜置于车尾。导斧车前有二伍伯、二骑吏开道，队伍前有二人迎迓。在汉画中，斧车形制有一定差异，但共同点都是上有斧钺竖立于车上（见图2-47、图2-48）。

---

① （清）孙怡让撰，王文锦、陈玉霞点校：《周礼正义》，中华书局2013年版，第2916页。
② 杨伯峻编注：《春秋左传注》，中华书局1981年版，第1734页。
③ 刘志远、余德章、刘文杰编著：《四川汉代画像砖与汉代社会》，文物出版社1983年版。
④ 《后汉书》卷119《舆服志上》"导从卒"条。
⑤ 《后汉书》卷119《舆服志上》："县令以上，加导斧车。"

图2-45 导斧车（1）

（采自李国新、杨蕴菁编著《中国汉画造型艺术图典·器物》，第227页。）

图2-46 导斧车（2）

（采自中国画像石全集编辑委员会编《中国画像石全集1·山东汉画像石》，第155页。）

图2-47 斧车（1）

（采自李国新、杨蕴菁编著《中国汉画造型艺术图典·器物》，第227页。）

第二章　汉画中的军事政治之礼

图 2-48　斧车 (2)

(采自李国新、杨蕴菁编著《中国汉画造型艺术图典·器物》，第 226 页。)

斧车一般都在车后斜放棨戟，但并非所有斧车都有。河南荥阳壁画墓出土的一幅斧车图中（见图 2-49），车上只有树立的斧钺，没有棨戟或长戟。

图 2-49　斧车 (3)

(采自徐光冀主编《中国出土壁画全集 5·河南》，科学出版社 2012 年版，图九六，第 104 页》。)

此外，并非所有的导车都用斧车，普通的车辆也能充当导车。如四川的一块画像砖中的导车（见图 2-50），车上并未竖立斧头，但车前有持棨戟的两骑吏作为前驱，车下方亦有一持棨戟奔跑的伍伯。由导车来看，出行的规格不低，应为官员出行所用。在全国其他地方的画像石车马出行图中，也有普通轺车或其他车辆充当导车的情况。

图 2-50 导车

（采自高文主编《中国巴蜀新发现汉代画像砖》，第 27 页。）

汉代除用斧车或普通车辆作为先驱外，还有一种真正的军车——武刚车，大将军卫青与匈奴兵遭遇，"大将军令武刚车自环为营，而纵五千骑往当匈奴"。《集解》引《孙吴兵法》曰："有巾有盖，谓之武刚车也。"① 在汉画中，未见到武刚车的刻画。对于高级别的出行，导车会有多辆，"公卿以下至县三百石长导从，置门下五吏、贼曹、督盗贼功曹，皆带剑，三车导"。②

伍伯是导从中的步兵，他们作为前驱，往往充当开道的作用。根据后汉礼制，作为先驱的伍伯人数各有不同，其规模代表出行者的地位，公为八人，中二千石、二千石、六百石都是四人，四百石以下至二百石都是二人。卜宪群据此分析，二百石为拥有出行仪仗的最低官秩，低于二百石者不在官长之列，亦无出行仪仗。③ 汉画中有许多伍伯作为先驱的画面，在四川的画像砖及山西离石马藏庄二号墓门前室南壁横额画像中（见

---

① 《史记》卷 111《卫将军骠骑列传》。
② 《后汉书》卷 119《舆服志上》"导从卒"条。
③ 卜宪群：《吏与秦汉官僚行政管理》，《中国史研究》1996 年第 2 期。

图2-51），有六伍伯为前驱的刻画。六伍伯规格介于公与二千石官员之间，应该为卿一级官员的规格，可惜史书阙载。伍伯所执器物在史料中并没有详细描述，汉代画像就补充了这种文字记载的不足。就汉画来看，伍伯所执器物有棨戟、便面、棒、刀、剑、弓弩、矛、盾、幡旗等。此外，"铃下、侍阁、门兰、部署、街里走卒，皆有程品，多少随所典领"。① 伍伯的多少、所执之物的差别，都由出行官员的地位决定。

图2-51 六伍伯 前驱

（采自中国画像石全集编辑委员会编《中国画像石全集5·陕西、山西汉画像石》，图二三七，第180页。）

伍伯所执，常见的为便面，在四川画像砖中有这样的刻画，其中有四伍伯执便面为前驱的画像（见图2-52）。

图2-52 四川伍伯画像砖

（采自高文、王锦生编著《中国巴蜀汉代画像砖大全》，第126页。）

---

① 《后汉书·舆服志上》。

伍伯还会佩剑，如陕西米脂县尚庄的一块横楣石车马出行画像就有伍伯形象的刻画（见图2-53），伍伯跟随在车辆的两边，一手持便面，腰中挂剑（著录中作"殳"），从图中可以看出，左起第二辆轺车应该是主车。其车前车后均有伍伯。

图2-53 车马出行与伍伯

（采自康兰英、朱青生主编《汉画总录3·米脂》，第106—107页。）

除伍伯外，前导也可以为骑吏。山东阴平孟庄东汉画像石墓中室东梁画像中，西侧左前为3排6骑吏，均携带弓囊，前2人还佩带棨戟。其后为轺车5乘，车后又有骑吏2人，空旷处刻6榜无题，1鸟补空。其中充当前驱的骑吏6人，加上车后的护从，共有骑吏8人。[①] 除此以外，还有多名骑吏和单个骑吏的独幅图像（见图2-54、图2-55）。

图2-54 四骑吏

（采自高文、王锦生编著《中国巴蜀汉代画像砖大全》，图一二三，第125页。）

---

① 刘善沂：《山东平阴孟庄东汉画像石墓》，《文物》2002年第2期。

图 2-55　执幡骑吏

（采自凌皆兵等主编《中国南阳汉画像石大全3》，第72页。）

充当前驱的还有骑吏和伍伯同用的情况，四川彭州市出土的画像砖有骑吏与伍伯的画面，四伍伯在前，两骑吏紧随其后，四伍伯均手持长戟，骑吏中有一人执幡。左侧有两人躬身迎谒，双手合袖高举于面孔前，迎接即将到来的主客。①

根据《后汉书·舆服志》的出行礼制，"公以下至二千石，骑吏四人，千石以下至三百石，县长二人，皆带剑，持棨戟为前列，揵弓韣"。②唐河县针织厂汉画像石墓出土了三幅车骑出行画像，均前有二导骑。③说明此墓的墓主人生前可能为县令或县长级官吏。四川画像砖中前驱图像中，二骑吏二伍伯或四伍伯的前驱礼制显然是三百石至一千石官员的出行礼制（见图2-56、图2-57）。而四骑吏则是二千石以上官员的出行礼制（见图2-58）。至于三骑吏，尽管史书没有明确规定，但根据礼制，应该是一千石至二千石官员的出行礼制。四川德阳市黄许镇出土的三骑吏画像砖（见图2-59），画面中三人正快马驱驰，人物的冠服、马匹的形象及装饰、高扬的马鞭，都清晰可见，极具动感。但不同之处在于，无论是三骑吏还是四骑吏，均存在骑吏手持长幡、马鞭，甚至仅佩剑的情况，并非所有骑吏都手持棨戟。这种情况史书阙载，是特

---

① 高文主编：《中国巴蜀新发现汉代画像砖》，四川美术出版社2016年版，第52页。
② 《后汉书》卷119《舆服志上》。
③ 韩玉祥、李陈广主编：《南阳汉代画像石墓》，河南美术出版社1998年版，第53页。

殊情况还是史书所不载的具体情况，不得而知，似乎更应该是后种情况。东汉的舆服礼制应该有更加详细的规定，而史书所载仅为大的原则，许多具体情况阙载实属正常。

图 2-56　二骑吏　二伍伯

（采自高文主编《中国巴蜀新发现汉代画像砖》，第54页。）

图 2-57　二骑吏　四伍伯

（采自高文主编《中国巴蜀新发现汉代画像砖》，第55页。）

图 2-58 四骑吏

(采自高文主编《中国巴蜀新发现汉代画像砖》，第 58 页。)

图 2-59 三骑吏

(采自高文主编《中国巴蜀新发现汉代画像砖》，第 56 页。)

汉代有地方长官以先驱之礼来迎接大将的礼仪。霍去病率军击匈奴，取道河东，河东太守郊迎，"负弩矢先驱，至平阳传舍"。① 郊迎就是迎于郊界之上，先驱就是在前方导路。在蜀地也不例外，汉武帝拜司马相如为中郎将略定西南夷，相如回到蜀地，太守以下官员郊迎，县令一级的官员还要负弩矢先驱，蜀人为相如感到荣耀。② 可见负弩矢先驱是汉代军礼制度的一项重要内容，并在全国各地普遍实施。

---

① 《汉书》卷 68《霍光传》。
② 《汉书》卷 57 下《司马相如列传》。

负弩矢先驱的场面在汉画中有不少反映，如南阳唐河针织厂汉墓出土的一块左门楣画像石就刻有这方面的内容（见图2-60）。出行队伍的最前面为两导骑，两名骑手均一手驭马，另一手高举弩矢，两辆轺车随后，第一辆车上有羽葆建鼓，除驭者外，车后一人征执桴击鼓，极具动态。第二辆车上有两人，一为尊者、一为驭者，车队最后有一人持矛步从。队伍前面的两辆导骑就是先驱，起着导路护卫的作用。而手举弩矢是为了保护主官免受威胁，更是为了象征出行者尊贵身份。

图2-60 车马出行图

（采自凌皆兵、朱青生主编《汉画总录17·南阳》，第63页。）

四川画像砖中有不少这样的负弩矢先驱画面，两伍伯跟在两骑吏后，手持棨戟，腰挂长剑，肩负弓弩。①

高规格出行，导从车辆也往往级别较高，如孝堂山石室中"大王车"前后的导从，导从车辆有驾二马的。单是车前伍伯就有十二人，导从骑有六十多名。护从由骑吏、从车、步卒等组成，所执器物也同出行官员的级别相应，护从一般手执弓弩，跟在主车附近。

根据《后汉书·舆服志》等文献的记载，除皇帝、皇后、诸侯之外，汉代公卿以下至三百石官吏的舆制等级导从礼制规格大体如下表（见表2-1）。

---

① 高文、王锦生编著：《中国巴蜀汉代画像砖大全》，国际港澳出版社2002年版，图一二〇，第122页。

表2-1　　　　　　　　　东汉官员出行导从规格

身份	主车驾马数量	前驱	随从	备注
大使车	四马	导斧车；持节者，重导从：贼曹车、斧车、督车、功曹车皆两辆大车，伍伯璅弩十二人；辟车四人	从车四乘	无节，单导从，减半
公	三马	导斧车；璅弩车前伍伯八人	三百石长导从，置门下五吏、贼曹、功曹皆带剑车道，主簿、主记两车为从	（伍伯）黄绶，武官伍伯，文官辟车
公以下至二千石	两马至三马	导斧车；置门下五吏、贼曹、督盗贼、功曹，皆带剑，三车导	骑吏四人	
中二千石、二千石、千石、六百石	一马至两马（中二千石以上及使者，乃有騑驾）	导斧车；璅弩车前伍伯四人	（伍伯）中二千石六人，千石、六百石皆四人（含前驱）	
千石以下至三百石，县长	一马	县令以上，加导斧车；伍伯二至四人	骑吏二人主簿、主记，两车为从；长安、雒阳令及王国都县加前后兵车，亭长，设右騑，驾两	
四百石以下至二百石	一马	璅弩车前伍伯二人		

三　主车车队规模体现的礼制

跟在前驱之后的一般是主车和属车，再后是护从或后殿。主车只有一辆车，属车的有无及多少根据出行者的地位而定。乘坐主车的出行者往往身材高大，面部较突出。

主车驾车马匹数量和车马的装饰都有礼制要求，数量从一匹马到四匹马不等。一匹马驾车的情况比较多见，但也有特殊情况，出现了多匹马驾车的情况，如南阳市七孔桥征集的一块画像石上刻有乐舞场景和车马出行的场面，其中的主车轺车驾有三匹马（见图2-61）。南阳市七孔桥征集的另一块画像石刻绘了出行场景，两辆主车均由二马挽驾（见图2-62）。

图 2-61　三马驾车

（采自王清建、朱青生主编《汉画总录19·南阳》，第52—54页。）

图 2-62　二马驾车

（采自王清建、朱青生主编《汉画总录19·南阳》，第55—57页。）

山东长清县孝堂山石祠有"大王车"出行队伍，刻画人物117人，马74匹，车8辆，骆驼和大象各1匹，学者们大多认为，"大王车"应是诸侯王一级的贵族用车。夏超雄认为，孝堂山石祠的祠主为东汉济北王刘寿，即和帝之弟。[①] 且根据大王车所驾为四匹马来看，也是诸侯王的级别（见图 2-63）。

安徽宿县褚兰汉画像石墓 M2 石祠的前室南、东、西、北四壁墙基所

---

① 夏超雄：《孝堂山石祠画像、年代及主人试探》，《文物》1984年第8期。

刻车马出行图构成一个整体,画面共刻车乘 14 辆,主车为四马所驾轩车,车前有伍伯、骑吏和三车作前导,后面有属僚从车九辆,还有置盾、棒之兵车和两名弩手护卫。① 驾四马的规格一般为大使或诸侯。

图 2-63 大王车

[采自(清)冯云鹏、冯云鹓辑《金石索》,第 324 页。]

山东长清县孝堂山石祠北壁有"二千石"车骑出行的画像,在乘车的尊者身旁刻有"二千石"三字,证明主车的乘坐者是俸禄为二千石的高级官吏。前有二导骑,一人执戟,一人扛旗。两个伍伯皆执棨戟,紧随导骑,之后才是主人端坐于轩车之上,车前部有一驭者。车上饰有华盖,其后边又有二骑护送。② 二骑者皆执幡,表明幡是官吏出行常备威仪,从主车前后的四名骑吏来看,其规格与二千石的身份相应。

南阳市王庄画像石出土了两幅车骑出行图。一幅主车三马挽一车,上

---

① 王步毅:《安徽宿县褚兰汉画像石墓》,《考古学报》1993 年第 4 期。
② 中国画像石全集编辑委员会编:《中国画像石全集 1·山东汉画像石》,山东美术出版社、河南美术出版社 2000 年版,图四四,第 24—25 页。

有车盖，一御者双手挽缰绳，前有三骑吏，后有护卫八骑分作前后两排，后排骑吏均作侧身挽射状，图右下角一人，回首惊顾，前臂前伸作攀缘之态。[①] 另一辆主车同样由三马挽结，前有八骑吏。根据墓中出土的器物可推断该墓的时代当为魏晋时期，但所用画像石则是汉代的，这种情况是后代人用前代的建墓材料。这两幅车骑出行图证明原汉代画像石墓主人的身份当为太守以上级别官吏。

　　车马出行队伍中的主车不仅可以通过驾车之马的数量显现，也可以通过车辆在车队中的位置体现出来。陕西米脂县孙家沟一块画像石上的车马出行图中（见图2-64），共有五辆伞顶轺车，九名骑吏，其中后四辆轺车均有榜无题，可能是由于画面漫漶的原因。最先的两名骑吏分列于第一辆车与第二辆车之间的两边。如果第一辆车本来就无榜题，该车应该为导车。骑吏夹车而行，呈2-2-4-1组合。从骑吏分布的数量可以分析，车队中的第三辆车为主车，车前有两骑吏，车后有四骑吏。如果放在整个车队来分析，其前有一导车、四骑吏，其后有五骑吏。

图2-64　车马出行

（采自康兰英、朱青生主编《汉画总录3·米脂》，第114页。）

　　在河南南阳画像砖有主车驾驷马过桥的画面，并与泗水捞鼎的主题结合起来（见图2-65）。成都羊子山汉墓车马出行画像石（见图2-66、图2-67、图2-68），三幅图刻画的应为同一出行活动，无论是阅兵的仪仗还是其他目的的出行，均仪仗规整，导从与后殿前呼后拥。车辆有驾一马和二马的，主车更是驾有驷马，其规格显然很高。

[①] 韩玉祥、李陈广主编：《南阳汉代画像石墓》，河南美术出版社1998年版，第67页。

图 2-65　车马过桥与泗水捞鼎

（采自南阳市文物研究所编《南阳汉代画像砖》，文物出版社 1990 年版，图六四。）

图 2-66　车马出行（1）

图 2-67　车马出行（2）

图 2-68　车马出行（3）

（三幅图均采自中国画像石全集编辑委员会编《中国画像石全集 7·四川汉画像石》，图六三，第 52—53 页。）

四　车马出行礼制在其他方面的表现

汉代不仅通过导从和主车来彰显等级，还通过各种方式体现尊卑的不同。两汉时期，朝廷根据官员地位的高低，分别给予其层级不同的车马使用待遇，以显示其功劳和道德。据《后汉书·舆服志》载：沿袭先秦，天子乘舆有五种大车，称为"五路"，即玉路、金路、象路、革路、木路。其中玉路以玉为饰，"锡樊缨十有再就，建太常，十有二斿，九仞曳地，日月升龙，象天明也"。除此之外，天子还有乘舆、金根、安车、立车等，供天子在不同的礼仪场合乘坐。还有耕车、戎车、猎车等都是天子的座驾。

在车盖和车饰的等级方面，皇太子、皇子所乘安车，"朱班轮，青盖，金华蚤"，"画轓文辀，金涂五末"。若皇子封为王，则可以乘青盖车，皇孙可乘绿车，"皆左右騑，驾三"。①

公、列侯所乘安车，"朱班轮，倚鹿较，伏熊轼，皂缯盖，黑轓，右騑"。中二千石、二千石"皆皂盖，朱两轓"。其千石、六百石，"朱左轓。轓长六尺，下屈广八寸"，诸使车"皆朱班轮，四辐，赤衡轭"。

景帝中元五年（公元前145年）对舆制进行改革，诏中二千石以上"右騑"，千石以上车用皂缯覆盖，六百石以上安车"施车轓，得铜五末"，三百石以上车用皂布盖，二百石以下车用白布盖，皆有四维杠衣。

东汉时期的舆制更加成熟，其区分等级的方式不仅有上述旗帜和车上刻画上的区分，也表现为车和马的装饰。在诸车的文饰方面，乘舆，"倚龙伏虎，棧文画辀，龙首鸾衡，重牙班轮，升龙飞軨"。皇太子、诸侯王之车以及公、列侯之车都有相应的装饰和旗轓。二千石以根据科品不同而有所区分。

在马的装饰方面，乘舆之马不仅有金属饰品，还"赤扇汗，青两翅，燕尾"。此外驸马、皇太子、王、公、列侯、卿所用之马都有燕尾装饰。中二千石以上及使者，"乃有騑驾"。也就是只有二千石以上官员才有资格乘坐驾两马以上的车。

此外，车辆的装饰、马匹的修饰等都能显示出行者的身份。这些在画像石中都有不同程度的体现。如通过车辆的颜色区分等级的礼制方面，《汉书·景帝纪》："令长吏二千石车朱两轓，千石至六百石朱左轓。"在

---

① 《后汉书》卷119《舆服志上》。

河南荥阳市王村乡苌村东汉墓出土的壁画中，前室中部绘有一辆四维皂盖朱左轓轺车，上有隶书榜题"供北陵令时车"（见图2-69）。县令的俸禄在六百石至千石之间，朱左轓的礼制与其身份相应。在该壁画墓的前室中部，还绘有单匹乘驾的皂盖朱两轓轺车，上有隶书榜题"巴郡太守时车"（见图2-70），太守的俸禄为二千石，其车辆朱两轓的装饰礼制同样符合其身份。

图2-69 朱左轓轺车

（采自徐光冀主编《中国出土壁画全集5·河南》，图九五，第103页。）

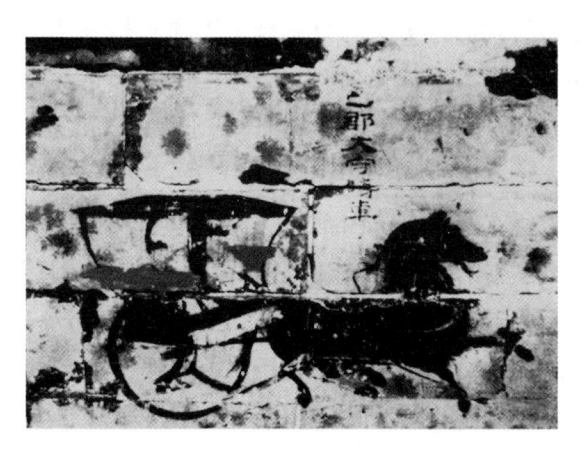

图2-70 巴郡太守车 朱两轓

（采自徐光冀主编《中国出土壁画全集5·河南》，图九四，第102页。）

汉代车舆制度不仅与官僚等级挂钩，也对用车者的职业有所限定，汉初明确规定："贾人不得乘马车。"① 到了东汉时期，随着车舆制度的破坏，士大夫以及富人僭越礼制的现象时有发生。因此，东汉车骑出行画像，一般意味着墓主有为官经历，或者是商人僭越礼制而为。

李发林根据史料记载以及山东画像石资料，总结出东汉的车骑出行制度，并把其归结为五个等级，第一等级为诸王、列侯、秩万石的丞相等；第二等级为官秩中二千石、二千石、比二千石的上卿、郡守等高官；第三等级为官秩千石、六百石的县令等；第四等级为官秩三百石、四百石之县长等；第五等级为官秩二百石以下小官吏。并认为"汉画像石中的车骑行列大都不出此数种情况，一般依此而略或有加减"。② 但这种总结也有一定的问题，如认为第二等级即二千石官员主车四维，驾二至四马。根据东汉的舆服等级，只有长安令等地位特殊的县令以及二千石以上官员的主车才能驾两马及以上，考虑公侯主车才能驾驷马的情况，二千石官员的主车一般不会驾四马。而且主车是否为"四维"并不能明显体现礼制的要求。

全国各地出土的车马出行画像涉及出行、备车、迎宾、阅兵等多种题材，是了解汉代车马出行礼制的重要材料，也进一步印证了史书记载。关于车马出行，汉代的历史文献只记载了不同规格导卒的数量，但其中并没有关于导卒装束、手执仪仗礼器、马匹的装饰情况等内容，而汉画像则弥补了文献的不足，使人们更直观地认识汉代礼制的具体实施情况。

当然，并非所有车马出行图都能体现出墓主身份。车马出行图不能表现墓主身份的主要有以下几种情况：其一，由于礼制遭到破坏，死者后人出于厚葬而僭越，车马出行图中的规格也远远超过死者生前身份；其二，画面表现的是想象中的阴间生活，希望墓主死后的生活和灵魂归宿超越其生前标准，是生者对理想生活的向往；其三，其他原因，如社

---

① 《后汉书》卷119《舆服志上》"皂盖车"条。
② 李发林：《山东汉画像石研究》，齐鲁书社1982年版，第28—29页。

会现实的变化及礼制的变革，再造画像石墓的情况等。东汉时期，随着车舆制度的破坏，士大夫以及富人僭越礼制的现象时有发生。

从另一个角度来说，车马出行图的出现本身就是厚葬越礼的行为，《盐铁论·散不足》桓宽借用贤良之言说："豪华的宫室和舆马，精美的衣服和器械，气派的丧祭和饮食，以及各种声色玩好之物，都是人情难以舍弃的。所以圣人设立制度来防止做得过分者。而当下士大夫们以追求权利为务，在礼仪方面有所懈怠，导致百姓们争相效仿，大大超越了礼制的规定。"从一个侧面反映出国家控制力的减弱。篇中还有"富者连车列骑，骏貳緇骿，中者微舆短毂，繁髦掌蹄"①的情况，富人乘坐驾两匹马的车子，实际上是僭越了二千石官员才能使用的礼仪。东汉光和末年，一些富有商人冒充二千石舆服导从寻欢作乐，一天比一天奢侈，而百姓则非常贫穷，连长吏们都不敢禁绝，也就是说，他们借用二千石官吏的级别的奢华车马、舆服和导从的社会威仪来炫耀自身的高贵。可见汉画中的车马出行未必全是据实描绘。

因此，汉画中不少内容反映的是墓主生前经历和身份，这类画像中的车马出行图可能是为表现墓主生前的仕宦经历，表明墓主生前的尊贵地位。②但未必所有汉画都是据实描绘，车马出行图的墓主未必是高官，仅仅是因为家庭富有而刻绘出理想的高贵状态罢了。而表现阴间生活的车马出行，则是生者希望墓主死后的灵魂在另一个世界过着更加美好尊贵的生活。

五 车马出行画像所见汉代外交之礼

根据《后汉书·舆服志》，东汉用于外交的车有大使车、小使车、近小使车等多种，部分车马出行画像体现了汉代的外交礼制。河南新野一块画像砖刻绘了外交出行场景（见图2-71），出行团队中有在前持节的步兵，也有手持棨戟的骑吏，此外还有装饰豪华的双马驾车。路边有人跪伏

---

① （汉）桓宽撰，王利器校：《盐铁论校注》，中华书局1992年版，第350页。
② 罗二虎：《中国西南汉代画像内容分类》，《四川大学学报》（哲学社会科学版）2002年第1期。

或躬身迎候。从前驱者扛持长节的情况以及多人迎谒的情况来看，使者身份尊贵。

图 2-71　外交出行（1）

（采自杨絮飞编著《中国汉画造型艺术图典·人物》，第657页。）

在河南方城的一幅车马出行画像石中（见图 2-72），出行队伍既有头戴尖顶帽的军人，也有头戴遮蔽耳颈防风帽的军人。图中的老虎似乎在表明所行之地为野兽出没之地，从主车驾三马以及十多名骑吏来看，出行者的地位应在二千石以上或者公侯，从人员的装束以及骑吏执幡等情况来看，应为使者出使西域的场景。

图 2-72　外交出行（2）

（采自杨絮飞编著《中国汉画造型艺术图典·人物》，第656页。）

在山东滕州的一幅画像石中，也描绘有外交出使的情景。画面分为上下三层，下两层画像为出行场景，最上一层为会见场景（见图 2-73）。随从的装束方面，也带有护耳颈的风帽，应该是出行西域的侍者。所执礼器应该是汉节或者幢。中层四马驾主车，应该为《后汉书·舆服志》中所言"大使车"，其外交出行规格更高。

第二章 汉画中的军事政治之礼

图 2-73 外交出行 (3)

（采自杨絮飞编著《中国汉画造型艺术图典·人物》，第 691 页。）

安徽宿州的一幅画像石也有出行前场景的描绘（见图 2-74），中间有三人持节站立，其左侧有五人向其行拜礼，最近前两人手持物品，左上侧也摆放有几个大小不一盒子类的容器，应该是装的物品。画面右侧三人身后，有一人跪地，其上侧有行李和马具，右侧一匹马站立。由此推断，该画面应该是使者出行前的送行场景。

图 2-74 出使前送行

（采自杨絮飞编著《中国汉画造型艺术图典·人物》，第 702 页。）

山东长清孝堂山石祠东壁画像中部刻有一幅画像，[①] 内容为政府官吏迎接西域使者的情况。画像中，两队相向行进，南端分上下两行。每

---

① 李卫星：《论两汉与西域关系在汉画中的反映》，《考古与文物》1995 年第 5 期。

行各五人，前二人拱手相迎，相随其后的是四名持戈武士，其后又有汉人装束者四人，正执笏迎接。在上行为首一人的上部有榜题"相"字，意在说明图像中该人身份。这里的"相"应为地方之国相，可推断该出行行列应为汉地方政府所派相一级的官员正在出迎客人。南侧为一浩大的行进队列，前二人持弓作致礼姿态，似为导从。其后有乘马四人，二人持弓，再后上行为乘骆驼者二人，下行为乘象者三人，再后还有乘轺车、执戈等人。行列最前数人头戴尖形冠，加上所乘骆驼、大象，可知应为西域来朝使者。

  在外交出行活动中，往往有阵容庞大的仪仗队伍。在河南荥阳市王村乡苌村汉墓出土的壁画中，前室中部上层绘有骑兵仪仗的场景，共有七队骑兵，每队六骑，每队的后面正中有一骑，骑兵队伍处于行进之中（见图2-75），骑吏均头戴白色尖顶小帽，着白短袍，穿红色长裤，帽口、衣领、衣襟袖口具镶红边（见图2-76）。骑队前有八名导骑。居中的一名骑手高举长长的幢麾（见图2-77），再参考七列骑兵中没有手持兵器的情况，可以推断，该行进队伍为外交出行仪仗。

  东汉时期，皇帝拜（马）超为将兵长史，"假鼓吹幢麾"，[①] 这种"幢麾"的仪仗一般只有大将才能拥有，外交人员使用，足见其规格之高。车马出行不仅与汉代的军事和政治礼制相关，还有部分车马出行画像反映了汉代人的交往、拜谒等社会生活场景，这些内容将在其他章节进行探讨。

图2-75 车马出行

（采自徐光冀主编《中国出土壁画全集5·河南》，图九一局部，第99页。）

[①]《后汉书》卷47《班超传》。

图 2-76　出行队伍局部（1）

（采自徐光冀主编《中国出土壁画全集 5·河南》，图九二局部，第 100 页。）

图 2-77　出行队伍局部（2）

（采自徐光冀主编《中国出土壁画全集 5·河南》，图九三局部，第 101 页。）

由此看来，汉画中的军事政治之礼既包括了与军事有关的阅兵、献俘、军事祭祀活动，也包括汉画中的军礼前驱、出行威仪，以及外交出行。政治方面则有捞鼎、拜鼎、祥瑞、刺客等历史人物的画像。这些不仅彰显了汉代的军事力量，也宣扬了汉代的正统观和忠义等政治道德。

因此，车马出行表现礼制的方式，主要是通过前导和随从的人数、车的多少来体现。驾车马匹数量和车马的装饰都有礼制要求。车马出行通过种种方式来表现出行者的身份，诸如导从的人数、车辆数，主车所驾马的数量，等等。此外，乘坐主车的出行者往往身材高大，面部较突出。四川画像砖中有不少表现伍伯和车马出行的画像，伍伯出现在车马出行画像中是为了表明墓主具有一定官职，前导和护从的威仪和排场往往是与其身份相应的。

车马是舆服制度中舆的礼制，在两汉时期，贵族、官僚阶层通过舆服显示其高贵身份。车马出行之礼，明确贵贱等级，维护统治秩序，是一种有关秩序、制度等级方面的礼仪。《后汉书·舆服志》中关于车马数量、文饰等规格方面的详细规定，主要是为了体现天子、公卿贵族官僚之间严格的等级差异，是统治阶级对特权和利益的分配，其实质是维护贵族官僚的特权地位和尊卑贵贱的社会等级关系。[①] 此外，《白虎通·礼乐篇》也有汉代礼制相关内容的记载。

在汉画像中，写实的车马规模及礼制体现墓主的身份和地位。汉画像中的车马出行图，多是根据墓主生前的身份刻画出与墓主身份、地位相符的出行行列规模，故通过这些画像可以推断墓主生前是否做过官或官秩的高低。[②] 即便是僭越或想象中的车马出行场景，也是以现实的车马出行之礼为参考。

[①] 温乐平：《制度安排与身份认同：秦汉舆服消费研究》，《江西师范大学学报》（哲学社会科学版）2012年第6期。

[②] 罗二虎：《中国西南汉代画像内容分类》，《四川大学学报》（哲学社会科学版）2002年第1期。

第三章

社会活动类题材汉画体现的礼文化

除了军事与政治相关的画像外,汉画像的相当部分内容都反映了丰富的社会活动,这类题材中有很多都与礼文化有关,大体可分为迎宾谒见类、宴饮舞乐类、祭祀、丧葬类等。如此众多的礼类画像,有助于我们对汉代的迎宾谒见之礼、祭祀之礼、丧葬之礼、用乐之礼、尊师养老之礼等进行深入的研究。

第一节 汉画中的交接之礼

汉画中的交接之礼在五礼之中主要包括宾礼和嘉礼,礼学经典中的相关礼仪涵盖了士相见礼、乡饮酒礼、燕礼、乡射礼、大射礼、聘礼、公食大夫礼、觐礼、投壶之礼、盟誓朝见之礼、贺庆之礼等。汉画中交接之礼展现了拜谒、叙谈、迎送、待客等多个环节。

一 汉画中拜谒之礼

拜谒是社会交往的重要形式,既有官方拜谒活动,也有私人之间的拜谒活动。

(一)拜谒活动发生的地点与场合

在汉画中,拜谒图像常常与楼阙等建筑结合,以交代会见的场所和情景,还有的用帐幔纹显示会见的场所在室内。根据汉画内容,拜谒活动可以在楼阁、庭院、室内等地点。

楼阁及庭院拜见。楼阁是拜谒的重要场所,山东平阴县出土的画像石上有楼阁、车马出行以及拜谒画像（见图3-1），画面中，主人端坐阁内，面前两人跪地而拜，图外有三人恭立执笏等候拜见。

图3-1　楼阁拜谒

（采自中国画像石全集编辑委员会编《中国画像石全集3·山东汉画像石》，图二〇五，第190—191页。）

在众多的楼阁或庭院拜谒画像中，正式拜谒活动一般发生在厅内或堂上。根据《仪礼》及《礼记》的记载，主人接待宾客一般在厅堂上的两楹之间。如在乡射礼的饮酒环节，有"大夫授主人爵于两楹间"的仪节。①

唐河针织厂的庭院与拜谒画像石中（见图3-2），在庭院的两楹之间，主人坐于俎前，左侧一人朝其跪地躬身拜谒。从图中的拜谒场景看，拜谒活动是在楼阁内的两楹之间进行的。

庭院阁楼内拜谒的场景还见于山东邹城峄山镇一块画像石的上部（见图3-3），场所似乎为厅堂，也可能是庭院或者是楼阁的第二层。主人坐于案前，其左侧两人跪伏于地拜谒，在阁柱的外侧各有一人。左柱左侧一人恭立执笏拜见，右柱右侧一人躬立面向主人。

---

①　杨天宇：《仪礼译注》，上海古籍出版社2004年版，第97页。

图 3-2　楹间拜谒（1）

（采自凌皆兵、朱青生主编《汉画总录17·南阳》，第126页。）

图 3-3　楹间拜谒（2）

（采自郑建芳、朱青生主编《汉画总录33·邹城》，第16页。）

山东邹城北宿镇南落陵村一块画像石的一格画像下部（见图3-4），阁楼的两柱之间，刻有两人执笏作揖相见的情况，左侧一人头戴进贤冠，右侧一人头戴武冠，右侧上方摆放有一个双耳瓶，柱子的外侧两边，分别站立一人面向会谈的二人，手执殳之类的长兵器。

图 3-4　楣间拜谒（3）

（采自郑建芳、朱青生主编《汉画总录 33·邹城》，第 157 页。）

在拜谒过程中，主人有可能在家，也可能在办公场所。南阳白滩的一幅拜谒场景发生在阁楼内（见图 3-5），两人均执笏相拜，两人均无侍从，似为私人住宅的庭院。

图 3-5　庭院拜谒（1）

（采自中国画像石全集编辑委员会编《中国画像石全集 6·河南汉画像石》，图一一七，第 92 页。）

庭院中也有非正式拜谒的场景，在山东一幅画像石场景中（见图3-6），右侧一人在侧门内遇到主人，下跪行礼，面孔朝左扭转。河南王村乡苌村汉墓出土的壁画局部也有一幅类似拜见场景（见图3-7），画中有二妇人，左侧一人梳高髻，跪地躬身合手作拜谒状，脸扭向左后。右侧女子应为主人，似贵妇人，头梳环髻，面目清秀，赤脚躬身，右手伸掌前摆，左手放于胸前，作受礼状。在这种非正式场合偶然遇见，卑者见尊长礼仪中，卑者行礼时一般把面孔偏向左侧，避免与尊者直接对视。

图3-6 庭院拜谒（局部）（2）

（采自中国画像石全集编辑委员会编《中国画像石全集2·山东汉画像石》，图二五局部，第19页。）

图3-7 庭院拜谒（局部）（3）

（采自徐光冀主编《中国出土壁画全集5·河南》，图八六局部，第94页。）

室内拜见。山东曲阜市城关镇出土的东汉画像石，上刻楼阁、人物拜见、车马出行画像。其中有人物拜见画面（见图3-8），主人凭几而坐，身后有一侍者手持便面而立，前有二人持笏跪拜，其后二人持笏躬立。从上部的帐幔可以看出，拜谒活动发生在室内。

图3-8　室内燕见（1）

（采自中国画像石全集编辑委员会编《中国画像石全集2·山东汉画像石》，图二二，第16页。）

到家中拜谒的情况又称为"燕见"，在一幅拜谒画像中（见图3-9），主人身形高大，坐于榻上，左侧面前是三名进见者，均手持笏板。主人身体前倾，背后恭立两名服侍之人。

图3-9　室内燕见（2）

（采自杨絮飞编著《中国汉画造型艺术图典·人物》，第498页。）

第三章　社会活动类题材汉画体现的礼文化

在另一幅拜谒场景中（见图 3-10），同样是在居所进行的，主人手持便面，端坐于带屏风的榻上，画面左侧榻下有两人双手执笏拜伏于地，另有一人跪立，其间有一侍者站立。右侧榻前同样有一侍者站立。

图 3-10　室内燕见（3）

（采自杨絮飞编著《中国汉画造型艺术图典·人物》，第 500 页。）

类似的府上拜见场面还有山东嘉祥的画像石场景（见图 3-11）。主人坐于类似蒲团的圆座之上，面前有两人跪地拜见，身后是一名扛持拂尘之类物品的侍者。

图 3-11　室内燕见（4）

（采自杨絮飞编著《中国汉画造型艺术图典·人物》，第 499 页。）

南阳的画像石同样刻画了家中拜谒的场景（见图 3-12），左侧两人执笏，躬身九十度行礼，主人凭案端坐，其身旁是两名持戟的卫士，在最右侧是圆形的盛酒器，置于三足支架上，酒器内置取酒的勺子。从画面上侧的帐幔纹可以看出，拜见发生在室内，明显为燕见。

图3-12 室内正式拜谒（1）

（采自康兰英、朱青生主编《汉画总录6·绥德》，广西师范大学出版社2012年版，第118、119页。）

南阳北关的一块画像石刻画了室内拜谒的场景（见图3-13）。左侧两人正在坐谈，双方互行揖礼，左起第三、四执笏躬身求见，其后还有一人肩扛棒形包裹，再后是两名持戟卫士，最右侧是两名站立的女子。

图3-13 室内正式拜谒（2）

（采自王清建、朱青生主编《汉画总录20·南阳》，第118—119页。）

还有一种是从外而入向楼阁内或室内人求见，济宁师专十号石椁墓西壁画像就有一幅求见图（见图3-14）。室内端坐一人，身形较大。门外是跪地禀报的侍者，再右侧是三位来访者，两人一前一后，皆手执笏板，躬身左向，其后上方一人牵马。下方一马一车，车轮轮廓明显。

第三章 社会活动类题材汉画体现的礼文化

图3-14 由外求见

（采自中国画像石全集编辑委员会编《中国画像石全集1·山东汉画像石》，图一〇五，第74页。）

拜谒从种类来说，有公事拜谒与私下拜谒，拜谒的场合也有官府、家中等情况。官府拜谒在画像中比较常见（见图3-15），图中的拜谒场景应该是发生在办公场所，右侧为两人端坐于案后，似在办公，左侧为八位等待召见的官员，官长前一官员跪地执笏，其后一人跪伏执笏，正向案前的主人进言，其后稍有间隔是排队跪坐的六位官员，处于画面左侧，他们似乎随时准备接受官长的问询。

图3-15 官府拜谒（1）

（采自杨絮飞编著《中国汉画造型艺术图典·人物》，第495页。）

官府的拜谒活动还有的发生在武库或官府等场所，绥德四十里铺墓门楣画像中（见图3-16），左起第三位为端坐的官长，身体微微前倾，右侧有四人拜谒，最前一人跪伏于地，其后三人执笏躬身。官长身后是两名手执器物的侍从，墙壁上挂着刀和弓。

图 3-16 官府拜谒（2）

（采自中国画像石全集编辑委员会编《中国画像石全集 5·陕西、山西汉画像石》，图一七七，第 134—135 页。）

在拜谒过程中，被拜见的官僚也可能在朝堂站立，僚属们前来拜见。如南阳的画像石（见图 3-17），主官为正面佩剑挺立者，左侧是两名持笏躬身和跪地行礼的拜见者。右侧有一人佩剑执笏躬身低头拜见，其右侧有一人跪地行礼，最右侧是一人正在击打建鼓，似在向主官禀报有客人来访。

图 3-17 官方拜谒（3）

（采自凌皆兵等主编《中国南阳汉画像石大全3》，第 40 页。）

官方正式的拜谒还存在一种情况，官员带领自己的僚属去拜见另外一位官员，被拜见者也有自己的僚属（见图 3-18）。从主人和拜见者所戴冠饰以及僚属人数都为三人来看，主人与前来拜见的主宾地位相当。

第三章 社会活动类题材汉画体现的礼文化

图 3-18 众人互相拜谒

(采自杨絮飞编著《中国汉画造型艺术图典·人物》，第499页。)

在一幅拜谒画像所刻画的场景中（见图 3-19），三人执笏伏地拜谒，一人跪地举笏拜谒，主人端坐，右手伸出，嘴巴张开，似在讲话。在跪拜者身边摊放着连缀的竹简，应该是汇报的文件。

图 3-19 属吏拜谒官长

(采自李国新、杨蕴菁编著《中国汉画造型艺术图典·建筑》，第138页。)

拜见人数方面，以上部分画像已经涉及。根据拜见的人数多少，汉画中的拜见有以下几种情况，也体现了拜谒的构图形式。

一是两人互相拜见，除上述画像外，东汉章帝元和二年（85年）孙氏阙阙身下层画像局部也有对揖场面（见图 3-20）。

图 3-20　对揖相见

[采自中国画像石全集编辑委员会编《中国画像石全集 1·山东汉画像石》，孙氏阙阙身下层画像（局部），图一，第 1 页。]

二是多人拜见一人，1972 年山东临沂市白庄出土了一块东汉画像石（见图 3-21），上有多人拜见一人的画像，左边主人手执便面，右向凭几而坐，形象高大，身后有二人跪侍，面前陈放有灯，以及盛满圆形食物的食具等；右边众人分成两排执笏向主人跪拜。在该图中，向主人拜见的人数达 30 多人。

图 3-21　多人拜见一人

（采自中国画像石全集编辑委员会编《中国画像石全集 3·山东汉画像石》，图三，第 3 页。）

三是多人互相拜见，这一场景见于山东邹城出土的一块画像石中（见图 3-22），上层为六人相互拜见场景，左方二人与右方四人相对执笏而拜，右方四人应为来访者。画面下层为迎宾场面，左右两侧分别有一辆车马相向而来，马前分别有一小吏躬身相迎，下层中间有一建鼓，空白处有鸟兽画像。

第三章　社会活动类题材汉画体现的礼文化

图 3-22　多人互相拜谒

（采自中国画像石全集编辑委员会编《中国画像石全集 2·山东汉画像石》，图八二，第 74—75 页。）

可见，拜谒既有单方面的求见与拜谒，也有互相拜谒的情况，根据拜谒的情况，可以分为两人互相拜谒，多人拜谒一人，多人互相拜谒等情况。

画像石除了刻画现实的拜谒场景之外，还有仙界的拜谒场面，如南阳的一幅画像石（见图 3-23），从中央人物的装束来看，肩有双翼，腰下有云气，应该是仙界场景的描绘。此外，陕西画像石有一幅画像（见图 3-24），左侧是拜谒西王母的场景。

图 3-23　仙界拜谒

（采自杨絮飞编著《中国汉画造型艺术图典·人物》，第 494 页。）

图 3-24　拜谒西王母

(采自康兰英、朱青生主编《汉画总录 10·神木》,第 161—162 页。)

(二) 汉画中拜见之礼的相关仪节

在数量众多的拜谒汉画中,行礼的仪节根据主人和拜见者的地位而有所不同,具体有以下几种情况。

1. 双方地位相当,则行礼的仪节相近,一般行揖礼

拜谒者双方地位相当,他们拜谒的姿态很相近,往往互相行揖礼。如下图中刻三人(见图 3-25),右二人身着长袍,戴冠,双方正肃立执笏对拜。左一人身着短襦,头戴武冠,握剑执盾,当为卫士。这幅拜谒图,对拜双方行礼身姿相同,或皆举笏而立,说明二人地位平级。

图 3-25　执笏互揖

(采自王建中、闪修山《南阳两汉画像石》,文物出版社 1991 年版,图三六。)

平民之间相见,一般也会行揖礼。有互行揖礼和一方向另一方行揖礼两种情况,在洛阳的两块空心画像砖中都有描绘。其中一幅画像砖分为上

第三章　社会活动类题材汉画体现的礼文化

下两层（见图3-26），上层有两人互行揖礼和多人向一人行揖礼的情况。可见画中人物的地位相当。

图3-26　抱手互揖

（采自徐婵菲、郭开红《洛阳西汉空心砖画像解读》，《荣宝斋》2018年第10期。）

2. 卑者拜见尊者

卑者的地位不同，其拜见尊者的礼节和姿势各不相同，有揖礼、拜礼、跪拜等几种行礼方式，尊者行轻礼或不回礼。

以揖礼拜见尊长的情况比较常见。洛阳画像砖中拓片上的一幅行礼图（见图3-27），左侧一人呈半蹲状行揖礼，右侧之人昂首站立，腰间悬挂长剑，无论是从人物的装束与姿态还是行礼的情况来看，右侧站立之人地位更高。该画像模板在砖的另一半也有显现，可见这种砖在当时比较常见。

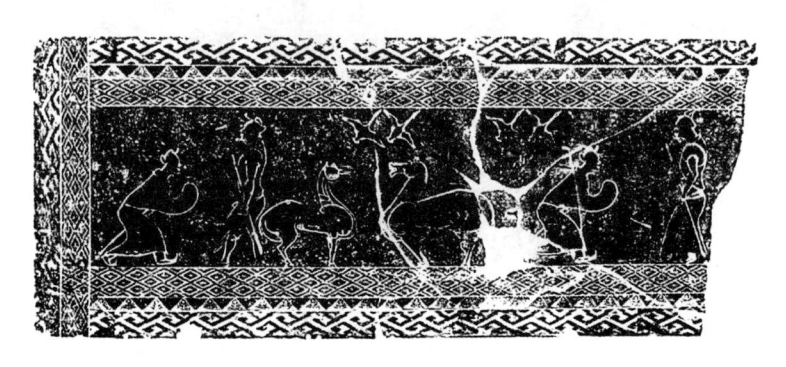

图3-27　躬身揖见

（采自徐婵菲、郭开红《洛阳西汉空心砖画像解读》，《荣宝斋》2018年第10期。）

汉画像砖石中低级官吏拜见高级官员或晚辈见到长辈,一般要根据级别高低、远近亲疏的不同,施以顿首、跪拜、稽首等礼节。南阳唐河汉画像石中有一幅典型的拜谒图(见图3-28),图中刻八人,左为一戴进贤冠,身着长衣的尊者,他一手执笏,另一手放于腰间,席地跪坐。其右侧第一人亦身穿长衣,头戴进贤冠,面向尊者上体前倾,双手执笏跪见。此人身后还有六人,全都面向尊者,其中右下三人皆长衣戴冠,执笏躬身而立;右上三人皆长衣戴帻,俯身叩首于跪拜地。在这幅拜谒图中,通过行礼的姿态,八个人物的尊卑鲜明可见。这八个人可分为四等,左边尊者的地位最高,其次是其面前的戴进贤冠者,再次是右下三人,地位最低的是右上三个戴帻跪伏者。该画像塑造的人物形象的大小,与这些人物地位的高低正相符合。地位越高,绘画中的身形越高大;地位越低,画中身形越矮小。这幅拜谒图出于唐河县汉郁平大尹冯君孺人画像石墓,该墓榜题有"汉郁平大尹冯君孺人"字样,"大尹"在东汉属于太守级官吏,表明冯氏生前为桂林太守。这幅拜谒图当为冯氏生前接受僚佐们拜谒场面的真实写照。这表明,如果拜谒者的身份不同,一般为卑者拜见尊者。尊者不为礼,且图像高大,而拜谒者根据自身地位的高下,其姿态也各不相同。

图3-28 卑者见尊者
(采自凌皆兵等主编《中国南阳汉画像石大全3》,第37页。)

在南阳的另一幅汉代画像石中,像中刻四人,中间一人长衣戴冠,一手握剑,一手示意迎接。两侧刻三人,右一人佩剑,躬身执笏;左边二人皆执笏，一人长跪拜谒，一人躬身行礼。在人物形象方面，中间一人身形高大，两边三人身材略小，从拜谒双方的身姿来看，被拜者与拜谒者的主从地位一目了然。①

作为下属拜见上级，如果地位悬殊，则行稽首礼，也就是叩拜之礼，臀部抬起，上身直起，膝盖支撑身体，然后双手至地，俯首贴于手停留一段时间。当卑者行稽首礼时，尊者一般以空首礼答拜，或者不回礼。嘉祥武氏祠左石室有一幅石刻，男主人戴高冠，面向左坐，其前有二人执笏俯身跪拜。后面一人身佩长剑，执笏向主人躬身行礼。不难看出，面向主人下跪的两人地位最低，向主人躬身行礼者地位稍高或与主人关系更近，画像石中此类内容十分常见，篇幅所限，不再赘述。

在私下拜见的场合，拜见者也往往跪拜进言，主人或坐或立。在南阳一幅拜见画像中（见图3-29），左侧一人跪坐于地，执笏抬头看主人，似在禀报，而主人站立其前，正俯视拜谒者，似乎正在讲话。二人的身份和尊卑一目了然。

图3-29　私下拜谒

（采自王建中、闪修山《南阳两汉画像石》，文物出版社1991年版，第21页。）

---

① 南阳汉代画像石编辑委员会编：《南阳汉代画像石》，文物出版社1985年版，图九九。

3. 执笏拜见是官场通行礼仪

笏在汉代使用非常广泛，正式的会见一般会执笏行礼，前文部分画像已有涉及。四川璧山二号石棺上也有主人正中端坐（见图3-30），其左侧两人和右侧一人均站立举笏板拜见的场景。

图3-30 执笏拜谒（1）

（采自中国画像石全集编辑委员会编《中国画像石全集7·四川汉画像石》，图一六六，第133页。）

在下级官员拜见上级官员的过程中，执笏行揖礼有一定的礼仪要求，一般要双手执笏，躬身行礼（见图3-31）。

图3-31 执笏拜谒（2）

（采自杨絮飞编著《中国汉画造型艺术图典·人物》，第502页。）

躬身的程度表示对被施礼者的尊敬程度。东汉初年，马援到公孙述处窥探形势，公孙述"鸾旗旄骑，警跸就车，磬折而入，礼飨官属甚盛"。所谓磬折者，就是"屈身如磬之曲折，敬也"。①

从拜见程序来看，有求见、候见、会见等仪节。陕西米脂县官庄有一石墓画像刻画了诸君太守们前来拜见并候见的场景（见图3-32）。在下栏的画面两端，左侧以隶体阴刻"诸君太守待见传"，右侧刻"诸君太守待见候"七个字。人物画面从左往右分为三格，左格大厅为主人和侍从共四组八人，应该是即将被传见的四位太守及其侍从。最右侧大厅也有主人和侍从四组八人，同样是等候被传见的四位太守及其侍从。中间一栏是八辆四维辎车，每辆车驾有两匹马，应该是八位太守所乘坐。左厅内四位太守均身穿红衣，左两人相对而坐，位左者头戴进贤冠，位右者头戴武弁大冠，从榜题可以看出，位左者是"太原太守扶风法君"，位右者是"雁门太守颖川□君"。每人身后均有一戴冠执笏文吏面向主人，应该是为了记录主人的谈话情况。右二人由于榜题文字模糊无法辨认。右厅内四位太守亦身着红衣戴冠，身后都有相应的文吏。中间院内的八辆辎车，四辆朝左，四辆朝右。每辆辎车上方均有榜题，辎车里有御者等候。朝左的车辆应该是左厅内太守所乘，朝右车辆应该是右厅太守们所乘。朝右车辆自左往右榜题分别为："五原太守车马""朔方太守车马""上郡太守车马""定襄太守车马"，由此可以推断，右厅的太守正是这四辆车的乘坐者。一次至少有八位太守求见等候，可见墓主人身份尊贵，地位不低于太守，可能是太守的上级。

图3-32 太守待见

（采自康兰英、朱青生主编《汉画总录2·米脂》，第194—195页。）

---

① 《后汉书》卷24《马援传》。

二 汉画中的会客叙谈之礼

会见叙谈是交接之礼的重要环节，在会客过程中，有些基本的礼仪需要遵循。主宾相见之后的立姿、坐姿与容貌都有一定的要求。仅立容，据贾谊《新书》："固颐正视，平肩正背，臂如抱鼓。足间二寸，端面摄缨，端股整足。体不摇肘曰经立，因以微磬曰共立，因以磬折曰肃立，因以垂佩曰卑立"。① 可见，对于站姿最起码的要求是要自然柔和，平肩正背，躯体不得随意摇动。对于手足的位置都要放置自然，在不同的礼仪场合，站立的姿势又有所不同，有经立、共立、肃立、卑立之别。揖礼就是在站姿的基础上拱手行礼，常见主宾行揖礼的画像，双方都躬身前倾，表示敬意，就是"共立"。下级迎接上级，还会以肃立、卑立的方式表示尊敬。坐容也有四种："坐以经立之容，胻不差而足不跌，视平衡曰经坐，微俯视尊者之膝曰共坐，仰首视不出寻常之内曰肃坐，废首低肘曰卑坐。"② 在这四种坐容中，除了经坐是用于身份对等的人，共坐、肃坐、卑坐都是卑者面对尊者的坐姿礼仪。可见，礼仪修养是汉代人交往活动必须遵守的规则。

据礼经文献，谈话也有一定的礼仪。谈话的内容有讲究，在不同场合，谈话的内容也不同，"在官言官，在府言府，在库言库，在朝言朝。朝言不及犬马"。③ 在与不同的人谈话时，话题必须符合自己的身份，"男不言内，女不言外"。④ "与君言，言使臣；与大人言，言事君；与老者言，言使弟子；与幼者言，言孝弟于父兄；与众言，言忠信慈祥。与居官者言，言忠信"。⑤ 对于听者来说，要恭敬聆听，"正尔容，听必恭"，"侍坐于先生，先生问焉，终则对"。⑥ 叙谈场景在各地的画像石中均有一定刻绘。尽管难以知晓谈话的内容，但从谈话者和听者的姿态能够感受到其身

---

① （汉）贾谊撰，阎振益、钟夏校注：《新书校注》，中华书局2000年版，第227页。
② （汉）贾谊撰，阎振益、钟夏校注：《新书校注》，中华书局2000年版，第227—228页。
③ （清）孙希旦撰，沈啸寰、王星贤点校：《礼记集解》，中华书局1989年版，第158页。
④ （清）孙希旦撰，沈啸寰、王星贤点校：《礼记集解》，中华书局1989年版，第735页。
⑤ 杨天宇：《仪礼译注》，上海古籍出版社2004年版，第60页。
⑥ （清）孙希旦撰，沈啸寰、王星贤点校：《礼记集解》，中华书局1989年版，第38—39页。

份的不同。合江二号石棺画像中有叙谈场景（见图3-33），中间两人牵手站立，似乎正在说话，两旁各有一人躬身服侍。

图3-33 执手叙谈

（采自中国画像石全集编辑委员会编《中国画像石全集7·四川汉画像石》，图一七六，第42页。）

在山东滕州市桑村镇出土的东汉中期画像局部有叙谈的场景（见图3-34），图中两人正拱手相对而谈，右侧一人身戴佩刀。从装束来看，右侧之人应为西域人，两人的站姿为"经立"，不仅都身体微倾，而且双手合袖于胸前。在陕西米脂县官庄的一块右门柱画像石的中部也有交谈的场面（见图3-35），一人头戴进贤冠，身着袍服，其左手前伸，正在讲话，其右侧对面立两人，正在倾听其讲话，符合"听必恭"的礼仪，其后左侧一人正执笏跪地晋见。与此相应，左门柱也有类似的画像。

陕西米脂县官庄的一块门楣画像石中部为一交谈画像（见图3-36），楼阁中坐有两人，左侧一人坐于案前，画面右侧一妇人坐于席上，两人对面，似乎正在交谈，阁楼外是两名站立的侍从，位于两阙之内，阙为双层，两阙对称而立。

关于谈话者的身份，既有官员之间的谈话，也有普通人之间的谈话，还有男女之间的交谈，在陕西米脂县官庄的一幅画像石上就刻有男女之间

图 3-34　站立叙谈

（采自中国画像石全集编辑委员会编《中国画像石全集 2·山东汉画像石》，图二二七，第 215 页。）

图 3-35　站立讲话

（采自康兰英、朱青生主编《汉画总录 1·米脂》，第 121 页。）

图 3-36 堂上坐谈

（采自康兰英、朱青生主编《汉画总录 1·米脂》，第 193 页。）

正在交谈的场景（见图 3-37）。上格左侧为一女子，发髻向后，面右而坐，一手前伸似乎在推辞，右侧一男子身体前倾，身着冠袍，躬身作施礼状。下格也是男子跟女子正在谈话，男子双手上举，似在行揖礼。此外，还有武者之间以及老者之间的谈话，见于米脂县官庄的另一块画像石（见图 3-38），上格交谈两人均身佩长剑，下格两人身着冠服，正互行揖礼。

图 3-37 男女叙谈

（采自康兰英、朱青生主编《汉画总录 2·米脂》，第 115 页。）

图 3-38 叙谈

（采自康兰英、朱青生主编《汉画总录 2·米脂》，第 117 页。）

坐位叙谈的情景还见于陕西绥德县城关镇王得元墓右门柱的一块画像石画面（见图3-39），两人面对面坐于榻上，促膝而谈，左侧一人身体前倾，双手合抱，右侧一人双手张开，正在讲话。

汉画中，站立交谈也非常常见。陕西绥德县城关镇王得元墓右门柱的中间三格，均有两人站立谈话的场景（见图3-40），在三组谈话图中，其中一人双手舞动，手掌上举，显然正在讲话，对面另一人则袖手恭听。

图3-39 同榻坐谈

（采自康兰英、朱青生主编《汉画总录3·米脂》，第38页。）

图3-40 站立交谈

（采自康兰英、朱青生主编《汉画总录3·米脂》，第38页。）

第三章　社会活动类题材汉画体现的礼文化

不仅有两人交谈的情况，也有多人谈话的刻绘。如在陕西米脂县镇子湾的一块画像石上就刻画有数人交谈的场景（见图3-41）。左侧有一人头戴高冠，身穿长袍，双手张开，向右侧身而立，其身后是一名拱手而立的侍者。右侧有两人正在交谈，左一男子戴冠，袖手而立，右一女子头梳发髻垂于脑后，同样袖手面向男子，身穿拖地长裙。在画面的下部有三只家禽，生活气息浓厚。

图3-41　交谈（1）

（采自康兰英、朱青生主编《汉画总录3·米脂》，第131页。）

1981年在陕西米脂县官庄发掘的画像石墓中有两块门柱画像石（见图3-42），刻画了人物对话的场景，也是多人谈话的场景。从手部的动作能够明显看出讲话者为谁，尤其是在由下往上第二格的谈话场景，显然是一人正对多人讲话。在谈话者的身份刻画上，一般来说，一手前伸者一般为正在讲话的主人或官长，而拱手而立或静坐者一般为宾客或下属。

会客就坐礼仪方面，汉画中会客的一般为席地而坐，这继承了周代的传统，尊者铺设两层席，国君甚至可以三层，"大飨，君三重席而酢焉"，[①]而普通人一般只能铺设一席。不仅如此，尊者独坐一席，卑者二人合席

[①]　（清）孙希旦撰，沈啸寰、王星贤点校：《礼记集解》，中华书局1989年版，第671页。

图 3-42　交谈（2）

（采自康兰英、朱青生主编《汉画总录1·米脂》，第185、187页。）

或多人共席，甚至站立无席。汉代部分沿袭了这种尊者独坐一席的礼制，如成都羊子山汉墓的宴饮乐舞图显示，主人独坐一席，位于画面的中心，显系尊者，前面一人跪拜，左侧为宾客，与前者同席，右侧为乐器演奏者，五人合坐一席，其尊卑关系一目了然。由此可见，汉代座席的礼制等级分明，同时也出现了尊卑共坐、卑者同席的情况，更多地体现出人情味，但是无论行礼仪节如何改变，其体现尊卑等级、维持统治秩序的本质不会改变。这也表明行礼方式经常变化，但是礼义，也就是礼制精神变化最小。

在会客的过程中，往往会用音乐舞蹈表演来助兴，现结合傅毅的《舞赋》进行分析。舞蹈表演者要遵循着一定的礼仪，根据主人的要求进行表演。其一，要在服装和仪表上进行修饰，"姣服极丽，姁媮致态"；其二，舞者一般要根据音律进行歌唱，"亢音高歌，为乐之方"，"扬激徵，骋清角，赞舞操，奏均曲"，舞蹈也根据乐器的节拍进行"蹑节鼓陈，舒意自广"；其三，舞蹈的过程有一个从开始到高潮的过程，"其始兴也，若俯若仰，若来若往"，到了高潮阶段"罗衣从风，长袖交横"，"体如游龙，袖如素霓"；其四，从入场到退场都必须依礼而行，入场时行礼致意，退场时舞者要行拜礼，不仅要仪态端庄，还要根据身份尊卑依次排列，"黎收而拜，曲度究毕。迁延微笑，退复次列"。[①]

四川郫县一号石棺的一块画像石上（见图3-43），图面右上为厨房，内有二人正在制作食品，右下有人牵车马，车中坐有一人，车后随从二人，车中人应为前来赴宴之宾。图中部为阁楼，下层席坐五人，每人面前都有餐具食物，一边宴饮，一边观舞，左侧两位观者手袖指向舞者。左上有两名伴奏者及表演反弓和顶杆的杂耍者，左下是两位正在表演的舞伎，前面一人双袖平伸，上体下弯，后一人一手向后伸袖平摆，另一手举袖遮面，与文献"若俯若仰，若来若往"的记载相合。在歌舞的过程中，往往有杂技等活动，都是为了愉悦宾客。

图3-43 宴客、乐舞、杂技

（采自中国画像石全集编辑委员会编《中国画像石全集7·四川汉画像石》，图一二二至图一二四局部，第96—97页。）

[①] （南朝梁）萧统编，（唐）李善注：《文选》卷17，中华书局1977年版，第248—249页。

不仅舞者要讲究礼仪，而且舞蹈的内容也要合乎礼制要求。先秦就有该方面的要求，《孔子家语·相鲁篇》记载，鲁定公与齐侯会于夹谷，齐侯安排乐舞招待，当时孔子摄鲁国相事。不久，齐奏宫中之乐，令俳优、侏儒戏于前。孔子历阶而上，他义正词严地说："匹夫荧侮诸侯者，罪应诛！请右司马速刑焉！"① 于是斩杀侏儒，手足异处。齐侯恐惧，面露惭愧之色。在如此郑重的诸侯会盟场面上，齐侯却安排俳优侏儒这样的轻佻之戏，显然是违反礼制精神的，难怪孔子愤怒。《礼记·乐记》载子夏对魏文侯说："今夫新乐，进俯退俯，奸声以滥，溺而不止。"② 并批评侏儒及俳优们的表演毫无男女之礼，父子之义。这样会乱男女尊卑，挑战纲常伦理。由于《孔子家语》一书最早著录于《汉书·艺文志》，而《礼记》等典籍在汉代整理完成，因此，上述典籍中关于先秦舞蹈内容的记载也反映了汉代人的观念。汉画中的图像印证了史书记载的真实性，歌舞作为礼乐教化的重要途径，是德育的一种方式，故其内容必须符合礼仪要求，"观其舞而知其德"。③

三 汉画中的迎送之礼

迎送与拜谒一样，都是交接之礼的重要组成部分。迎送类汉画在全国各地的画像石中均有体现，这与汉代官僚之间和士大夫之间的频繁往来是分不开的。官僚机构之间存在大量迎来送往的事务，官吏出行照例也有一套复杂礼节，汉代也不例外。

西汉武帝时，"初置刺史部十三州"。师古注引《汉旧仪》云："假刺史印绶，有常治所。常以秋分行部，御史为驾四封乘传。到所部，郡国各遣一吏迎之界上，所察六条"。④《古今注》曰："常以春分行部，郡国各遣一吏迎界上。"⑤ 迎于郡国之界上和送客于郡国之界而罢是汉代迎来送往

---

① 张涛译注：《孔子家语译注》，人民出版社2017年版，第4页。
② （清）孙希旦撰，沈啸寰、王星贤点校：《礼记集解》，中华书局1989年版，第1014页。
③ 《史记》卷24《乐书》。
④ 《汉书》卷6《武帝纪》。
⑤ 《后汉书》卷118《百官志五》"州郡"条注文。

的制度规定,小吏迎客先导,送客时刺史等官员要送到边境,如冯良年少时做县吏,"年三十,为尉从佐。奉檄迎督邮"。① 赵晔也曾做过县吏,迎接督邮。②

(一) 迎宾之礼

在各地的画像中,迎宾画面有一人迎宾、多人迎宾、亭长迎宾、击鼓迎宾等多种场面的刻绘。迎宾的地点有在伍伯前、骑吏前、车马前、阙门或阁楼前等多种情况。

一人迎宾的场景中,马前迎宾很常见,迎宾者一般会捧盾而迎(见图3-44、图3-45)。尤其是后一幅画像中,迎宾者身体躬成九十度,更加显现出迎宾者的尊敬之意。

图 3-44 马前迎宾(1)

(采自李国新、杨蕴菁编著《中国汉画造型艺术图典·器物》,第168页。)

图 3-45 马前迎宾(2)

(采自李国新、杨蕴菁编著《中国汉画造型艺术图典·器物》,第162页。)

---

① 《后汉书》卷53《周燮传》。
② 《后汉书》卷79下《赵晔传》。

1973年山东苍山县城前村出土画像石（见图3-46），画面分两层，上层为虎、兔、鸟等祥禽瑞兽相戏耍。下层为迎宾画像，右边一亭长捧盾恭迎，二导骑已到前，随后一辆四维轺车，一辆斧车，车上置棨戟，一从骑，最后是一辆辎车。

图3-46 马前迎宾（3）

（采自中国画像石全集编辑委员会编《中国画像石全集3·山东汉画像石》，图一〇四，第90—91页。）

阙门也是迎宾的常见地点，米脂画像石中（见图3-47），车队自左向右而来，右侧一人捧盾躬立于阙门之前，最右侧的台上阁楼中有两人端坐其中。

图3-47 阙门迎宾

（采自李国新、杨蕴菁编著《中国汉画造型艺术图典·器物》，第185页。）

除了常见的捧盾迎宾，也有执笏迎宾的情况。在山东邹城峄山镇的一块画像石中（见图3-48），刻绘有车马出行图和马前迎宾的场景，车队行进方向为自右往左，前有两导骑，紧随其后的是五辆轺车，最左侧一人躬身迎谒。每辆轺车上有御者一人，乘车者一人，乘车人均头戴进贤冠。

对于贵宾，迎接者会有多人，在一幅迎宾画像中（见图3-49），右侧一马匹配饰豪华的导骑到达,左侧四人戴冠盛装,执笏恭迎。还有的捧盾躬身,在马前迎谒。

图3-48 执笏迎宾

(采自郑建芳、朱青生主编《汉画总录33·邹城》,第60页。)

图3-49 多人迎宾

(采自杨絮飞编著《中国汉画造型艺术图典·人物》,第522页。)

多人在前驱之前进行迎迓的情况比较常见,在陕西米脂县官庄一块画像石上(见图3-50),有一幅车马出行与迎宾的画像。车马队伍自右往左,队伍之前的最左侧,两人执笏向车队躬身迎迓。车队有两辆伞顶轺车和一辆辎车,车辆由导从骑吏四人,其中两人持弓弩。在沂南汉墓的斧车前驱出行画像中,迎接者同样是面对车队中最前的先驱伍伯,然后是斧车,迎宾者两人中,一人捧盾、一人拥彗。

图3-50 车马出行与迎宾

(采自康兰英、朱青生主编《汉画总录3·米脂》,第16页。)

1986年山东阴平孟庄东汉画像石墓的前室北梁北侧，画面右侧为车骑行列。前面有辎车2辆；其后为轓车，驾一马，似为主车；随后依次是骑吏2人、辎车3辆，鱼贯而行。空旷处刻无题5榜，2鸟补空。画面左端为厅堂，门半掩，檐上伏一鸟，斗栱承檐，檐下挂一鼓，一人正在击鼓，鼓下蹲一犬。迎宾者文武各一，武吏捧盾及笏板在前，文吏手持笏板在后，作恭立迎候状。①

多人迎宾的场景中，迎接者会手持盾牌或长戟（见图3-51）。图中左侧两人，一人捧盾，一人持戟，迎接来客。来客主人坐于一马所驾的车上，前有两名步卒前驱，后有两名步卒后殿，还有一人似乎摔倒于地。在另一幅迎宾画像中（见图3-52），主车驾四匹马，前有两持戟骑吏，阙门两边各有一人躬身面向阙门，不知是迎宾还是主人外出的场景，由于门阙两门吏并未捧盾，更像是主人外出的场面。迎宾的地点也可能是庙门或宅门，在山东城前村墓前室东壁门楣正面画像中（见图3-53），两軿车一骑者自右方而来，一人捧盾在门外迎接，其左侧身后是一大一小有铺首衔环装饰的门，应为庙门，门半闭半启，内有人执笏或便面等候，只露出部分身体。

图3-51 多人迎宾

（采自李国新、杨蕴菁编著《中国汉画造型艺术图典·器物》，第179页。）

---

① 参见刘善沂《山东平阴孟庄东汉画像石墓》，《文物》2002年第2期。

第三章 社会活动类题材汉画体现的礼文化

图 3-52 迎宾出行

（采自李国新、杨蕴菁编著《中国汉画造型艺术图典·器物》，第 211 页。）

图 3-53 多人门前迎宾

（采自中国画像石全集编辑委员会编《中国画像石全集 3·山东汉画像石》，图一〇四，第 92—93 页。）

在迎宾的过程中，有时主人会亲自迎接，并与客人互行揖礼。如山东邹城看庄镇的一块画像石上（见图 3-54），左中上部一人骑于马上，马尾裹结，朝左静立。左侧两人头戴高冠跪伏于地，腰佩长剑，双手执笏板之类的物品迎拜。画面中部有两人佩剑，站立举笏互行揖礼，似在交谈。画面最右侧还有两人，均一手前举，一长袖垂地（或拄杖），应为两名女子在交谈。中间谈话与右侧谈话的两人中，一为主人，一为宾客，表明迎宾除了有专门的迎谒者之外，男女主人也会亲自到外面迎接，与客人互相行礼问候。当然该图用于送客场景也能解释通，兼有迎送宾客之意。

图 3-54 主人迎宾（1）

（采自李彬、朱青生主编《汉画总录 32·邹城》，第 49 页。）

再如安徽萧县东耳室门楣画像石车马出行图中（见图 3-55），客人仅有一辆车，自右向左而来，车前车后各有一名骑从。最左侧是三名迎谒者，两人跪地，一人站立，此站立者应为主人。

图 3-55 主人迎宾（2）

（采自周水利、朱青生主编《汉画总录 41·萧县》，广西师范大学出版社 2019 年版，第 52 页。）

亭长迎宾在汉画中很常见。亭是郡县迎来送往最为繁忙的地方，亭长的迎送任务很重，一些亭长以至于不堪忍受繁琐的迎送公务弃职而去，如逢萌家境贫困，曾在县里做亭长的差使，当时有尉官经过该亭，逢萌候迎拜谒，结束后他掷楯而叹："大丈夫安能为人役哉！"[①]

山东泰安迎宾画像石中（见图 3-56），左边一人于亭下击鼓，亭长捧

---

① 《后汉书》卷 83《逢萌传》。

第三章　社会活动类题材汉画体现的礼文化

盾恭迎，面前有二伍伯荷长戟前导，后为三辆四维轺车，与常见轺车不同的是，车后伸出一板，最前面的车后板上还立有一人；二从骑肩荷长戟，最后一车仅残存马和前半车身。

图 3-56　亭长迎宾

（采自中国画像石全集编辑委员会编《中国画像石全集 3·山东汉画像石》，图二〇七，第192—193 页。）

亭长在前驱之前迎宾的情况还见于 1963 年山东招远市界河出土的迎宾画像石（见图 3-57），左右上三边有边栏，栏内饰垂帐纹，画面为迎宾场面，右边为一门亭，亭长捧盾恭迎，一伍伯吹管扛幡在车前引导，身后为一辆四维轺车、一辆軿车、一辆普通轺车依次而行。在亭长迎宾的画像中，亭长均躬身行礼，背后有一亭。

门阙之内，还会有多人迎宾的情况，山东邹城迎宾画像石中（见图 3-58），在阙门及阁楼门口，均有人迎宾。

图 3-57　亭长迎宾（无边栏）

（采自中国画像石全集编辑委员会编《中国画像石全集 3·山东汉画像石》，图二二八，第212—213 页。）

图 3-58 迎宾与拜谒

（采自李彬、朱青生主编《汉画总录 32·邹城》，第 104 页。）

在迎宾的过程中，还会有人击建鼓向官长或主人来通报客人的到来。山东邹城看庄镇征集的画像石中有一幅迎宾画像（见图 3-59），二骑吏、一轺车自右方往左而来，轺车后还有半匹马的形象，似乎后面还有车辆。画面左侧，两人躬身相迎，前一人捧盾，后一人执笏，二人身后是一建鼓，一人正在击打。画面的最左侧是一阁楼，应是主人之家门。

图 3-59 建鼓迎宾

（采自李彬、朱青生主编《汉画总录 32·邹城》，第 85 页。）

（二）送客之礼

送客是交接之礼的又一重要步骤，山东肥城车马出行画像中（见图 3-60），二骑吏为前导，其中一人持戟，后有五辆轺车，四维主车居中，在第二辆轺车后，有二骑吏执幡状物，右边为一亭，亭外一人躬身在车队后送行，应是主人从亭中到亭外送客，亭内一人持戟而立，也向外面朝车队，应为主人侍从，画面空间饰数鸟。

陕西绥德崔家湾镇一块画像石的左下栏（见图 3-61），刻画了送客场景。在画像石画面主体为两辆轺车右向静立，车上分别有御者和乘者各一人。最左侧一人面向车辆站立，双手合抱而立，行揖礼送别客人。

第三章　社会活动类题材汉画体现的礼文化

图 3-60　车马出行与送宾

（采自中国画像石全集编辑委员会编《中国画像石全集 3·山东汉画像石》，图二二〇，第 204—205 页。）

图 3-61　送行（1）

（采自康兰英、朱青生主编《汉画总录 4·绥德》，第 94 页。）

持侍奉器具表达对离去客人的敬意，在一幅画像中左侧一人骑马而行，右侧一人怀抱马刷，最右侧似为一女人肃立，两人都在送别远行者（见图 3-62）。

图 3-62　送行（2）

（采自杨絮飞编著《中国汉画造型艺术图典·人物》，第 544 页。）

山东邹城出土的东汉晚期画像石中有一幅送行画像,画面自左而右刻三骑士,一人执笏躬身送行,其后有两熊呈人形挽手相对而立。① 可见这不是普通的送行场面,应该是与阴间或升仙的送行有关。

(三) 迎送兼具

除了单一主题的迎宾和送宾画像外,还有迎宾和送宾场景在同一画像中表现的场景。1966年山东费县垛庄镇潘家疃村出土汉画像石(见图3-63),上有迎送画像。边饰垂帐纹,画面为迎送场面:左边亭长捧盾恭迎,二导骑在前面引路,后随一辆二马驾导斧车、二从骑、一辆驷马安车、二从骑,最后为一人捧笏相送。场面虽然不大,但由于使用了导斧车,并有骑吏六人,主车又是四马所驾,可见其身份显赫。

图3-63 车马出行与迎送(1)

(采自中国画像石全集编辑委员会编《中国画像石全集3·山东汉画像石》,图八四,第70—71页。)

1975年山东苍山县楼子村出土有迎宾画像石(见图3-64),画面左边一人击鼓,身后一人荷物而立,再后是亭长捧盾恭迎,面前有二导骑,后随二辆轺车,二持刀从骑,随后一辆轺车,最后是一人捧笏相送。

图3-64 车马出行与迎送(2)

(采自中国画像石全集编辑委员会编《中国画像石全集3·山东汉画像石》,图一一六,第102—103页。)

---

① 中国画像石全集编辑委员会编:《中国画像石全集2·山东汉画像石》,山东美术出版社、河南美术出版社2000年版,图七一,第62页。

第三章 社会活动类题材汉画体现的礼文化

安徽萧县陈沟汉墓的甬道北壁上层刻绘车马出行图（见图3-65），最前方是一辆导车，随后是两辆軿车，画面最左侧一人执笏躬身成九十度迎谒，画面最右侧一人同样执笏躬身面向车队，似乎在恭送客人。一幅车马出行图中兼有送客和迎宾的场景，该主题比较少见。

图 3-65　两辆軿车出行与迎送

（采自周水利、朱青生主编《汉画总录41·萧县》，第132—134页。）

综合以上迎送画像，并结合相关文献记载，可以看出汉代迎送方面的一些基本礼节。

其一，迎宾时拥彗、持戟、捧盾、执笏都是表达尊敬来宾的方式。拥彗（彗）这种礼节在先秦就已经出现。战国时驺子到燕国，"昭王拥彗先驱"。司马贞索引这样解释："彗，帚也。谓为之扫地，以衣袂拥帚而却行，恐尘埃之及长者，所以为敬也。"[1] 汉初刘邦朝见太公时，"太公拥彗，迎门却行"。[2] 在南阳画像石中，有不少拥彗者的画像，主要是门吏。持戟行揖礼也是一种常见的会见礼仪，表示对宾客的护卫。捧盾源于周代天子迎宾之礼，又称总干礼。《礼记·乐记》："总干而山立，武王之事也。"郑玄注解说："总干，持盾也。"象征武王持盾正立，敬待诸侯。[3] 后来，总干逐渐演变成为安全防范的象征，并成为舞蹈祭祀的工具，在大的祭祀舞蹈中，"君执干戚就舞位。君为东上，冕而总干，率其群臣以乐皇尸"。[4] 捧盾迎宾除了有护卫宾客之意外，还有一种实际用途，就是用来捧持物品。持笏礼源于古代官吏朝见帝王或谒见上司时，执笏以方便记事。据《说文解字》，笏就是手板。

---

[1]《史记》卷74《孟子荀卿列传》。
[2]《史记》卷8《高祖本纪》。
[3]（清）孙希旦撰，沈啸寰、王星贤点校：《礼记集解》，中华书局1989年版，第1023页。
[4]（清）孙希旦撰，沈啸寰、王星贤点校：《礼记集解》，中华书局1989年版，第1241页。

笏主要有两种用途，一是遮面表敬，二是在上记事。从礼制来说，遮面是笏的一个重要礼仪功能。根据古代礼仪，臣下对天子、下属对上级，是不能直视其面的。《礼记·曲礼下》："天子视，不上于袷，不下于带。国君绥视，大夫衡视，士视五步。"① 关于在笏上记事备忘，也是其常见用途，《释名》："笏，忽也，君有教命及所启白则书其上，备勿忘也。"② 据礼经记载，笏的材质及大小都有严格的礼制规定，据《礼记·玉藻》，天子笏用美玉制作，诸侯笏用象牙制作，大夫笏用鱼须装饰的文竹制作，士笏用竹板即可。③ 还有一些史料表明笏的使用在汉代并没有严格的限制，特殊情况下可以用来做观测天象和占卜的辅助工具。

其二，行礼的方式有多种，若卑者迎尊者，则行拜见类的礼节以示尊敬，如揖礼、拜礼、跪拜。若是恭迎车马，则夹道行礼，还伴有舞蹈或音乐。拜谒画像中表现礼仪的活动有揖、拜、跪拜等几种形式，根据人的身份不同会有所变化。

其三，主人迎宾与送宾礼节。客人前来拜访，作为主人亦有专门的迎宾、送宾礼节。对于地位与己相同的来宾，主人要屈降身份以示尊敬，还要走出大门亲自迎送宾客。这种形象在画像石题材中十分常见，往往同车骑出行一起组成情节完整的画面，若迎宾，则迎者与车骑相对，在车骑队伍之前行礼。若送宾，则迎者位于车骑之后行礼。

四　汉画中的待客之礼

在交往活动中，除了叙谈和迎送等活动外，还会有各种待客和准备活动。娱乐方面如歌舞、杂技、六博、投壶等观看和亲自参与的助兴活动，该方面的内容会在文中其他章节论述。在待客的准备活动方面，洗马、备车等活动比较常见。在汉画中，有多幅与备车场景有关，如浙江海宁市长安镇出土的画像石（见图 3-66），画面右侧有棚车、轺车、斧车、耕车四辆未驾马的空车，在斧车的前后分别有一人正在整理，每辆车的车辕下有

---

① （清）孙希旦撰，沈啸寰、王星贤点校：《礼记集解》，中华书局 1989 年版，第 157 页。
② （汉）刘熙：《释名》，中华书局 1985 年版，第 96 页。
③ （清）孙希旦撰，沈啸寰、王星贤点校：《礼记集解》，中华书局 1989 年版，第 809 页。

一立木固定。画面左侧有五匹马，左侧起第二匹马前一人正在跪地喂马。车马出行除少数与送葬相关外，大多与社交出行有关。为了迎接远道而来的宾客，还会通过洗马、喂马来进行招待。徐州汉画像石中有洗马迎宾的场景（见图3-67），一人骑于马上，马右腿抬起，下有两桶水，马前一人正手持马蹄进行清洗。安徽宿县褚兰墓也有养马画像（图3-68），画面

图3-66 饲马备车（1）

（采自中国画像石全集编辑委员会编《中国画像石全集4·江苏、安徽、浙江汉画像石》，图二二八，第172—173页。）

图3-67 洗马

（采自中国画像石全集编辑委员会编《中国画像石全集4·江苏、安徽、浙江汉画像石》，图一四四，第106页。）

图3-68 备马

（采自中国画像石全集编辑委员会编《中国画像石全集4·江苏、安徽、浙江汉画像石》，图一五八局部，第118页。）

右侧是捧物的侍者与扛持马刷等物的马夫,画面左侧是站立的一匹壮健的马匹,马上面有鞍具和喂马的料斗。场景主题就是侍奉和备马活动。

山东也有养马备马画像(见图3-69)。在另一幅出行画像中,枝繁叶茂的树下拴着一匹马,马侧后不远处是一辆空车子,车前有一人在休息。描绘了主人即将出行的场景。备马除了有招待宾客、准备出行等含义外,还有显示人物身份的作用(见图3-70),阁楼内两人凭几而坐,画面两侧的空车、马匹以及墙上悬挂的马鞍和料斗表明,两人中有一人是远道而来的宾客。

图3-69 饲马备车(2)

(采自中国画像石全集编辑委员会编《中国画像石全集2·山东汉画像石》,图二二局部,第16页。)

图3-70 车马与叙谈

(采自中国画像石全集编辑委员会编《中国画像石全集4·江苏、安徽、浙江汉画像石》,图九〇局部,第65页。)

五 交往礼仪活动中的辅助人员

在交往礼仪等社会活动中，亭长、门吏、侍女都会发挥一定职责，在此主要探讨一下汉画中这类人物的形象。

（一）汉画中的亭长

亭长具有迎送宾客的职责前文已经论及，在此主要探讨一下汉画中亭长的形象。亭长在秦朝已经设置，高祖刘邦曾为泗水亭长，《正义》："秦法，十里一亭，十亭一乡。亭长，主亭之吏。"①

关于亭长形象，汉画中有具体的刻画。画像石之外，河南许昌、郑州等地的画像砖都有亭长的刻画（见图 3-71、图 3-72），亭长头戴高冠，手捧盾牌或持戟。

图 3-71　亭长（1）

（采自杨絮飞编著《中国汉画造型艺术图典·人物》，第616页。）

图 3-72　亭长（2）

（采自杨絮飞编著《中国汉画造型艺术图典·人物》，第617页。）

汉代的亭长并非只有一种，而是有亭长、门亭长等多种，其职责不仅有迎送宾客，也有其他相关事务。门亭长的画像，见于周口画像砖（见图

---

① 《史记》卷8《高祖本纪》。

3-73)。亭长尽管职务不高，但没有他的允许很难顺畅通行，王莽专权时"大司空士夜过奉常亭，亭长苛之"。① 东汉末年董卓被杀后，贾诩劝李傕率军西攻长安，"闻长安中议欲尽诛凉州人，诸君若弃军单行，则一亭长能束君矣"，② 说明亭长还有捕捉盗贼的职责。汉画中的亭长一般手执戟或捧盾，头戴前低后高的冠。同时，汉画中的亭长并非全部是现实亭长的写照，还有一部分是对阴间中亭长的描绘，其目的是保护死者灵魂，使死者灵魂能够在阴间畅通无阻。

图 3-73 门亭长

（采自杨絮飞编著《中国汉画造型艺术图典·人物》，第617页。）

（二）汉画中的门吏

汉画中的亭长一定程度上充当了守门人的角色，而门吏作为汉代的特

---

① 《汉书》卷99中《王莽传中》。
② 《后汉书》卷72《董卓传》。

第三章　社会活动类题材汉画体现的礼文化

殊人群，发挥着保护庭院、招待主人与宾客、迎来送往等多项职责，许多礼仪活动由他们来执行。郦食其青年家贫，为了谋生，"为里监门吏"。[①] 东汉时期，宫殿门吏所戴之冠为却非冠，"却非冠，制似长冠，下促。宫殿门仆射冠之。负赤幡，青翅燕尾，诸仆射幡皆如之"。[②] 汉画中的门吏形象非常丰富，其中两门吏都头戴高冠，一人手持戟，腰中佩戴剑和书刀，另一门吏同样腰中挂剑，手执盾牌（见图3-74）。

图3-74　门吏

（采自凌皆兵等主编《中国南阳汉画像石大全3》，第31页。）

南阳画像石中有一门吏画像，头戴红帻，身着红边、白领的黑色长袍，左手执棒上举，右手执盾于腿前，正面端立，门吏面部涂粉红色，脚部涂白色（见图3-75）。此外，汉画中的门吏还持笏（见图3-76）、持节（见图3-77）、佩剑拥盾（见图3-78）、佩剑执笏（见图3-79）、执

---

① 《史记》卷97《郦生陆贾列传》。
② 《后汉书》卷120《舆服志下》"却非冠条"。

棒（见图3-80）、拥彗（见图3-81）、佩剑执便面（见图3-82）、持戟（见图3-83）或执殳（见图3-84）等。

图3-75 执棒、拥盾门吏

（采自凌皆兵等主编《中国南阳汉画像石大全3》，第154页。）

图3-76 执笏门吏

（采自凌皆兵等主编《中国南阳汉画像石大全3》，第28页。）

图3-77 持汉节门吏

（采自凌皆兵等《中国南阳汉画像石大全1》，第196页。）

第三章 社会活动类题材汉画体现的礼文化

图3-78 拥盾佩剑门吏
（采自凌皆兵等主编《中国南阳汉画像石大全3》，第151页。）

图3-79 佩剑执笏门吏
（采自李建、朱青生主编《汉画总录·25，南阳》，第221页。）

图3-80 执棒门吏
（采自韩玉祥、李陈广主编《南阳汉代画像石墓》，第174页。）

图3-81 拥彗门吏
（采自南阳师范学院文物馆所藏画像石，作者拍照。）

· 153 ·

图 3-82　佩剑执便面门吏

（采自韩玉祥、李陈广主编《南阳汉代画像石墓》，图六，第180页。）

图 3-83　持戟门吏

（采自康兰英、朱青生主编《汉画总录3·米脂》，第177页。）

图 3-84　执殳门吏（局部）

（采自康兰英、朱青生主编《汉画总录1·米脂》，第27页。）

第三章 社会活动类题材汉画体现的礼文化

因此，汉代的门吏具有保卫庭院、侍奉、迎送客人等职能，汉画中的门吏形象多为执物恭敬而立，少数门吏执物跪地。门吏手中所执之物有兵器，如刀剑、戟、盾、斧钺、棒、殳等近战兵器；有彗、便面等侍奉之物；有汉节、笏板等交往所用礼器，也有门吏会佩戴或手执多种器物。门吏所执之物，除了武器和日常用具外，还有端灯的情况，见于南阳市赵营的一块画像石（见图3-85）。一般来说，端灯之类的事务一般由侍女承担，由男子去做的情况确实少见。

图3-85 端灯门吏

（采自牛天伟、朱青生主编《汉画总录·21，南阳》，第75页。）

就门吏所站立的姿势而言，有侧身而立、正面而立等情况。根据画像石墓中的画像石的位置，侧面而立的门吏又有几种情况，一种是两门吏夹墓门相对而立，一种是两门吏背对而立，还有一种是单个门吏执物而立的情况，如陕西米脂画像中的一门吏执殳躬身面向墓门。①

门吏的服装多种多样，单衣长袍为主要装束，同时也具有地域特色。陕西米脂县官庄画像石局部有一门吏画像（见图3-86），门吏头戴前低后高的冠，冠下布巾长披颈后。头巾应该是与冠一体，是冠的组成部分。其服装具有防风尘的功能，应该是为了应对该地的干旱多风沙的气候。从门吏也能看出其年龄特点，陕西绥德的一幅拥彗门吏画像（见图3-87），从其胡须等形象来看，应该是一位老者。

图3-86 执笏门吏（局部）

（采自康兰英、朱青生主编《汉画总录2·米脂》，第153页。）

图3-87 拥彗门吏（局部）

（采自康兰英、朱青生主编《汉画总录4·绥德》，第86页。）

在门吏的画像中，还有一种胡人门吏的情况。胡人画像的特征是嘴部与下巴前伸，鼻子高耸。四川、南阳、陕西等地都有胡人门吏题材的汉画。如四川省出土的两块胡人门吏画像砖图（见图3-88），从其冠饰和浓

---

① 康兰英、朱青生主编：《汉画总录1·米脂》，广西师范大学出版社2012年版，第61页。

密的胡须能看出其胡人身份，其中一幅画像中的胡人身体干瘦，扶杖而立，腰间悬挂有环柄刀。南阳一幅门吏画像石中（见图 3-89），胡人执斧站立。南阳市文庙出土的胡人门吏画像石刻绘非常简单（见图 3-90），该胡人身形瘦小，小腿和足部裸露，拱手站立。南阳师范学院征集的汉画像石也有对胡人门吏的刻画（见图 3-91），该胡人左手扛持一物，似为仪仗用具。其右手上举，头上有冠饰。陕西米脂县官庄有一门柱画像石的下部刻有门吏形象（见图 3-92），门吏头戴前低后高的高冠，双手捧盾，高鼻子，有着长长的胡须，似着皮装。从面容来看，应该是胡人，汉代胡人当门吏的情况比较多见。

图 3-88　胡人门吏 (1)
（采自高文主编《中国巴蜀新发现汉代画像砖》，第170页。）

图 3-89　胡人门吏 (2)
（采自王清建、朱青生主编《汉画总录 20·南阳》，第121页。）

图 3-90　胡人门吏 (3)
（采自王清建、朱青生主编《汉画总录 20·南阳》，第213页。）

图3-91 胡人门吏（4）　　　　　　　　图3-92 捧盾门吏
（采自南阳师范学院汉代石刻博物馆画像　　（采自康兰英、朱青生主编《汉画总录
石照片，作者拍照。）　　　　　　　　　2·米脂》，第83页。）

汉画中的门吏画像中，上刻人物身份并非全是门吏，而是包括了男性和女性侍奉人员。根据汉代的礼制，尚书郎这样的官职就配备有"伯使"和"女侍史"这样的男性和女性服务人员。蔡质《汉官仪》载："尚书郎伯使一人，女侍史二人，皆选端正者。伯使从至止车门还，女侍史絜被服，执香炉烧熏，从入台中，给使护衣服也。"[①] 药崧就曾任尚书郎官，后任南阳太守。汉画中人物所执物品中，有灯、香炉、被服类等，与正史所载相吻合。从汉画中门吏的装束和手执器物来看，门吏不仅具有保卫庭院的职责，还有从各方面侍奉主人的职责。充当门吏的既

---

① 《后汉书》卷41《钟离意传附药崧传》。

第三章　社会活动类题材汉画体现的礼文化

有年轻人也有年长者,既有汉人也有胡人。西汉张骞第一次出使西域,就同其胡奴甘父一起,最终成功归汉。东汉时期,应奉提到,他曾经过颍川纶氏都亭,"亭长胡奴名禄"。① 从门吏类侍从的画像可以看出,无论是承担保卫还是侍奉职责,门吏类人员都是汉代人社会活动之礼必不可少的辅助人员。

第二节　汉画中的祭祀与丧葬之礼

祭祀是中国古代社会生活的重要内容,被视为礼的起源之一,《礼记·礼运》称:"夫礼之初,始诸饮食。其燔黍捭豚,污尊而抔饮,蒉桴而土鼓,犹若可以致其敬于鬼神。"② 东汉许慎的《说文解字》对"礼"字这样解释:"履也,所以事神致福也。"③ 汉画像石墓、画像石祠等画像载体的出现,大多都与祭祀和丧葬有关。

一　汉画中的祭祀

两汉的画像石中,有许多祭祀场景的刻画,还有些画像暗含了祭祀的主题,这些画像在祭祀对象、祭祀扬所、祭祀仪式、祭品等方面均有所体现。

(一) 祭祀的对象、方式及场所

从当前发现的汉画图像来说,祭祀的对象大体可以分为四类:一是天上神灵,如西王母、西王公、天帝、日月星之神、风神、火神等;二是地上神祇,诸如社神、谷神、山川神、河伯、土地神等;三是祖先神灵,主要为故去的先祖等;四是被神化的历史人物,如孔子、周公、前代圣贤、刺客、孝子、行业祖师等。汉画中祭祀祖先的情况最多,是汉画祭祀题材的主要内容。

祭祀的基本原则是孔子所说的"祭神如神在",祠堂、宗庙、墓地等

---

① 《后汉书》卷48《应奉传》注引《谢承书》。
② (清)孙希旦撰,沈啸寰、王星贤点校:《礼记集解》,中华书局1989年版,第586页。
③ (汉)许慎撰,(宋)徐铉校定:《说文解字》,中华书局2013年版,第1页。

地方都是祭祀神灵之处。墓上祠堂在汉代有"祠堂""食堂""斋祠"等多种称呼。① 表明它是用食品祭祀死者的地方。20世纪初,日本学者藏田信吉在山东长清孝堂山下发掘出一座小石祠堂,小祠堂后壁的下层刻有一幅祭祀图(见图3-93)。此外,山东东阿铁头山东汉桓帝永兴二年(154年)所立汉芎他君祠堂也是祭祀的地方,根据石柱榜题,祠堂修建的目的是"冀二亲魂灵,有所依止",最后提到"此上人马,皆食大仓",明确表明该祠堂是祭祀先人之处。②

图3-93　山东孝堂山　祠堂祭祀图摹本

(采自信立祥《汉代画像石综合研究》,文物出版社2000年版,第82页。)

在不少祠堂后壁都有楼阁人物画像,有学者称之为"楼阁拜谒图",信立祥认为应是"祠主受祭图"。如20世纪80年代在山东嘉祥五老洼发现的一块汉画像石,第三石是一块祠堂后壁石,画像共分三层,下层内容为车马图,中上层为楼阁,上有人物端坐,中间层为人物拜谒图,阁楼正中有一面右而坐的被拜谒者,其身上刻有"故太守"三个字,可以判断为墓主。在第六石也有类似场景的刻绘。③ 信立祥认为,祠堂是子孙祭祀祖先之处,祭祀时正对着画有被祭祀者图像的祠堂后壁,"其上面所画图像

---

① 信立祥:《汉代画像石综合研究》,文物出版社2000年版,第67页。
② 陈直:《汉芎他君石祠堂题字通考》,《西北大学学报》(哲学社会科学版)1979年第4期。
③ 朱锡禄:《嘉祥五老洼发现一批汉画像石》,《文物》1982年第5期。

的主人公只能是祠主,而祠主面前的跪拜者当然是其子孙后代了"。① 笔者认为,该画像石是画像石墓石室的构成部分,并非祠堂画像石,墓主不同于祠堂的祠主。该画像可能具有祭祀墓主的含义,但若据此认定其面前的跪拜者是其子孙后代则值得商榷。

山东武梁祠的后壁也有墓主的肖像。在画面中下层,刻一楼双阙,楼下有主人端坐帷幔下,左右有侍者环绕;楼上刻主人的妻女及侍女,画面的一切活动都是围绕墓主进行。② 武氏祠前石室后壁的小龛后壁也有墓主的画像(见图3-94),墓主形象宽大,正受人侍奉。

图3-94 祠堂后壁墓主画像

(采自中国美术全集编辑委员会《中国美术全集·画像石画像砖》,上海人民美术出版社1988年版,图一三,第11页。)

如果说祠堂后壁的祠主画像确实为了标明被祭祀者的身份,实现祭神如神在的效果,那么画像石墓葬以及帛画中也多画有墓主形象,同样具有标明身份的用意。如长沙马王堆墓中的帛画、南阳许阿瞿画像石等,不再一一举例。当然,接受后人祭祀并非祠主和墓主画像的唯一目的。这些画

---

① 信立祥:《汉代画像石综合研究》,文物出版社2000年版,第92页。
② 中国画像石全集编辑委员会编:《中国画像石全集1·山东画像石》,山东美术出版社、河南美术出版社2000年版,图五一,第31页。

像的主要目的，一方面是为了让人们知道墓主身份，另一方面是作为死者灵魂的象征和依止之所。

除祠堂外，宗庙也是祭祀死者的地方："其于人道，命终而形臧，精神放越，圣人为之宗庙以收魂气，春秋祭祀，以终孝道"。① 宗庙中有祖先的神主，成为祭祀的场所理所应当。东汉初年大司徒邓禹进入长安，他派人奉西汉十一帝的神主，一起放置于高庙。② 宗庙里的神主是供人祭祀的，如安徽定远县靠山乡出土的汉画中就有关于庙祭场面的描绘，画面正中为庙堂、阙门，两侧有多名身穿长袍的男子，手持笏板向庙门恭立。③

墓地同样是祭祀的重要场所，"墓者，鬼神所在，祭祀之处"，④ 墓祭又称墓祀。《论衡·四讳篇》云："古礼庙祭，今俗墓祀。"信立祥认为，汉代画像中的车马出行图，其实质是墓主人的灵魂从地下世界赴墓地祠堂去接受祭祀。⑤ 在汉画中就有用酒在墓地祭祖的画像，如南阳英庄汉墓出土一块画像石，画像内容分层刻画，下面几层画像为放置的祭品，最上层左侧放置五盘，右侧放六耳杯，其下中间置一樽，两侧各一提梁壶，再往下左侧置一叠案，中间有二圆盒，右侧放置三碗，最下拴一犬，似在看护祭品。⑥ 此图当为墓祀图。还有汉不其令董君阙刻绘有墓祭场景，画面下部是一棵树，书上挂有养马的草料斗，树下左侧站立一人，右侧一马拴于树下。画面上侧是两人向栽有柏树的坟地跪地拜祭，两人面前有香火缭绕（见图3-95）。

汉代的墓祭现象比较普遍，因为这是继丧葬之外，表达对已故祖先孝道的重要方式，故墓祭也逐渐产生了奢靡之风，如汉代蜀地富贵之家"送

---

① 《汉书》卷27上《五行志上》。
② 《后汉书》卷1上《光武帝纪上》。
③ 中国画像石全集编辑委员会编：《中国画像石全集4·江苏、安徽、浙江汉画像石》，图二一六，第162页。
④ 黄晖撰：《论衡校释》，中华书局1990年版，第972页。
⑤ 信立祥：《汉代画像中的车马出行图考》，《东南文化》1999年第1期。
⑥ 韩玉祥、李陈广主编：《南阳汉代画像石墓》，河南美术出版社1998年版，第123页。

葬必高坟瓦椁","赠禭兼加,赠赙过礼"。① 此外,实行墓祭的并非都是死者的后人,也可能是其他人。西汉时期东海郡有一孝妇被太守冤杀,郡中枯旱三年,"于是太宗杀牛自祭孝妇冢,因表其墓,天立大雨,岁孰"。②

图 3-95 墓祭

［采自（清）冯云鹏、冯云鹓辑《金石索》,第 375 页］。

还有些画像尽管没有直接祭祀场景,但与祭祀主题相关,这在全国各地的画像砖石中都有表现。如安徽太尉府门画像石,图分左中右三栏,中间一栏刻铭文"太尉府门",左右两栏各分布一子母阙,无论画像石墓墓主生前是否做过太尉,但其后人希望死者在阴间继续享受荣华富贵的心理

---

① （晋）常璩撰,刘琳校注:《〈华阳国志〉校注》,巴蜀书社 1984 年版,第 225 页。
② 《汉书》卷 71《于定国传》。

是一样的，反映了事死如生的祭祀原则。①

有些侍奉场景同样与祭祀相关，江苏奉祀画像中（见图3-96），两主人坐于厅内，厅外分别有一人立于阙亭之间，其外侧两边是排队等候侍奉或拜见主人的众人。

图3-96 奉祀

（采自中国画像石全集编辑委员会编《中国画像石全集4·江苏、安徽、浙江汉画像石》，图二一三，第161页。）

在安徽萧县的一块画像石上（见图3-97），在两层建筑的上层有墓主夫妇和侍奉者的画像。柱间二人（一男一女）跽坐于垫子上，二人身后有一耳杯。柱子左侧有一人手捧一樽向柱间两人进献，柱子右侧一人肩扛网纹被囊之物面向中间二人，似乎正准备进献。这种背囊应该为装衣物之类的包袱，

图3-97 侍奉（1）

（采自周水利、朱青生主编《汉画总录41·萧县》，第44页。）

---

① 中国画像石全集编辑委员会编：《中国画像石全集4·江苏、安徽、浙江汉画像石》，山东美术出版社、河南美术出版社2000年版，图二〇九，第160页。

陕西西安市曲江翠竹园一号墓出土的壁画中就有这种侍女扛持包袱的刻画（见图3-98）。楼阁侍奉的场景在安徽萧县的后室后壁画像石的上层也有刻画（见图3-99），被侍奉者同样为男女主人，不同的是女主人居画左，男主人居画右。阁楼内有两侍奉者，楼阁外有两人持戟护卫。

图3-98 侍女

（采自徐光冀主编《中国出土壁画全集6·陕西上》，图三〇局部，第30页。）

图3-99 侍奉（2）

（采自周水利、朱青生主编《汉画总录41·萧县》，第103—104页。）

(二) 祭仪与祭器

祭祀对象不同、祭祀仪式和祭祀用器也各有特点。在丧礼祭祀方面，马王堆一号汉墓的墓主人辛追，是西汉初年长沙国丞相、軑侯利苍的夫人，属于列侯等级。在墓中所出帛画上，有一处关于祭奠场景的描绘。在帷帐之下表明是在室内，巨人所托平板之上，前侧陈列着三鼎、两壶组合，后侧设俎，上有耳杯、罐等器物，七名带冠男性相对而立，中间是上罩有覆盖物的椭圆形物体。巫鸿分析，这种覆盖着的椭圆形物体很可能是放置在灵床上，被衣物和尸巾覆盖起来的死者尸体。① 如果这样，该祭祀图像描绘的应该是大殓的场景，这不仅合乎墓中辛追采用绞衾葬制的实际，也与其在帛画中的位置是相吻合的。②

山东沂南画像石墓中有三幅祭祀图，③ 为我们直观展示了墓主祠堂祭祀的具体情况，是研究汉代祭祀之礼的珍贵资料。其中沂南县界胡镇北寨村画像石墓中室南壁上横额东段画像石上有庖厨、粮食、水井、餐具、准备食品等各种事项，④ 应该是为祭祀作准备的过程。画面中粮食成堆、鸡鸭成群、宰羊杀猪，是一种理想的生活状态，人们希望死者去世后也能享受这种富足的生活。

山东沂南还有一幅祭祀画像石，画面主要是关于祭祀的陈设和仪仗图像（见图3-100）。画面左侧是一座"日"字形平面的两进院落，根据图中场景，应该为宗庙。周围有围栏，在后院的正中陈设一案，案旁为一壶、一有足小口圆形器、一方盒、一圆盒。前院正房也是三开间，院落皆有瓦顶，朝右开的门扇有铺首衔环。院落的正门右前方有一木架，下有双足簴，架上悬挂有一圆形鼓状物。正门前方各置一阙，在左阙与院落之间有二戴介帻着袍者面向院落而坐，其膝前各放置一案，案下可见两方形木砧板，他们左手据案，右手操刀，应该是正在分割牲肉，其前后都摆放有食盒。身后的木架上

---

① [美] 巫鸿著，郑岩、王睿编：《礼仪中的美术——巫鸿中国古代美术史文编》，郑岩等译，生活·新知·三联书店2005年版，第109页。
② 张闻捷：《楚汉时期特牛祭奠礼考》，《长江大学学报》（社会科学版）2016年第5期。
③ 中国画像石全集编辑委员会编：《中国画像石全集1·山东汉画像石》，山东美术出版社、河南美术出版社2000年版，第136—139页。
④ 王培永、朱青生主编：《汉画总录35·沂南》，第115—116页。

第三章　社会活动类题材汉画体现的礼文化

图3-100　举行祭祀

（采自王培永、朱青生主编《汉画总录35·沂南》，第133—134页。）

也悬挂有牲肉，架下方有两壶一盒。右阙之下堆叠摆放有五层的食案。在双阙与正面之间，有一门吏捧盾而立。阙前道路上，道左有规律地放着三个方形石墩。左阙之前停驻一辆单马所驾四维轺车，上有一御者坐于车上随时准备出发。右阙之前有一对拴马桩，上拴有两匹马。画面的右侧，最前方三人跪伏于地，最右侧之人面前有摆放一案俎。其后有三排人，每排四人，均穿袍戴冠，整齐排列，双手执笏恭立（见图3-100）。由此来看，这是大型的祭祀场景，其右方未显示之处应该为祠堂。

山东临沂沂南县界胡镇北寨村画像石墓前室南壁上横额有一幅祭祀画像（见图3-101），画面中间为一座两层阁楼，左右各一子母阙，阁楼的门与阙连为一体。门微开，门扉各有一铺首衔环，门阙左右各有一门吏拥彗而立。阁楼之后有高大的树木，左边树上有三雀飞翔。楼阙的两旁有成行的树分布在道路两旁（画面上部和下部边框内），树间有方箱。画面左端（楼阙右边）有一辆伞顶轺车和棚车，画面往右靠近阙楼处，三人头戴进贤冠跪伏于地，后有一人拱手站立，手牵一羊，面向阙楼，其前摆放一案，上有用来祭祀的两只兔肉。三人的身后和两旁，有两酒壶、两粮袋、两个竹编的方箧、两个纹饰的漆器类圆盒。在前两跪拜者之前有放一小案，案上摆放有简册之类的物品，前有一人恭立，拱手迎拜服者，应为祭祀的执事。在画面的右端（楼阙的左边），一人戴进贤冠，在前面向阙门拜伏于地，身后两人恭立，手执马鞭类物品。在画面的上侧树旁，拴着两匹马。据此分析，两位恭敬而立者应该为骑吏，两人的面前放一几，上摆放简册之类的物品。其后稍远还有两人戴进贤冠，鬓侧簪

· 167 ·

笔，执笏跽坐，两人前面摆放一盒，左前摆放有一壶酒、两袋粮食、一方簋，右侧树旁系有一只羊。两人身后并排停放一辆带交络的四维辎车和一辆阿顶軿车，车上均有御者。画面右上角还有两人跽坐，双手持梃状长物。从该祭祀图可以推断，中间的楼阙建筑应为祠堂，由于祭祀参与人数较多，祭祀者面向祠堂进行祭祀，供品有酒、羊、兔、谷物等食品，图中的方簋、圆盒、壶、粮袋都是盛食器或盛祭祀用品的器具。图中停放的车马是祭祀者来时乘坐的，关于祭祀者，即拜伏于地的数人中，从其胡须等细节可以判断，大多为德高望重之人。

图 3-101　参加祭祀

（采自王培永、朱青生主编《汉画总录34·沂南》，第63—65页。）

此外，该画像石墓的前室西壁上横额也有一幅祭祀画像（见图 3-102）。祭祀举行的地点依然是在祠堂门外，画面最右侧为两扇铺首衔环装饰的门，一门打开。门上栏板刻有小菱形格纹和带穿环菱纹的装饰。其上有一只用锁链拴着的猴子，正在向前张望。门前放一小案，上面摆放有简册类的物品。门旁一人双手拥彗，其前有两人双手持长梃恭立，三人均身穿长袍，头戴介帻。在前一人背对门跪于地上，双手捧着展开的简册，似乎正在读祭文。其左前一人，戴冠跪坐，一手持笏，一手后伸。再往左是五排人，前两排每排四人，均跪伏于地，其后两排也是四人，均恭立。前四排除第二排上起第二人头戴武冠外，其余均头戴进贤冠，每人双手执笏。最后一排为五人，同样恭立，双手执笏，头戴顶部向前卷折的冠。其后部有一人踞跪于地，头戴进贤冠，双手执笏。其右侧放有两小食案（俎），一案上放两盘圆形类似果品的供品，一案上放两条鱼。再往后（画左）是两排摆放的供品和祭祀用具，前排有两大食案并列摆放，每个食案上有十个耳杯，还有一花纹装饰的圆盒，似为漆器。第二排有两个似为竹编的方箧，一个似漆制的圆盒，一个似漆制的小方盒。画面左下还有两酒壶。最左侧还有两人，似乎正手捧物品，往前走动。该画面上侧还有八个空白的榜题处，应该是为了表明祭祀参加者的身份。据此分析，祭祀的参加者主要有四类，一是主祭一人，就是手捧简册者，一般为家族的族长；二是祭祀礼仪的副主持人"介"，就是单手执笏者，他的职责是辅佐主祭者，同时带领身后参加祭祀者行礼；三是参加祭祀的众人，根据画面的细节的分析，跪拜于地者多有胡须，为年长者，其后特别是最后一排恭立者大多面容光洁，无胡须，应当为年轻人；四是为祭祀礼仪提供服务的人员，如手持长梃、拥彗以及最后方捧物的两人和跪拜的一人。他们的职责是提供礼仪服务，提供祭祀用的器具和供品。特别是左方单独跪拜的一人，应该是家族声望较高的长老，负责调配祭祀礼器和供品。

图 3-102　举行祠祭

（采自王培永、朱青生主编《汉画总录 34·沂南》，第 102—107 页。）

到祠堂进行祭祀的场景（见图 3-103），在陕西米脂县官庄的一块画像石中也有刻画，在画像石的内栏，左侧是一座有围墙的大院，院内中上部有一阁楼式建筑，四周有围栏，院内有数人执彗打扫院落，还有一人在旁指挥。院落的外部上侧有四人着袍捧牍，右侧有两人捧物躬身右立，似为简牍。下部有一人拥彗而立，前有一人捧盾迎候，右方而来的车马队伍从左往右依次是两骑吏、三伞顶轺车、两骑吏、两伍伯、一四维轺车、四骑吏、伞顶轺车、二骑吏、輧车（著录文献作"辎车"）、一伍伯、五骑吏。由此可见，画像描绘的是车马队伍到祠堂参加祭祀的场景。这也是死者生前希望看到的身后场景。

图3-103　陕西米脂县官庄　车马祭祀

（采自康兰英、朱青生主编《汉画总录2·米脂》，第100—102页。）

山东沂南画像石墓中的三幅祭祀图显示了宗庙祭祀的礼仪，从图像内容来看，祭祀参加者众多，包括迎谒者、拜祭者和祝使等人员。祭祀图中，三幅画中的迎谒者均戴冠立于门口，戴冠表明迎谒者的身份比较高，可能是墓主的亲属。双手持彗是迎宾的礼节，先用扫帚清道，以示恭敬，把扫帚柄向下直立放置，扫帚头朝上，表示道路已清扫完毕，专候宾客到来。① 在山东的祭祀图中，拥彗的含义显然是迎宾之意，可见祭祀也包括迎谒之礼在内。

致祭者人数的多少关乎祠主及其后代的声名，如西汉的许商善为算，四至九卿，为当时大儒。许商去世后，其门人上冢祭拜。王莽时，林子高、王吉为九卿，他们亲自表上师冢，还有许多身为大夫博士郎吏曾师从许氏的学者，他们各带着自己的门人，会祭的车达到数百辆，儒者们以此为荣。② 与祠主身份的关系不同，祭拜的动作姿势亦有所不同。沂南画像石墓东壁横额祭祀者共十四人，分六队站立，前两队各一人，后四队每队立三人。最前两人拱手于胸前行揖礼，后四列人鞠躬而立，双手持笏。西壁横额祭祀的人们分为五队，前两队每队四人，手中持笏，拜伏于地，第三、第四队每队三人，最后一队五人，皆鞠躬捧笏而立。最后还有一人，一手持物跪着。一般来说，地位越低，行礼越重，其中跪拜者身份显然最为低下，可能为墓主晚辈或下属门生。

图中读祝文者背对着庙，双膝跪于地上，双手捧着文本。祝使在先秦就已经出现，周代设有专门的职官"大祝"，属《周礼·春官》，"掌六祝

---

① 曾昭燏等：《沂南古画像石墓发掘报告》，文化部文物管理局1956年版，第32页。
② 《汉书》卷88《儒林传·周堪传》。

之辞"以祈福祥。① 此外还有小祝、丧祝、甸祝等与祭祀有关的官职。秦汉沿置，设置太祝令，作为太常属官。东汉时期，凡国家举行的祭祀，太祝令掌读祝以及迎送神的事务。至于私人祭祖，读祝文者一般由乡里较有名望的儒者承担，读祝时一般要行顿首礼。祝文又称祝词、祭文，内容无非歌颂祠主和其他祖先功德，以求福佑。战国淳于髡曾见道旁有禳田者，携用酒肉祝曰："瓯娄满篝，污邪满车，五谷蕃熟，穰穰满家。"②

"傩祭"属于驱邪类祭祀，目的在于驱邪气恶鬼，往往伴随一定的舞蹈动作，而傩舞是其中之一。傩祭在宫廷、民间皆有，舞者一般会戴上假面。关于宫廷傩祭，史书中有关于东汉大傩仪式的详细记载：大傩一般在季冬举行，日期在腊日的前一天，主要目的是逐疫。它的仪式非常烦琐，先是挑选黄门子弟中年龄在十岁至十二岁之间的少年，共120人作为侲子。他们都头戴赤帻，身穿黑衣，手执大鼗。还有黄金四目扮饰的方相氏，身蒙熊皮，黑色的衣服，朱红的手掌，并执戈扬盾。此外还有穿皮毛戴兽角的人扮演十二兽。③ 在汉画中，有不少傩的描绘。

(三) 汉画中的祭品

汉代祭品与前代变化不大，主要有肉食和蔬菜谷物。肉食主要以"六畜"为主，此外，鱼、兔等动物也用于士人的祭祀。用作祭品的牺牲，在祭辞中有一些别称。根据《礼记·曲礼下》，在祭宗庙之礼中，牛被称为一元大武，豕被称为刚鬣，豚被称为腯肥，羊叫作柔毛，鸡叫作翰音，犬叫作羹献，雉叫作疏趾，兔叫作明视，干肉叫作尹祭，干鱼叫作商祭，鲜鱼叫作脡祭，④ 这些名称反映了该动物的主要特征。

国家祭祀中，祭品的种类和数量有严格的等级限制，有太牢、少牢、特牲之别。太牢指牛羊豕三牲，主要用于王公；少牢指羊豕二牲，主要为大夫之礼；至于士人的祭祀，一般用一豕，叫特牲。庶人受到财物和礼制的限制，祭品更为简单，基本上是自己吃什么就用什么来祭祀。根据《王制》：

---

① (清) 孙怡让撰，王文锦、陈玉霞点校：《周礼正义》，中华书局2013年版，第1985页。
② 《后汉书》卷65《张奂传》注文。
③ 《后汉书》卷95《礼仪志中》。
④ (清) 孙希旦撰，沈啸寰、王星贤点校：《礼记集解》，中华书局1989年版，第154页。

庶人春天用韭当祭品，夏天用麦当祭品，秋天用黍当祭品，冬天用稻当祭品。并且祭品还有一定的组合，韭与卵相配，麦与鱼相配，黍与豚相配，稻与雁相配。基本的要求是祭品丰盛美味，器具要明亮清洁。

用作祭品的除"牺牲"外，还有粮食五谷，称"粢盛"。鲜嫩的果品蔬菜在民间祭祀中也是常用的祭品，西汉文帝在诏书中说："朕亲率耕，以给宗庙粢盛。"应劭注曰："黍稷曰粢，在器中曰盛。"① 佛教传入中国后，"斋祭"中果品更丰。另外，酒也是祭祀神灵的常用祭品。在汉代庖厨画像石中有不少祭品的刻绘。沂南画像石的祭祀图中，② 西壁横额图画中有摆成三列的祭品。前排是两个三足盘，一盘上摆放着两条鱼，另一盘上放着两盆果品。中排有两个俎案。每一俎案上分两列摆放着十个耳杯，还有一个圆盒，盒内应该有祭品。后排有两个方篋，似为竹编。还有一个似为漆制的圆盒，一个似为漆制的小方篋，另有两个酒壶。最左两人走动布置祭品。

沂南画像石南壁横额图画中，庙的右边三人伏地而拜，在他们的身后和两旁，分别陈设着祭品。其中有两个酒壶，两个粮袋，两个竹编方篋，两个有花纹似为漆制的圆盒，一个陈放着两只牺牲的俎案。后面有一人拱手鞠躬而立，手里牵着一只羊，另有一只羊拴在庙右侧树上。庙的左边同样陈设着祭品，有一个酒壶、一个粮袋、一个方篋、一个圆盒，树上还系着一只待宰的羊。③ 从画像中的祭品来看，既有了肉食中的牺牲、羊、鱼，也有谷物果品和各种熟食，并且有酒这种饮品。能够用羊作为祭品，就意味着祭祀的规格至少为少牢，可见祠主的地位较高，绝非一般的士人。

鱼是一种在汉画中经常出现的祭品。山东枣庄市邳庄村出土了一幅和帝永元四年（92年）的祭祀画像（见图3-104），画面中央为一香炉，内有三支正在燃烧的香火。两侧各有一条置于盘中的鱼，鱼头朝上。在南阳汉画中有两幅墓祀图，其中一幅画像是英庄画像石墓出土的（见图3-105），画面分层排列：最上层刻顶部为一祠堂，中立一柱，下施柱础，上施斗拱。室内

---

① 《汉书》卷4《文帝纪》。
② 王培永、朱青生主编：《汉画总录34·沂南》，第102—107页。
③ 曾昭燏等：《沂南古画像石墓发掘报告》，文化部文物管理局1956年版，第13—14页。

放祭品，左置五盘，右置六耳杯；其下置奠酒，中间一樽，两侧各一提梁壶；再下放肴撰，右置三碗，左置一叠案，中置二圆，最下刻一犬。

图 3-104 双鱼祭祀

（采自中国画像石全集编辑委员会编《中国画像石全集 2·山东汉画像石》，图一五○，第 141 页。）

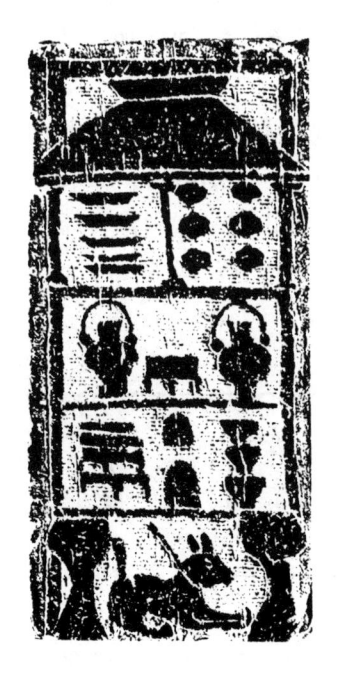

图 3-105 祭品（1）

（采自凌皆兵、朱青生主编《汉画总录·15，南阳》，第 283 页。）

徐州有一幅盘中鱼的画像砖画像（见图3-106），三尾鱼放在十字穿纹图案的盘中，中间鱼尾对着一小块长方形的空白处，不难看出，鱼是用来祭祀的，而小块长方形部分应是贴近祭祀者的小祭台，也便于摆放香炉之类的祭祀用品，这块砖充当了祭台。

图3-106　盘中鱼祭台

（采自武利华主编《徐州汉画像石》，线装书局2004年版，图五四，第47页。）

在使用鱼进行祭祀时，无论是画像石还是画像砖，从中都可以看出，鱼头是朝向祭拜对象摆放的。除用两条、三条鱼进行祭祀的情况，也有用四条鱼进行祭祀的情况。如山东一幅画像石局部（见图3-107），画像上层是两盘鱼分摆两边，每盘中有鱼两条，两盘之间是两个空白的杯盘，应是象征盛了酒的耳杯。

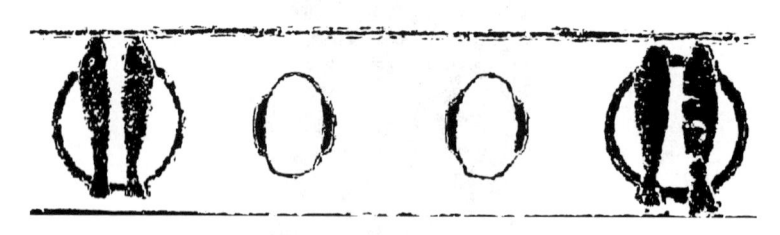

图3-107　祭祀鱼盘

（采自中国画像石全集编辑委员会编《中国画像石全集2·山东汉画像石》，图一七八，第170页。）

除了鱼之外，鸡也是庶人的常用祭品，在山东武氏祠汉画像石中，祭案上就摆有鱼和两只鸡（见图 3-108）。

图 3-108 祭品（2）

（采自朱锡禄编著《武氏祠汉画像石》，图六二，第 63 页。）

在祭祀活动中，香火是常见的祭祀用品。在徐州白集祠堂西壁画像自下而上的第三层中（见图 3-109），有用香炉和香火祭祀的场景，香炉上插三支香，前有三人，一人跪地，两人站立。三人的右侧是庖厨图，再右侧是两人正在汲水的场景。

图 3-109 庖厨与祭祀

（采自中国画像石全集编辑委员会编《中国画像石全集 4·江苏、安徽、浙江汉画像石》，图八七，第 62 页。）

二 丧葬之礼

丧葬属于五礼中的凶礼，不少画像石作为墓的建材出现，并直接刻画了丧葬的一些礼仪。

（一）丧礼

根据《礼记·丧大记》和《仪礼·士丧礼》，人从初终到下葬前，丧葬程序非常烦琐，首先是属纩的环节，"属纩以俟绝气"。亦即用新的丝絮放在临终者口鼻上，无气息便宣告死亡。如果死于正室，便用幠衾覆盖。然后，有复者即招魂者一人持死者生前的衣服登屋招魂，随后把衣服扔下，下面有人接住，并把衣服盖在死者的尸体上。① 接下来赴告亲友，还要对死者的遗体进行处理，包含有讣告、饭含、迁尸、设重、设铭旌、小殓、大殓、殡、下葬等烦琐的环节。死者下葬前还要有朝庙、装饰柩车、大遣奠等活动，下葬前对遗体的处理为重心，殡殓等活动都围绕尸体进行。送葬的车队中，柩车用来载尸体，魂车上载死者的衣服，来象征灵魂的出行。下葬后对死者祭祀成为重心，其表现就是三次虞祭，即安魂祭，还有卒哭、小祥、大祥等各种祭祀，直到居丧三年结束。

汉画中有不少关于丧礼的描写，如山东画像石中有招魂的场面（见图3-110），神人左手执幡，右手执斧，脚下有云气。这同先秦的招魂礼有

图3-110　扬幡招魂

（采自中国画像石全集编辑委员会编《中国画像石全集2·山东汉画像石》，图一九六，第188页。）

---

① 杨天宇：《仪礼译注》，上海古籍出版社2004年版，第343—344页。

所不同，但其目的是一样的，幡是为了招魂，斧是为了辟邪。

汉画中也有关于铭旌的刻画。铭旌是丧礼中用以表明死者的旗帜，根据《仪礼·士丧礼》：这种铭旌用缁布做成，长半幅，末端红色，长终幅，宽三寸。在铭旌的末端，书写上"某氏某人之柩"。铭旌固定在长三尺的竹杠上，放置于堂阶之上，屋宇西侧。关于1972年长沙马王堆一号汉墓出土帛画的用途，人们意见不一。马雍认为，这幅帛画自当是铭旌无疑，尽管上面没有文字，但铭旌的作用之一就是为了象征死者灵魂，作为死者神明的寄托。① 此论合理，这种铭旌的主要目的就是作为死者灵魂的依凭。在大殓之后，铭旌要覆盖在柩上。《仪礼》所载多为周代情况，在汉代，尽管还采用铭旌制度，但与周代不同，上面仅有图案，没有文字，可能是铭旌在西汉的创新之处。

正是由于铭旌象征死者灵魂，故送丧过程中铭旌也作为先导，作此用途时，旌也叫"幡"。山东济宁微山县出土的送葬图中，中层有四人持绋引车，其中一人举幡状物，在整个队伍的最前面，应是铭旌。② 此外，南阳唐河县电厂汉墓出土的丧葬出行图中，左前一人戴冠骑马奔驰，手中所持铭旌向后飘动。③

汉画中有关于魂车和柩车的形象。在死者下葬的过程中，置办丧事者不仅要遣送死者尸体，还要处理死者灵魂。祥车是魂车的一种，《礼记·曲礼》云："祥车旷左。"孔注云："旷，空也。车上尚左，空左，以拟神也。"④ 也就是说，祥车把车子左侧坐人的地方空出来，应为贵宾所坐，而驾车者坐在右侧。用作死者的魂车时，把左侧空出来象征由死者的灵魂乘坐。东汉时期，魂车在丧礼中依然采用，在永平七年（64年）阴太后的葬礼上就有魂车，根据后汉礼制，太后的魂车用鸾路和青羽盖装饰，上有龙旐九旒，由四匹马拉车，车前有方相开路。⑤ 在

---

① 马雍：《论长沙马王堆一号汉墓出土帛画的名称和作用》，《考古》1973年第2期。
② 中国画像石全集编辑委员会编：《中国画像石全集2·山东汉画像石》，山东美术出版社、河南美术出版社2000年版，第46—47页。
③ 吕品、周到：《唐河县电厂汉画像石墓》，《中原文物》1982年第1期。
④ （清）孙希旦撰，沈啸寰、王星贤点校：《礼记集解》，中华书局1989年版，第100页。
⑤ 《后汉书》卷96《礼仪志下》"大丧条"注引丁孚《汉仪》。

一些大臣的丧礼中，容车是魂车的别称，容车即容饰之车，象征死者生前坐车的样子。祭遵葬礼上就使用了"朱轮容车"，而且有身披盔甲的军士们列队送葬的场景。① 天子去世要用"金根容车"。② 以沂南墓中的送葬车马画像为例，巫鸿认为，送葬车队中有三种不同类型的马车，一种是带有伞盖的"导车"，是为了表明死者的高贵地位；第二种是四阿顶无窗的辎车，这种车就是魂车；第三种车是一种长而窄带卷篷的车，如山东临沂吴白庄墓东耳室门额下部的画像（见图3-111）。由于该车能够装载重物，故用来运载装死者遗体的棺柩，可以称之为柩车。③ 该分析比较合理，但部分观点须商榷：其一，带伞盖的轺车可以用作导车，但不是专门的导车；其二，辎车有顶，但并非无窗，且各地的辎车形制略有差异，如陕西的辎车比较窄而高，明显有侧窗，可以坐人，也可以作为送葬的容车使用；其三，棚车确实可以在送葬过程中装载棺柩，但更多地可以作为妇女儿童乘坐的车子使用。在山东临沂市沂南县界胡镇北寨村的另一块画像石上（见图3-112），所刻车马出行图中同样有伞盖导车、四阿顶辎车，带卷棚的棚车三种车辆。车队共有导从八人，其中伍伯二人、骑吏六人，画面左侧两人身穿官服戴进贤冠，上侧一人的冠缨向后方飘起。更可能是现实中出行仪仗的再现，未必与送葬有关。

图3-111 送葬车马

（采自管恩杰等《山东临沂吴白庄汉画像石墓》，《东南文化》1999年第6期。）

---

① 《后汉书》卷20《祭遵传》。
② 《后汉书》卷96《礼仪志下》"大丧"条。
③ [美]巫鸿著，郑岩、王睿编：《礼仪中的美术——巫鸿中国古代美术史文编》，郑岩等译，生活·新知·三联书店2005年版，第264—265页。

第三章　社会活动类题材汉画体现的礼文化

图 3-112　车马出行

（采自王培永、朱青生主编《汉画总录 35·沂南》，第 201—202 页。）

　　在送葬过程中，有执绋引车的礼仪。绋为古代丧葬中用以引柩而行的大绳索，用麻制成。一般固定在送葬的车上，从前面牵引棺柩，发车使前。执绋者一般为死者亲友，助葬者必执绋是礼仪的要求。先秦时期，厚葬者的左右引绋者甚至达到万人，到了汉代，高级别的丧礼则有士兵执绋。此外，绋还用于下柩入墓。东汉张劭去世，当时丧车已经发引，并到达了墓圹，正准备下棺埋葬的时候，而棺柩无论怎么拉都不进。其老友范式到达后，"因执绋而引，柩于是乃前"。① 在送丧执绋的过程中，绋系在车上。对高级别的丧礼而言，绋绳的根数和执绋的人数都有礼制规定，依死者身份有不同的规格与数量。据《礼记·丧大记》，君用四綍，大夫、士用二綍。② "綍"通"绋"，南阳有一幅送葬画像中，车前有九人拉两绋，表明死者身份为大夫或者是士。如果是低级别的丧礼，则不必遵循人力执绋的礼节。普通百姓家境贫寒者，甚至一些薄葬的官吏，不乏使用畜力引绋至墓者，如西汉张汤去世后"载以牛车"。③ 东汉祭遵"临死遗诫牛车载丧，薄葬洛阳"。④

　　送丧人员在汉画中也有表现，中下阶层人员去世，送丧者多为死者亲属，也有部分助丧者，大都徒步跟随在柩车之后，以表示对死者的尊重，在汉画送葬图中有具体描绘。豪门贵族去世，朝廷会派军队或专人队伍护送柩车。西汉霍去病去世，皇帝为了表示哀悼之情，征发"材官轻车北军五校士

---

① 《后汉书》卷 81《独行传·范式传》。
② （清）孙希旦撰，沈啸寰、王星贤点校：《礼记集解》，中华书局 1989 年版，第 1187 页。
③ 《汉书》卷 59《张汤传》。
④ 《后汉书》卷 20《祭遵传》。

军陈至茂陵,以送其葬"。① 孔光去世后,羽林孤儿及诸生共四百人挽送,送丧车达到万余辆,"道路皆举音以过丧"。②

山东画像石中有一幅描绘了送葬的情景(见图3-113),中格中间刻四轮丧车,车身较长,顶施篷盖,车前部设舆,中竖一柱,穿一璧形物,上设华盖。车棚前、后各竖一柱,上装建鼓,施羽葆。车前十三人,分三层,下层五人双臂前伸,双手共挽肩上一根粗绳前引;中层四人,有举幡者,举首后顾;车后共八人,分二层,随车行走,下层人物发髻结长带,为女子;上层人物腰系长布带,为男子。右格,上为茂密的山间空地,下有长方形圹穴,圹左三人头戴冠,着长衣,躬身恭立。圹右二人相对跽坐,另有五人皆跽坐,前有奁壶。

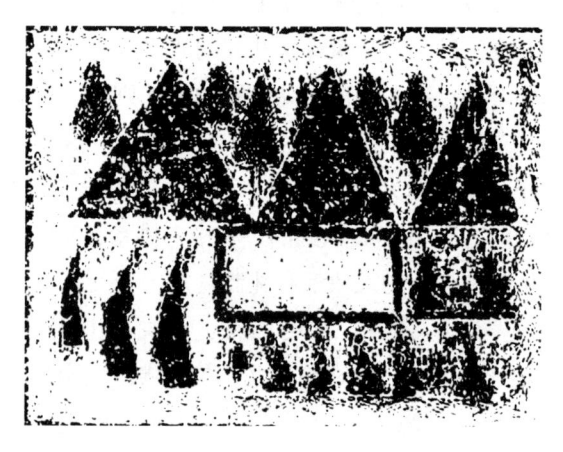

图3-113 送葬(1)

(采自中国画像石全集编辑委员会编《中国画像石全集2·山东汉画像石》,图五五局部,第46页。)

南阳唐河针织厂的一幅画像石刻画了送葬到墓地的情景(见图3-114)。画面为车马出行场景,车辆左向行进,两辆单匹马驾的车上,每车坐两人,前面有一持幡导骑,最右侧是一人站立,身旁是一把铁锹之类的掘地工具,应该是掘墓者。③

---

① 《汉书》卷68《霍去病传》。
② 《汉书》卷81《孔光传》。
③ 凌皆兵、朱青生主编:《汉画总录17·南阳》,广西师范大学出版社2013年版,第250页。

图 3-114　送葬（2）

（采自凌皆兵、朱青生主编《汉画总录 17·南阳》，第 250 页。）

在汉代丧礼中，使用音乐是常见现象，杨树达先生提到，汉代丧家对于来吊唁者，往往用酒肉招待，并用音乐来娱之。[①] 在送丧过程中，也会有挽歌和丧乐的使用。这种情况在汉画中有不少描绘。山东送葬汉画图中，在柩车的前部和后部各竖有一柱，柱上立有建鼓，装饰着华丽的羽葆，应为演奏挽歌或丧乐所用。

在汉代，无论上流贵族或者民间百姓，都喜欢用音乐来烘托哀悼气氛。如汉代大丧的情况，史书记载，天亮后柩车请发。高级官员司徒、河南尹首先引车转动，太常跪着说："请拜送柩车。"柩车上绑系白色的粗大绋绳，长三十丈，每七寸打一挽节，绋绳共分六行，每行五十人牵拉。此外还有羽林孤儿、擅长唱巴渝歌的女伎六十人，也分为六列。阴太后去世，由黄门鼓吹三通，鸣钟鼓，而且有女侍史官三百人身穿素衣，引棺挽歌。[②] 民间亦有歌舞送葬的风俗，如东北的乌桓俗贵兵死，把尸体装殓入棺以后，有哭泣表哀的环节，"至葬则歌舞相送"。[③] 可见乌桓的丧俗除了贵兵死之外，其他与汉人差别不大。这也表明，挽歌在汉代不仅是一种礼制，也是一种在各地流行的礼俗。

（二）葬礼

根据汉代人的观念，人死后进入阴间。而阴间是黑暗的，当时人们认为，人活着的时候有生气，能够见到天地和日月星辰的明亮，那些死亡者是感受不到光明的，因为幽深的阴间没有光亮。不仅如此，阴间还

---

① 杨树达：《汉代婚丧礼俗考》，上海古籍出版社 2000 年版，第 68 页。
② 《后汉书》卷 96《礼仪志下》注引丁孚《汉仪》。
③ 《后汉书》卷 90《乌桓传》。

存在一些会毁坏尸体的鬼怪。送葬时充当前驱的方相氏,身披熊皮,戴着有四个眼睛的假面,他们手执戈盾,到墓地后还要以戈击墓圹四隅,其目的就是辟邪。汉画中有许多熊形象,人们认为这是方相氏的形象,这些图像往往被刻于墓门。由于墓门是死者灵魂出入之地,也是鬼怪猖獗的地方,所以在门上刻绘辟邪画面是理所当然的。在画像石墓的门上、门楣上雕刻铺首衔环、猛虎,以及神荼、郁垒、执刀武士的画像,墓室内也刻画仙人、象人、西王母与东王公等,还有很多以驱疫为主题的画像。通过这种方式,不仅可以保护死者尸体并进而保护死者灵魂,而且能够为死者的阴间世界创造一个理想而和平的环境。杨爱国认为,不论是用于祭祀的祠堂,还是安葬死者的墓室,汉画图像的布局都是以围绕墓主进行的,是古代奉死如生观念的具体表现。辟邪是为了不让死者受到地下鬼怪的伤害,把阴间生活需要的东西尽可能全面地展示出来,最起码保证死者在阴间生活富足,不感到寂寞。灵魂的最好归宿是升仙,到西王母身边去,加入神仙的生活行列。①

厥张是汉代的武士,虎是辟邪的阳物,这类题材的画像在南阳汉画中有很多的刻画。如南阳画像石中的虎吃鬼魅画面(见图3-115),就是为了保护墓主死者灵魂免受侵扰,同时也为避免墓主灵魂出来作祟生者。

图3-115 虎吃女魃

(采自中国画像石全集编辑委员会编《中国画像石全集6·河南汉画像石》,图一○,第10页。)

---

① 杨爱国:《幽明两界:纪年汉代画像石研究》,陕西人民美术出版社2006年版,第219页。

郑岩认为，各种形式的壁画是丧葬礼仪的一部分，只有死者"看"得见这些画面。① 后来他又对自己的观点进行了完善，认为墓室壁画、画像石等图像材料与后世的卷轴画有很多的不同，汉画不像后世卷轴画一样是艺术活动的产物，而是丧葬礼仪的组成部分，汉画也不是用来欣赏的画作，其预设的观者往往只是他们观念中的死者灵魂。②

第三节 汉画中的其他社会活动之礼

除以上所述外，汉代人的社会生活中处处体现出礼，如冠服、饮食、尊师养老之礼，在汉代的画像中均有丰富的体现。

一 冠服之礼

服饰是礼制的重要内容，又称服制。董仲舒在《春秋繁露·服制》中认为服制的基本原则是"各度爵而制服，量禄而用财"。③ 他还进一步阐释，正如饮食有节度一样，衣服也有制度，即便有人具有贤才或美好的形体，但如果没有爵位，也不敢穿与身份不相应的衣服。如老百姓不敢穿彩色鲜艳的衣服，百工商贾不敢穿狐貉做成的衣裘，受过刑罚的人不敢穿丝绸及黑红色的衣服，也不能乘马，这就是服制。

汉初，高祖诏令"贾人毋得衣锦绣绮縠絺纻罽，操兵，乘骑马"，④ 并且"令贾人不得衣丝乘车，重租税以困辱之"。⑤ 但到了文景时期，随着商人财力与影响力的增强，他们开始在服饰等方面突破礼制的束缚，他们用财富交通王侯，势力甚至超过一般的官吏，经常"履丝曳缟"。⑥ 武帝时

---

① 郑岩：《关于汉代丧葬画像观者问题的思考》，载朱青生主编《中国汉画研究》第2卷，广西师范大学出版社2006年版，第51页。
② 郑岩：《古代墓葬与中国美术史写作》，《美术》2015年第3期。
③ （清）苏舆撰，钟哲点校：《春秋繁露义证》，中华书局1992年版，第221—222页。
④ 《汉书》卷1下《高帝纪下》。
⑤ 《史记》卷30《平准书》。
⑥ 《汉书》卷24上《食货志上》。

期，富人们开始"皮衣朱貉，繁露环佩"。① 高祖禁止商人衣丝乘车的规定成为一纸空文。

到东汉时，突破服制的已经不仅是富有的商人，逐渐向全社会蔓延，"男女姣服"的情况多了起来。这到东汉明帝时更加明显，并且贵族也成为破坏服制的重要力量，王符就感叹当时的京师贵戚，"衣服饮食，车舆庐第，奢过王制"。② 就连宦官也"车马服玩拟于天家"。地方官吏、富贵之家攀比贵戚，豪族们以奢靡相尚。到汉末，服制受到各个阶层的全面冲击。汉代服制的破坏折射出朝廷控制的减弱。

两汉服制以东汉最为成熟，并形成制度。服制通过各种礼服体现出来，彰显身份与地位的不同："夫礼服之兴也，所以报功章德，尊仁尚贤。故礼尊尊贵贵，不得相逾，所以为礼也，非其人不得服其服，所以顺礼也。顺则上下有序，德薄者退，德盛者缛。"③

（一）汉代的冠制

在汉代的服饰礼制中，冠饰最能显示出等级差异。据《后汉书·舆服志》记载：天子戴冕冠，冕皆宽七寸，长一尺二寸，前圆后方，冠里为朱绿色，上为玄色，冕前下垂四寸，冕后下垂三寸，有十二旒，用白玉珠串成，用彩色作为冕缨。皇帝之下，三公诸侯用七旒，用青玉珠串成；卿大夫五旒，用黑玉珠串成。都有前垂部分，无后垂，各以他们绶带的彩色作为组缨。可见从天子到三公诸侯，再到卿大夫，都可以戴冕冠，并用旒的数量以及玉珠的色彩与质地等来区别等级。此外，服装的材料和制作工序也有礼制要求：衣裳的玉佩色彩各不相同，皇帝的衣服用刺绣制成，公侯九卿以下的衣服皆用纺织方法制成。在服装的图饰方面，"三公、诸侯用山龙九章，九卿以下用华虫七章，皆备五衣服有精巧佩饰"。④ 汉代佩饰制度沿袭前朝，在秦制的基础上加之双印佩刀装饰。由此可见，汉代服饰在区分等级方面非常细密，

---

① （汉）桓宽撰，王利器校：《盐铁论校注》，中华书局1992年版，第354页。
② 《后汉书》卷49《王符传》。
③ 《后汉书》卷119《舆服志上》。
④ 《后汉书》卷120《舆服志下》。

不仅天子与贵族阶层等级分明，而且各级官僚贵族又各有等差，官僚贵族根据官位高低而划分为不同级别，每一个级别都享受相应的服制待遇，不得随意僭越。

除了皇帝、王公戴冕冠之外，百官也都有相应的冠饰。对于官僚贵族，官爵职位高低不同，所戴之冠亦有区别。如文人或文官一般戴进贤冠，武官一般戴武冠。《后汉书·舆服志》载：进贤冠就是先秦的缁布冠，为文人儒士所穿之服，该种冠前高七寸，后高三寸，形成前高后低的形状，长八寸。在河北安平逯家庄壁画墓中的官吏就有戴这种冠饰的（见图3-116）。这种冠的冠梁根据官爵的高低而有所差别，"公侯三梁，中二千石以下至博士两梁，自博士以下至小吏私学弟子皆一梁"。可见，梁的多少与官职高低挂钩，职位越高，冠梁就越多。在南阳汉画中有多幅戴进贤冠人物的形象，冠有三梁进贤冠、二梁进贤冠、一梁进贤冠几种，与史书所载相符。帻为汉代地位低下的百姓所戴冠饰，在汉代，平民百姓无资格戴冠，他们仅仅用布把头发束起来，这种束发之布便称为帻，又称帕头。西汉末年，王莽由于头秃，故在冠内加戴帻，帻逐渐成为冠的内衬。到了东汉末年，有些贵族在家闲居时也戴帻，如袁绍、曹操都有戴帻的情况。帻不仅用于平时的便装，也用于送葬者所戴，如汉献帝去世后，送葬队伍"公卿已下子弟凡三百人，皆素帻，委貌冠，衣素裳，挽。校尉三百人，皆赤帻，不冠，持幢幡，皆衔枚"。[①] 可见，帻也有白色的素帻和红色的赤帻之分。

山东邹城市城区十里铺村收集的一块东汉画像石，上面有门吏画像，该门吏所戴冠为顶部平而高，冠边缘突出，有冠缨系于下颌处。在冠的后部有带覆垂于后颈部（见图3-117）。山东邹城征集的一块画像石中，一门吏持戟站立，头上所戴之冠比较少见，冠部四周有低低的边沿，顶部高耸为山形，不同于常见的进贤冠（见图3-118）。

[①] 《后汉书》卷9《孝献帝纪》。

图 3-116 进贤冠

（采自徐光冀主编《中国出土壁画全集1·河北》，图八，第8页。）

图 3-117 门吏冠饰（1）

（采自李彬、朱青生主编《汉画总录32·邹城》，第91页。）

图 3-118 门吏冠饰（2）

（采自李彬、朱青生主编《汉画总录32·邹城》，第111页。）

第三章　社会活动类题材汉画体现的礼文化

山东临沂沂南县界胡镇北寨村画像石墓中室南壁上横额西段画像石的祭祀图中，参加祭祀人员所戴之冠有两种，前两排以及最前面跪伏于地之人所戴为前高后低的进贤冠，最后一排四人所戴之冠与此不同，冠顶向前卷曲，从面孔来看为年轻人（见图3-119）。

图3-119　青年进贤冠

（采自王培永、朱青生主编《汉画总录35·沂南》，第130—135页。）

南阳汉画中有不少冠饰的画像，根据冠饰的不同，可以明显分辨出来的冠饰主要有武冠、进贤冠、帻等。如南阳麒麟岗东汉画像石墓，[①]墓室中布满雕刻画像，墓中雕刻着不少侍者、门吏、武士等仆从人物，他们几乎都戴冠，根据形制，主要为进贤冠及武冠。因此可以断定该墓葬画像中的下属仆从大多数为文武官吏，可见墓主人地位之显赫。

在朱鲔墓石刻画像中（见图3-120），有一男子头戴冕冠，但不垂旒。沈从文认为，该人所戴之冠应为"樊哙冠"。[②]但据笔者认为，该男子并非武将，从其所立位置及周围人均面向他或侍奉他来看，尽管无旒，其所戴即为冕冠，这是身份尊贵的主人。南阳太守鲍德曾经"备俎豆黻冕，行礼奏乐"，说明太守一级的官员在祭祀时是可以戴冕冠的。且朱鲔曾任更始帝的大司马，其戴冕冠也是有资格的，当时刘秀尚未称帝，冠服制度更无从谈起，至于汉冕有旒，是明帝时才确定下来的礼制。

[①] 参见黄雅峰主编《南阳麒麟岗汉画像石墓》，三秦出版社2008年版。
[②] 参见沈从文《中国古代服饰研究》，上海书店出版社1997年版，第141页。

图 3-120　冕冠

(采自沈从文《中国古代服饰研究》，上海书店出版社 1997 年版，第 141 页。)

西汉初年又有一种刘氏冠，又称"斋冠""竹皮冠""长冠"等，高7寸，广3寸。刘氏冠用黑布或纱类材料为之，冠板用竹皮制作，在西汉祭祀宗庙时，此冠常用作祭服之冠。具体来说，这是汉高祖刘邦在发迹之前做亭长时所制之冠，史载高祖刘邦为亭长时，常常戴这种冠。贵为帝王后，刘邦仍常戴这种冠，被称为"刘氏冠"。[①] 其实这种冠为刘邦仿照楚国长冠制作，故又名"长冠"。高祖刘邦每当在祭祀宗庙时便戴这种冠，王室贵族也把这种冠作为祭服穿戴，以表达至高无上的尊敬。[②]《晋书》载："长冠，一名齐冠。高七寸，广三寸，漆䍦为之，制如版，以竹为里。汉高祖微时，以竹皮为此冠，其世因谓刘氏冠。后除竹用漆䍦。"[③] 湖南长沙

---

① 《史记》卷8《高祖本纪》。
② 《后汉书》卷120《舆服志下》。
③ （唐）房玄龄：《晋书》卷25《舆服志》，中华书局1974年版。

马王堆一号墓中，出土有头戴长冠的人俑，可见长冠的确是楚人之冠。此外，在汉代的亭长画像中，亭长所戴之冠似为竹编而成，应为"竹皮冠"的形制。

樊哙冠，本为汉初名将樊哙所戴之冠。在鸿门宴上，樊哙竭力保护刘邦，忠勇可嘉，据《后汉书·舆服志》："樊哙冠，汉将樊哙造次所冠，以入项羽军。广九寸，高七寸，前后出各四寸，制似冕。司马殿门大难，卫士服之。"① 西汉建立后，司马殿门卫士们配戴樊哙所戴之冠。

委貌冠也是汉代的一种冠饰，其形制与皮弁形制相似，上小下大，形如覆杯。委貌冠主要用黑色丝绢制作，这点与缁布冠类似。而皮弁主要用白鹿皮制成，是士及以上阶层在比较庄重的场合所戴之冠，也是公卿诸侯大夫行大射礼时所服之冠。在汉代，委貌冠主要为一些学者所戴。如四川成都出土讲学画像砖中（见图3-121），台下听讲者所戴之冠。

图3-121 委貌冠

（采自高文主编《巴蜀新发现汉代画像砖》，第14页。）

---

① 《后汉书》卷120《舆服志下》。

高山冠也是常见的一种冠,在南阳画像石中,有门吏头戴高山冠的形象(见图3-122)。从图中可以看出这种冠的前端有一长板斜伸于后,冠后部一短板向前对长板形成支撑,从侧面看,二者在冠顶呈三角形。进贤冠也是前高后低,但其顶部是平的,而高山冠的顶部则不是平的。南阳画像石中也有远游冠,其形制前低后高(见图3-123)。

图3-122 高山冠
(采自凌皆兵、朱青生主编《汉画总录14·南阳》,广西师范大学出版社2013年版,第115页。)

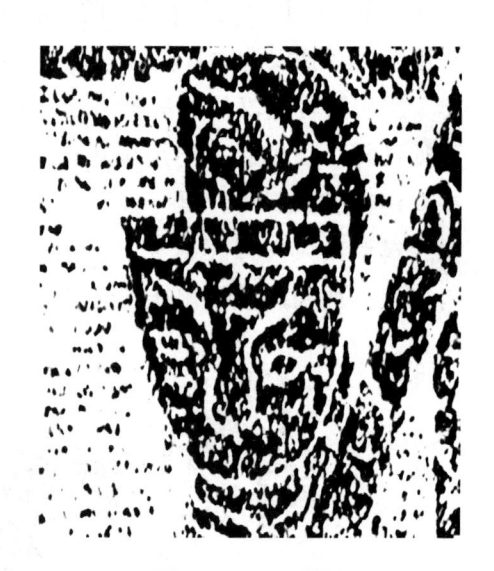

图3-123 远游冠
(采自凌皆兵、朱青生主编《汉画总录14·南阳》,第199页。)

鹖冠为武士所戴之冠,西汉辞赋大家司马相如的代表作《上林赋》描绘道:武将们如貔豹一般勇猛,能够手搏豺狼,与熊罴格斗,他们的服饰主要是"蒙鹖苏,绔白虎,被斑文"。《后汉书·舆服志》亦载:"虎贲武骑皆鹖冠,虎文单衣。"也就是说,头戴鹖苏,身穿虎纹衣服,这是汉代武士们的主要服饰特点,西汉和东汉都是这样。鹖冠一般加鹖尾,为汉代武将所戴,加貂尾的叫"赵惠文"冠,原为先秦赵武灵王的武士装束,到汉代发展成为武将之冠。鹖是一种好斗的雉鸟,鹖冠象征勇敢,"鹖者,勇雉也，其斗对一死乃止"。在河南洛阳东汉空心砖画中（见图3－124），就有戴鹖冠骑马射虎的人物画像。

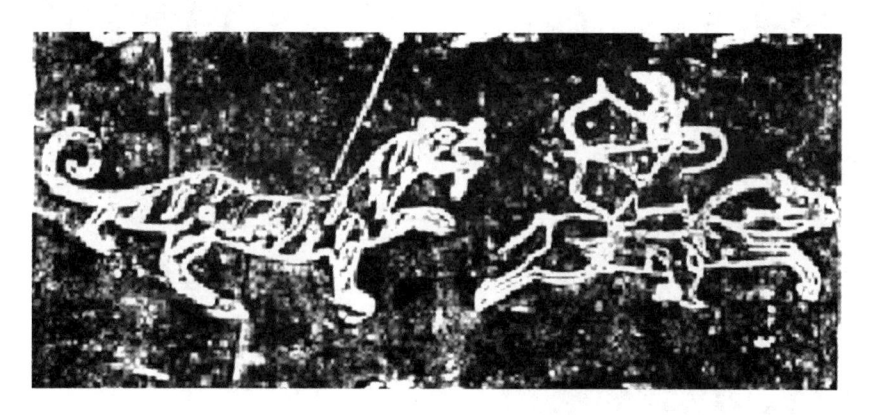

图3－124 鹖冠骑马射虎人物

（采自徐婵菲、郭开红《洛阳西汉空心砖画像解读》，《荣宝斋》2018年第10期。）

张衡的《东京赋》中也描写了皇帝举行郊祭出行仪仗中武士们的装束：作为先驱的卫兵先出发，然后是导车发动，鸾旗皮轩，云罕九斿，马匹髦髦上也装饰有绣品，武士们戴着鹖冠，"虎夫戴鹖。驸承华之蒲梢，飞流苏之骚杀。总轻武于后陈，奏严鼓之嘈囋，戎士介而扬挥，戴金钲而建黄钺"。① 前驱的武士们身穿军服，戴着插有鹖尾的武冠，马匹都经过专门的挑选，马首垂饰鲜艳的五彩饰物，轻车、武车在队伍中作为后殿排列。这段描写真实再现了汉代帝王在祭祀等隆重场合的威武行进的场面，也反映了汉代服制中武将服饰的礼制要求。

汉代武官除了戴鹖冠之外，还有武士特殊的发饰（见图3－125），武士头上没有清晰的冠饰，但从其头发上笘来看，头发上还是有装束的，应该是戴了帻，并有发簪之类的约束物，使头顶的头发竖起。

在山东临沂沂南县界胡镇北寨村画像石墓前室西壁上横额的祭祀图中，有一人头戴竹子编的武弁大冠（见图3－126）。

---

① （南朝梁）萧统编，（唐）李善注：《文选》卷三，中华书局1977年版，第58—59页。

图 3 – 125　武士

（采自杨絮飞编著《中国汉画造型艺术图典·人物》，第 231 页。）

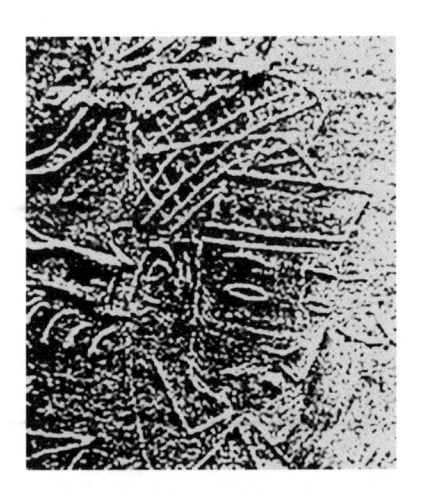

图 3 – 126　武弁大冠

（采自王培永、朱青生主编《汉画总录 34·沂南》，第 103 页。）

(二) 汉画中的衣服之制

深衣是服制的一种，在先秦就已经出现，用麻布或细布裁成。在制作的过程中，其尺寸都有按照既定的规矩制作，"短毋见肤，长毋被土。续

第三章　社会活动类题材汉画体现的礼文化

衽钩边，要缝半下"。① 可见其长度短不能露出皮肤，长不能盖到土地。到了汉代，深衣成为官僚贵族家居所穿的衣服。② 在祭祀时，深衣也常常作为祭服。太皇太后、皇太后入庙祭祀都穿深衣，"青上缥下，皆深衣制"。贵人助蚕服，则"纯缥上下"。③ 从记载来看，深衣的色彩有红色、青色、黑色、白色四种主要颜色，由于主要用来祭祀，这种礼服不会有华丽的纹饰。特别是到了魏晋南北朝时期，深衣更是成为一种社会各阶层常穿的祭服。深衣是一种祭服，也可作为一种常服穿戴。学界对深衣已经有不少研究，但仍存在较大分歧。④ 根据史书所载，笔者认为深衣有以下几个特征：其一，单衣；其二，衣裳连体，结构简单；其三，其色彩纯色素静，可与不同的冠饰结合，用于宴会、祭祀、居丧等多种场合。在长沙马王堆汉墓中，出土有一件素纱单衣（见图 3–127）。这种单衣色彩素净，结构简单，应为深衣的一种。

图 3–127　深衣

（采自湖南省博物馆、中国科学院考古研究所编《长沙马王堆一号汉墓》，文物出版社 1973 年版，图七八，第 63 页。）

---

① （清）孙希旦撰，沈啸寰、王星贤点校：《礼记集解》，中华书局 1989 年版，第 1379 页。
② 庄家会：《徐州北洞山西汉楚王墓陶俑艺术风格初探》，《中国陶瓷》2015 年第 9 期。
③ 《后汉书》卷 120《舆服志下》。
④ 黄梓桐：《近 40 年深衣研究评述》，《中国史研究动态》2022 年第 1 期。

有观点认为，深衣制不等同于深衣，马王堆一号墓出土的帛画中，位于中间部分的墓主人"所穿服的就是深衣制的礼服（助祭之服）"，① 笔者不敢苟同。一来图中墓主人为日常活动，参加祭祀之说无据；二来尽管深衣制不同于深衣，深衣制的服装色彩也可以有多样，但仍保留其纯色的特点，不应有繁复的花纹。

此外，"袿衣"作为女性服饰，是一种类似深衣的常服，西汉班婕妤所作之赋有"申佩离以自思"的句子，唐彦师古注曰："离，袿衣之带也。女子适人，父亲结其离而戒之，故云自思也。"② 此外，彦师古在对诸于的注释中提到："诸于，大掖衣，即袿衣之类也。"可见袿衣是有带的，而且腋部宽大。山东沂南画像石墓出土有执㧅妇女画像（见图3-128），梳花钗大髻，旁有横簪固定，女人所穿衣服有一带当胸下垂，且衣服下缘缠绕多层，腰部以下有三角形缘饰，应为袿衣。

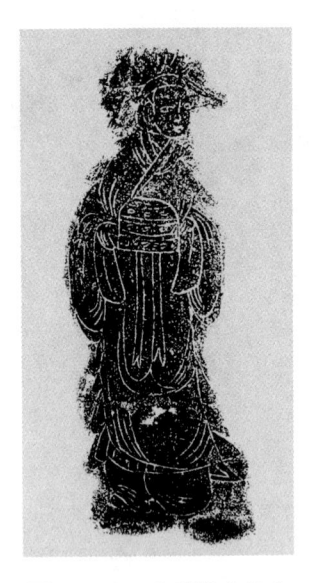

图3-128 身穿袿衣侍女

（采自崔忠清主编《山东沂南汉墓画像石》，齐鲁书社2001年版，第140页。）

---

① 刘乐乐：《从"深衣"到"深衣制"——礼仪观的革变》，《文化遗产》2014年第5期。
② 《汉书》卷97下《外戚传下》。

此外,《后汉书·舆服志》还详细地记载了贵族女性,如皇太后、皇后、太皇太后、公主、王妃、二千石夫人等人的服制规格,依礼制等级在服饰的材质、饰物、色彩等方面区分明显。汉代形成的严密的服饰制度,其目的是强化等级礼制,确保国家统治秩序。但这种对服饰的礼仪规定到后来遭到了破坏,《盐铁论·散不足》载:"夫罗纨文绣者,人君后妃之服也。茧绸缣练者,婚姻之嘉饰也。是以文缯薄织,不粥于市。今富者缛绣罗纨,中者素绨冰锦,常民而被后妃之服,亵人而居婚姻之饰。夫纨素之贾倍缣,缣之用倍纨也。"[①] 不仅衣服的质地,富人的衣饰也效仿贵族"富者皮衣朱貉,繁露环佩。中者长裾交袆,璧瑞簪珥"。[②]

从服饰的民俗来看,汉画中关于女性的服饰描绘,显示了穿着者的身份或当时的服饰礼俗。司马相如的《子虚赋》中有关女子服饰的描写,真实再现了汉代妇女礼服的样式。从"襞积褰绉,郁桡溪谷"的描述看,衣裙上的褶皱很多,重重叠叠,像山谷小溪一样层次分明。而"衯衯裶裶"则说明衣服修长,穿在身上"扬袘戌削""蜚襳垂髾",说明行走时衣裙整齐地自底边扬起,燕尾形的衣摆下垂着,随风飘扬。可见汉代女性的服饰褶皱繁复,宽大修长,里面有薄纱作为内衬,同时衣摆下垂,并有燕尾的装饰。

湖南长沙马王堆一号汉墓出土的帛画中段(见图3-129),画有轪侯利苍夫人辛追的形象,她脑后束髻,额旁发部插步摇横钗,身穿云纹刺绣曲裾长袍,夫人后面跟随三名女子,她们均穿曲裾袍,头饰相同。可以看出其衣服修长宽大,与汉赋描述相近。

(三) 汉画中的发饰

在陕西旬邑县百子村东汉墓出土的壁画中,有一幅描绘了几位贵妇人的形象。几位妇人的发饰均为垂髻式样,说明这种发饰在贵族妇女中流行(见图3-130)。

社会下层的侍女也有专门的服饰与发饰,南阳石桥出土侍女汉画的发

---

① (汉)桓宽撰,王利器校:《盐铁论校注》,中华书局1992年版,第350页。
② (汉)桓宽撰,王利器校:《盐铁论校注》,中华书局1992年版,第354页。

图 3 – 129　西汉妇女礼服

（采自湖南省博物馆、中国科学院考古研究所编《长沙马王堆一号汉墓》，第61页帛画局部。）

图 3 – 130　妇人等图

（采自徐光冀主编《中国出土壁画全集6·陕西上》，图一二一局部，第128页。）

饰中间上耸，形成中间甚高的"山"字形（见图 3 – 131）。南阳市北关新店镇汉墓画像中的侍女，梳圆发髻侧后留出一绺垂髾（见图 3 – 132）。此外，南阳市一中出土的东汉人物画像石中的侍女梳高髻，还有一条粗大的发髻从头顶倒垂到脑侧后（见图 3 – 133）。这种发髻很少见到，结合史书所载，应该为东汉的"堕马髻"。东汉大将军梁冀的妻子孙寿"色美而善为妖态，作愁眉，啼粧，堕马髻，折腰步，龋齿笑"，《风俗通》解释："堕马髻者，侧在一边。"[①] 这种发饰在东汉桓帝元嘉年间成为京都妇女的一时风

---

① 《后汉书》卷34《梁统传附玄孙冀传》。

尚。① 南阳中山街也有一块画像石，上面的侍女发髻呈"丫"字形（见图3-134），应该是年轻女子的发饰。

图3-131 侍女发饰（1）
（采自中国画像石全集编辑委员会编《中国画像石全集6·河南汉画像石》，图一二一局部，第95页。）

图3-132 侍女发饰（2）
（采自王清建、朱青生主编《汉画总录20·南阳》，第135页。）

图3-133 侍女发饰（3）
（采自王清建、朱青生主编《汉画总录20·南阳》，第262页。）

图3-134 侍女发饰（4）
（采自王清建、朱青生主编《汉画总录20·南阳》，第269页。）

---

① 《后汉书》卷103《五行志一》"服妖"条。

安徽萧县陈沟汉墓前室东壁左立柱侧面画像石为一女性图像，头梳圆髻垂梢，正面拱手而立，手中似乎捧有圆形物品（见图3-135）。从其低头下视的形象看，应为侍女。

图3-135　侍女发饰（5）

（采自周水利、朱青生主编《汉画总录41·萧县》，第177页。）

东汉的冠服制度在明帝时有了明显的推行，"永平二年，帝及公卿列侯始服冠冕衣裳"。① 侍者的车大多是伞盖顶的轺车，在汉代，戴高冠、乘盖顶的车成为高贵身份的象征，因此在汉代冠盖并称。东汉东平王刘苍生病，皇帝派遣名医探视，"使者冠盖不绝于道"。② 冠盖者多也是国家富强的象征，崔骃上书提到，"方斯之际，处士山积，学者川流，衣裳被宇，冠盖云浮"。③ 此外，冠与绶带结合是身份与地位的标志，"灵帝建宁三年，郁林太守谷永以恩信招降乌浒人十余万内属，皆受冠带，开置七县"。④ 建武二十六年（150年），匈奴南单于遣子入侍，奉奏诣阙。"诏赐单于冠带、衣裳、黄金玺、盭绶，安车羽盖，华藻驾驷，宝剑弓箭，黑节三，驸马二，黄金、锦绣、缯布万匹，絮万斤，乐器鼓车，棨戟甲兵，饮食什器"。左贤王莫立，

---

① 《后汉书》卷40下《班彪传附子固传》。
② 《后汉书》卷42《光武十王传·东平宪王苍传》。
③ 《后汉书》卷52《崔骃传》。
④ 《后汉书》卷86《南蛮传》。

"帝遣使者赍玺书镇慰，拜授玺绶，遗冠帻，绛单衣三袭"。① 在赐给单于的物品中，首先就是冠，主要原因就在于冠是册封身份和政治地位的象征。

冠不仅具有区分等级的礼制意义，还具有区分礼仪事项的作用。在不同的礼仪场合，行礼者所戴的冠是不一样的，行合朔之礼时，"执事者冠长冠，衣皂单衣，绛领袖缘中衣，绛裤袜，以行礼，如故事"。东汉行养老之礼时，三老"皆服都紵大袍单衣，皂缘领袖中衣，冠进贤，扶王杖"。②

表 3-1 是正史中有关汉代冠的记载，供参考。

表 3-1　　　　　东汉舆服制度中的冠及冠者身份

冠的名称	冠者身份	史书描述	史书出处
刘氏冠（竹皮冠）	楚冠；刘邦为亭长时戴。西汉建立后"爵非公乘以上不得冠刘氏冠"	初，高祖微时，以竹皮为之，谓之刘氏冠，楚冠制也	《汉书·高帝纪》《后汉书·舆服志下》"长冠"条
法冠（惠文冠）	侍御史等执法者	法冠晨夜，冤系无辜。《续汉志》曰："法冠一曰柱后，高五寸，侍御史服之。"	《后汉书·隗嚣传》
		案《礼图·注》云："法冠，执法者服之。"	《后汉书·何敞传》
绛衣大冠	将军	董巴《舆服志》曰："大冠者，谓武冠，武官冠之。"	《后汉书·光武帝纪》
帻	武士、参加丧礼活动的百官	《汉官仪》曰："帻者，古之卑贱不冠者之所服也。"	《后汉书·光武帝纪》
		登遐，皇后诏三公典丧事。百官皆衣白单衣，白帻不冠。佐史以下，布衣冠帻，武吏布帻大冠	《后汉书·礼仪志下》
埤帻（狭冠）	不明	折上巾	《后汉书·梁统传附玄孙冀传》
幅巾	便服，不限身份	幅巾谓不著冠，但幅巾束首也	《后汉书·鲍永传》
冕	皇帝、诸侯	二年春正月辛未，宗祀光武皇帝于明堂，帝及公卿列侯始服冠冕、衣裳、玉佩、絇履以行事	《后汉书·显宗孝明帝纪》

---

① 《后汉书》卷89《南匈奴传》。
② 《后汉书》卷94《礼仪志上》。

续表

冠的名称	冠者身份	史书描述	史书出处
进贤冠（方山冠）	文官、三公、诸侯	《三礼图》曰："进贤冠，文官服之，前高七寸，后高三寸，长八寸。"	《后汉书·孝灵帝》
		三公、诸侯冠进贤三梁，卿、大夫、尚书、二千石、博士冠两梁，千石以下至小吏冠一梁	《后汉书·显宗孝明帝纪》
		海贼张伯路"冠五梁冠，佩印绶"《汉官仪》曰"诸侯冠进贤三梁，卿大夫、尚书、二千石冠两梁，千石以下至小吏冠一梁"，无五梁制者也	《后汉书·法雄传》
		皆服都紵大袍单衣，皁缘领袖中衣，冠进贤，扶王杖。五更亦如之，不杖	《后汉书·礼仪志上》"养老"条
通天冠	天子	徐广《舆服杂注》曰："天子朝，冠通天冠，高九寸，黑介帻，金薄山，所常服也。"	
		中元元年，初建三雍。明帝即位，亲行其礼。天子始冠通天，衣日月。徐广《舆服杂注》曰："天子朝，冠通天冠，高九寸，黑介帻，金薄山，所常服也。"	《后汉书·儒林传上》
		正月甲子若丙子为吉日，可加元服，仪从《冠礼》。乘舆初加缁布进贤，次爵弁，次武弁，次通天。冠讫，皆于高祖庙如礼谒	《后汉书·礼仪志上》"冠"条
远游冠	诸侯	天子冠通天，诸侯王冠远游	《后汉书·显宗孝明帝纪》引《汉官仪》

续表

冠的名称	冠者身份	史书描述	史书出处
长冠	百官执事者、祭服	执事者冠长冠，衣皂单衣，绛领袖缘中衣，绛裤袜，以行礼，如故事	《后汉书·礼仪志上》"合朔"条
		夜漏二十刻，太尉冠长冠，衣斋衣，乘高车，诣殿止车门外 执事皆冠长冠，衣斋衣	《后汉书·礼仪志下》"大丧"条
		百官执事者，冠长冠，皆袛服	《后汉书·舆服志下》
		长冠，一曰斋冠，高七寸，广三寸，促漆纚为之，制如板，以竹为里 祀宗庙诸祀则冠之 此冠高祖所造，故以为祭服，尊敬之至也	《后汉书·舆服志下》"长冠"条
鹖冠	武将	虎贲中郎将，比二千石。本注曰：主虎贲宿卫。《前书》武帝置期门，平帝更名虎贲。蔡质《汉仪》曰："主虎贲千五百人，无常员，多至千人。戴鹖冠，次右将府。"	《后汉书·百官志二》"光禄勋"条
法冠	执法者	令侍御史二人治书，御史起此。后因别置，冠法冠，秩百石，有印绶	《后汉书·百官志三》少府
皮冠	将军、行大射礼执事者	（建康元年）又阴陵人徐凤、马勉等复寇郡县，杀略吏人。凤衣绛衣，带黑绶，称"无上将军"，勉皮冠黄衣，带玉印，称"黄帝"，筑营于当涂山中	《后汉书·滕抚传》
		皮弁以鹿皮为之。（行大射礼时）执事者冠皮弁，衣缁麻衣，皁领袖，下素裳，所谓皮弁素积者也	《后汉书·舆服志下》

续表

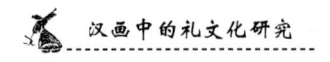

冠的名称	冠者身份	史书描述	史书出处
委貌冠	公卿诸侯大夫行礼者	委貌冠、皮弁冠同制。委貌以绀绢为之长七寸，高四寸，制如覆杯，前高广，后卑锐，所谓夏之毋追，殷之章甫者也	《后汉书·舆服志下》"委貌冠皮弁冠"条
		行大射礼于辟雍，公卿诸侯大夫行礼者，冠委貌，衣玄端素裳	《后汉书·舆服志下》"委貌冠皮弁冠"条

二 饮食之礼

古代有很多礼仪是以饮食为媒介开展活动的，如燕礼、公食大夫礼、乡饮酒礼等，宴饮画像中的很多都与饮食礼有关。根据汉画内容，再参考文献记载，汉代的饮食之礼有一定的特点。

（一）贵客坐于堂上，座次有上下之别

在宴会地点的安排上，分为堂下和堂上。堂上饮酒者为贵客，并且主人要亲自邀请登阶升堂，"主人与宾三揖，至于阶。三让，主人升，宾升"。① 东汉时期大将军邓骘曾"置酒请（李）充，宾客满堂"。② 在汉画中，有不少宴饮场面都是在堂上进行的，如江苏徐州市墓山汉画像石二号墓出土的宴客图（见图3-136）。饮酒的席位也体现了宾客的地位和主人的重视程度。在汉画像石中，不少宴饮图中显示，汉代人饮酒仍席地而坐，少数坐于矮榻之上。

对于不重要的宾客，饮酒是在堂下的庭院。据《史记·高祖本纪》所载，秦末吕公请沛县县令宴饮，县中豪杰官吏前往敬贺。当时萧何为主吏，他交代诸大夫说："进不满千钱，坐之堂下。"饮酒的座次也有礼仪要求，西汉惠帝二年（公元前193年），"齐王入朝。惠帝与齐王燕饮，亢礼

---

① 杨天宇：《仪礼译注》，上海古籍出版社2004年版，第66页。
② 《后汉书》卷81《独行传·李充传》。

图 3 – 136　堂上宴饮

（采自中国画像石全集编辑委员会编《中国画像石全集 4·江苏、安徽、浙江汉画像石》，图一二一，第 84 页。）

如家人"。① 另一处文献记载得更加明确，"孝惠与齐王燕饮太后前，孝惠以为齐王兄，置上坐，如家人之礼"。② 齐王刘肥坐上宾之位，皇帝反而坐于下位，结果招致吕太后的愤怒，欲诛杀齐王。后齐王采用贿赂吕后女儿鲁元公主的方式才得以免祸。座位有上座和下座之分，贵客坐于上座。上座是贵宾或主人才能坐的，这是一种礼仪常识。齐王尽管年长，但他作为侯王，与皇帝宴饮不应坐在上座。东汉饮酒也重视座次，袁绍总兵冀州时，遣使邀请郑玄，大会宾客，"玄最后至，乃延升上坐"。③

（二）宴饮有敬酒、拜谒等礼节

酒在宴饮过程中是不可或缺的饮品，西汉末年羲和鲁匡说："酒者，天之美禄，帝王所以颐养天下，享祀祈福，扶衰养疾。百礼之会，非酒不行。"宴饮期间，会有敬酒环节。四川德阳市柏隆镇的一块画像砖就有宴饮敬酒的场景（见图 3 – 137）。图上画一房两层，上有通气窗，房中有一

---

① 《史记》卷 52《齐悼惠王世家》。
② 《史记》卷 9《吕太后本纪》。
③ 《后汉书》卷 35《郑玄传》。

矮案，上摆放有大小餐具。中间一人正面端坐，左右各有一人，正手执耳杯向中间的主人敬酒。

图 3-137 宴饮敬酒

（采自高文主编《中国巴蜀新发现汉代画像砖》，第63页。）

宴饮过程中不仅有同席而食，也有分席用餐的情况。在南阳沙岗店宴饮画像石中，主人居于画面右侧，面前摆放多个杯子，其面前有两名侍女，前一人跪地拱手，另一人躬身立于后侧（见图3-138）。陕西米脂县官庄的门柱画像石下部第一个画像中，有两人对饮的场景（见图3-139），两人均踞坐于案前，左侧一人左手执杯前伸，案上摆放两个圆形盛食器，右侧一人面前案有两层，执杯前伸，其右侧是放在酒器中的勺。可见

图 3-138 分席宴饮

（采自中国画像石全集编辑委员会编《中国画像石全集6·河南汉画像石》，图一一五，第90页。）

第三章 社会活动类题材汉画体现的礼文化

汉代饮酒宴会是分座分餐制，此类场景在很多宴饮类画像中均有所体现，这保留了周代的传统，明显不同于当今的同桌聚餐。

图 3-139 分席对饮

（采自康兰英、朱青生主编《汉画总录1·米脂》，第131页。）

宴饮时接受别人的拜谒是很常见的，如南阳市白河宾馆出土的一块画像石上（见图3-140），刻有拜谒、饮食、庖厨的画像。画面从左往右可以分为三个主题，左侧是一女子于灶前烧火，灶上有一釜，灶后部有烟囱。女子身穿长袍，高髻，左手执拨火棍，右手前伸，似乎要掀起盖子看釜中食物的状况。女子身后（右侧）为一人跽坐于案前，右手高举一物。画面中间为一人跽坐于长梯之前。画面右部为交谈宴饮与拜谒图，左上侧是两提梁壶，提梁壶下有一人跪拜于地，右侧为三人跽坐交谈场景。左一人为女子，中间一人为男子，右一人拱手面向中间，在三人的左侧，一人跪拜于地。中间男子左手置于膝部，右手伸出与左方女子牵手，但其头扭向右侧，似乎在回应最右侧之人的举动，也可能是吩咐其做事。从图中可以看出，夫妻二人是画面的主题，他们接受别人的拜谒和服侍，左侧庖厨三人为其准备饮食。

图 3-140 庖厨与饮宴

（采自王清建、朱青生主编《汉画总录20·南阳》，第106—107页。）

(三) 饮食的餐具丰富多样,有专人供奉食物

饮食的餐具在四川邛崃市出土的一块宴饮庖厨画像砖中(见图3-141)有所体现,画面的上部是用低矮围栏圈出的一个高台空间,二人居中而坐,体态较大,看装束应该是作为主人的夫妇,其面前案几上摆耳杯、碗盏等餐具,其中圈足尊中还摆放一勺。画面左侧有两人头戴冠,躬身跪坐,双手拢袖合抱于胸前行礼。其对面一人正在为宴席传送食物,身形较小。画面的下部是庖厨图,左侧为二仙鹤,一人往层案上摆盛满食物的碗盏。由图中不难看出,厨师所摆放的层案与主人面前的单案是一样的。这种食案可以叠放,用完就再换一案食物。该种食案也见于祭祀图,说明人们饮食餐具同祭祀用具、日常食物与祭祀用品是通用的。右下侧一人在缸内清理已经宰杀的家禽,其右一人正跪地在釜前添火。其上部有一人正在案上制作食品,似乎在切肉。史书中也有关于食案的记载,如西汉石奋家教严格,当子孙有过失,他便"对案不食"。①

在饮食过程中,有奴婢专门向宾客供奉食物。南阳高庙东汉墓出土的画像石刻画了奴婢向主人献食的场景(见图3-142)。图中共有三人,最

图3-141 庖厨宴饮

(采自高文主编《中国巴蜀新发现汉代画像砖》,第62页。)

---

① 《史记》卷103《万石张叔列传》。

右侧侍女一人双手捧碗跪坐于地，碗沿露勺柄，地上已经摆放一碗，碗上侧摆放有三层栏状物，应该是食案架的横面。画面中部是侍女左手执巾，跨步前行，回首与左侧一小人对话。画面左侧小人梳高髻，应为童仆，正捧物上举，似乎要交给中间的侍女。

图 3-142　敬送食物

（采自凌皆兵、朱青生编《汉画总录 16·南阳》，第 193 页。）

（四）宴饮过程中助兴活动——投壶之礼与六博

在用餐期间，主客之间往往行宾射投壶之礼来助兴。射即射箭，弓箭是原始人类征服野兽、抵御外敌的重要武器，后来逐渐演变成比试射箭娱乐宾客的习俗。周人射礼有四种：大射、宾射、燕射、乡射。要求射者容仪进退要合乎礼节，动作要和于乐歌节奏。以乡射礼为例，它主要在乡饮酒礼之后举行。据《仪礼·乡射礼》，比赛之前要进行两两分组，一般士与大夫构成一耦，大夫为上射，士为下射。射箭开始前要树立箭靶，有专门的报靶人，司射讲明规则并进行诱射。然后射箭比赛的每一耦分别取四支箭，轮流开射。第一轮预赛，第二轮决赛，第三轮要根据音乐的节奏来射，最后计算成绩，负方饮罚酒。

秦汉以后，射箭礼逐渐被取消，而以"投壶"礼代替。投壶是古代宴会礼仪的一种，《左传·昭公十二年》有"晋侯以齐侯宴，中行穆子相，投壶"的记载，表明投壶在此时已成为可登大雅之堂的正式礼仪。

投壶前要做一系列的准备。所用之物为"矢"，又称"筹"。矢的制作方式，是用带皮柘或棘条做成，制作时不剥去树皮，为的是增加矢的硬度和重量。根据投壶礼仪场合的不同，矢有二尺、二尺八寸、三尺六寸三种规格。壶为投矢之的，投壶一般在宴饮过程中进行。关于壶的形制，一般来说壶颈长七寸，壶腹长五寸，口颈直径为二寸半，可容斗一五升，壶中装满小豆。① 对投入的矢起到缓冲作用，避免弹出。

到了汉代，制作投壶之矢的材料除了棘木和柘木外，还使用竹子。据《西京杂记》载，"武帝时，郭舍人善投壶，以竹为矢，不用棘也"。郭舍人以竹为矢，而不是用棘条。而且壶也与前不同，矢投入后可以反复回弹，"郭舍人则激矢令还。一矢百余反，谓之为骁"。② "筹"是在投壶礼中计算投中次数的筹码，一般为木制，长度为一尺二寸。盛筹之器称为"中"，用木头刻制而成，做成伏兕或伏鹿的模型，背上凿孔，孔沿立有圆圈以盛筹。比赛者身份不同，"中"的形象也不同，大夫的中为兕的形象，士的中为鹿的形象。此外，用木刻制作马形的"马"为胜筹的象征，用来表示所胜次数。依礼，投壶三番而止，每胜一轮则立一马。根据郑玄的注解，之所以用"马"作为胜方的标志，是表明其技艺高超，堪为乘马的将帅。投壶礼还有饮酒器和乐器，可以想象主宾在会见的时候一边饮酒欣赏歌舞，一边投壶的惬意。

投壶之礼在汉代非常流行，正史中亦有记载。东汉大将祭遵甚至用投壶活动来选用人才，"遵为将军，取士皆用儒术，对酒设乐，必雅歌投壶"。③

在河南南阳沙岗店汉画石中有一幅关于宴饮投壶的画像（见图3-143），画中刻一壶，壶边放一樽，上置一勺。壶左右各一人，怀中各抱三矢，一手执矢，全神贯注，准备向壶内投掷，这与文献记载每人用四矢的情况是相符的。右边一人似为司射，左边一人身体前倾，头低垂坐于地上，旁有一人搀扶，似已酩酊大醉，此乃投壶之礼的形象刻画。

---

① （清）孙希旦撰，沈啸寰、王星贤点校：《礼记集解》，中华书局1989年版，第1394页。
② （晋）葛洪撰，周天游校注：《西京杂记》，三秦出版社2006年版，第247页。
③ 《后汉书》卷20《祭遵传》。

《礼记·投壶》云:"投壶之礼,主人奉矢,司射奉中,使人执壶。"①此画像中对主人、宾客、司射都有刻画。

图 3-143 投壶宴饮

(采自王清建、朱青生主编《汉画总录 20·南阳》,第 176 页。)

六博也是常见的娱乐活动。在安徽萧县前室南壁门楣正面画像石的中部有一六博场景刻画(见图 3-144),中间二人正对棋盘对弈,六博棋盘刻线明显,上部有一三足酒樽,上有一勺,左右有两只放在圆盘里的耳杯。在下棋两人的左右身后,各有两名服侍者。六人中,右侧三人均坐于榻上。

图 3-144 六博(1)

(采自周水利、朱青生主编《汉画总录 41·萧县》,第 62—64 页。)

---

① (清)孙希旦撰,沈啸寰、王星贤点校:《礼记集解》,中华书局 1989 年版,第 1384 页。

江苏等地画像石中也有六博的场面,如铜山县汉王乡出土的画像石局部,图中有博盘博具,两人正在对博,每人身后有服侍者(见图3-145)。铜山县发现的另一块画像石上也有类似的六博画像(见图3-146)。棋盘附近还摆有耳杯,应是为饮酒之用。在各地的六博画像石中,大多有酒樽、饮酒的耳杯或杯盘,表明六博是饮酒过程中的助兴游戏。六博作为一种游戏,应该与投壶一样有负方饮罚酒的情况。

图3-145 六博(2)

(采自中国画像石全集编辑委员会编《中国画像石全集4·江苏、安徽、浙江汉画像石》,图一七局部,第14页。)

图3-146 六博(3)

(采自中国画像石全集编辑委员会编《中国画像石全集4·江苏、安徽、浙江汉画像石》,图六〇局部,第43页。)

三 养老、尊师与教育之礼

（一）敬老礼

根据"老吾老以及人之老"的道理，老年人可比之于父，而师在某种程度上也具有君、父的某些特点，故而敬老尊师在某种程度可以看作是孝道的延伸。在四川、河南等地出土的画像石、画像砖中，有不少老人拄鸠杖的画面，这是典型的养老图。持鸠杖之所以成为老年人的象征，究其原因，主要有三种说法：第一种说法与鸠鸟有关，《风俗通义》载：高祖刘邦与项羽作战，结果败于京、索之间，他遁逃到草丛中躲藏，项羽追到此地时，鸠鸟正鸣叫其上，追兵以为草中必定无人，刘邦遂得逃脱，即位后，他对这种鸟感到非常惊异，便制作鸠杖来赏赐老人。第二种说法与官职有关，应劭本人认为：周代少皞氏管理五鸠，鸠民即聚民之意，"汉无罗氏，故作鸠杖以扶老"。① 周官罗氏掌"献鸠养老"，故汉代作鸠杖以扶老。第三种说法也与鸠鸟有关，古人认为鸠鸟为不噎之鸟，赐予老人表敬养之意。在东汉的仲秋之月，"县道皆案户比民。年始七十者，授之以王杖……王杖长九尺，端以鸠鸟为饰。鸠者，不噎之鸟也。欲老人不噎"。② 四川汉代画像砖中有多幅养老图，其中一幅养老画像砖上有一粮食仓库（见图3-147），房顶有一个天窗，左侧一人手持鸠杖跪于地上，正手拿一粮袋，为领粮者。右一人身穿官服，头戴官帽，右手拿一袋，似乎在等待下一位领粮者。在成都曾家包汉墓画像石有养老图的场景（见图3-148），图中一老者坐于屋外树下，一头戴巾帻之人正走出房门，手捧容器，拟交于老者。从房顶上高耸的两个天窗可以推断，该建筑应为粮仓。

从史书记载以及汉画的刻绘可以看出，汉代养老主要体现在政府向七十岁以上的老人赠授王杖、糜粥等物品。此外还有酒肉，东汉明帝曾下诏"赐天下三老酒人一石，肉四十斤"。③

---

① （汉）应劭撰，王利器校注：《风俗通义校注》，中华书局1981年版，第606页。
② 《后汉书》卷95《礼仪志中》。
③ 《后汉书》卷2《明帝纪》。

图 3-147 养老

（采自高文主编《中国巴蜀新发现汉代画像砖》，第18页。）

图 3-148 四川曾家包汉墓 养老图

（采自中国画像石全集编辑委员会编《中国画像石全集7·四川汉画像石》，第41页。）

对父母的孝养是养老之礼的重要内容，在山东邹城市太平镇一幅画像中（见图3-149），一老人身躯佝偻正面而立，头戴高冠，腰中似乎悬有长剑。左侧一女子、右侧一男子拱手面向老者，似乎在听从尊者吩咐。由于两人为普通人装束，可能是儿子与媳妇拜见并服侍父亲的场景。

第三章 社会活动类题材汉画体现的礼文化

图 3-149 孝亲之礼
(采自李彬、朱青生主编《汉画总录 32·邹城》,第 207 页。)

(二) 尊师礼让之礼

由于老师的特殊地位,尊师同敬老一样,也是一种常见的礼制,尊师之礼类的画像有孔子见老子、讲经图等。汉代对老师比较尊重,帝王能起到很好的带头作用,如明帝为太子期间,曾受教于桓荣学习《尚书》,"尊以师礼"。① 张酺亦为东汉名师,元和二年(85 年),章帝巡狩到达东郡,他召集张酺及门生,并郡县官员等会于庭中,"帝先备弟子之仪,使酺讲《尚书》一篇,然后修君臣之礼。赏赐殊特,莫不沾洽"。② 由于东汉选官与在任官员的推荐有很大关系,故举荐者往往与被举荐者存在师生关系,人们常把门生与故吏并称。在这种老师可以影响学生仕途的特殊背景下,老师与学生的关系非常密切,学生对老师也非常尊重,甚至出现老师去世,学生为其服三年丧礼的情况。汉画中的尊师之礼主要通过对孔子的刻画和讲学场景的描绘展示出来。

---

① 《后汉书》卷 37《桓荣传》。
② 《后汉书》卷 45《张酺传》。

由于孔子曾向老子请教，故孔子见老子图显示的是对老师的礼敬。常见的孔子见老子或孔门携弟子见老子图像上，一般会有榜题说明人物身份，如嘉祥齐山画像石上的孔子见老子图上的榜题就有其著名弟子颜回和子路。[①]

据统计，汉画像石中的孔子见老子图在陕西、河南、山东、四川和江苏等地均有发现，尤以山东最多，[②] 如武梁祠就有孔子见老子的画像。[③] 此类主题的画像构图方式主要有三种，第一类为孔子率众多弟子共同拜谒老子。以武氏西阙正阙身南面画像中的孔子见老子图为代表（见图3－150）。在此图中，左侧孔子身后，其弟子四人捧简恭立，正与孔子一起，向右侧持曲杖而立的老子躬身行礼。

图3－150　孔子见老子（1）

（采自中国画像石全集编辑委员会编《中国画像石全集1·山东汉画像石》，图一七，第9页。）

第二类为在孔子拜谒老子时，中间有一位推轮儿童的画像，该童子为项橐，传说他曾经问难孔子。1977年在山东省嘉祥县齐山村出土的孔子见老子图中（见图3－151），孔子执雉与手扶曲杖迎宾的老子相向，两者之

---

① 参见杨爱国《汉代画像石榜题略论》，《考古》2005年第5期。
② 李强：《汉画像石〈孔子见老子图〉考述》，《华夏考古》2009年第2期。
③ ［美］巫鸿：《武梁祠——中国古代画像艺术的思想性》，柳扬、岑河译，生活·读书·新知三联书店2006年版，图二五，第54页。

第三章　社会活动类题材汉画体现的礼文化

间有一推轮的童子，孔子身后站立着他的19名弟子，老子、孔子以及孔子的一些著名弟子都有榜题标明身份。

图3-151　孔子见老子（2）

（采自中国美术全集编辑委员会编《中国美术全集·绘画编》，上海人民美术出版社1988年版，第6页。）

山东嘉祥宋山也有一幅孔子见老子图（见图3-152），孔子位于画面左侧，与老子之间有一童子，孔子身后的弟子们有三人执笏，头戴前高后低的进贤冠，还有一人佩剑，头戴鹖冠，应为子路。在另一类孔子见老子画像中，孔子居画面右侧（见图3-153），二人都戴进贤冠，之间有一童子，从榜题可以得知，孔子身后为颜回。此外，山东嘉祥宋山的一幅孔子见老子图中（见图3-154），孔子同样带领众弟子居于画面左侧，右侧是一儿童和一老者。

图3-152　孔子见老子（3）

（采自杨絮飞编著《中国汉画造型艺术图典·人物》，第636页。）

图3-153 孔子见老子（4）

（采自杨絮飞编著《中国汉画造型艺术图典·人物》，第637页。）

图3-154 孔子见老子（5）

（采自杨絮飞编著《中国汉画造型艺术图典·人物》，第637页。）

山东邹城峄山镇野店村孔子见老子图中（见图3-155），同样是孔子率领众弟子见老子，孔子及其弟子都是头戴前高后低的进贤冠，童子身材很小。

第三章 社会活动类题材汉画体现的礼文化

图 3-155 孔子见老子（6）

（采自郑建芳、朱青生主编《汉画总录 33·邹城》，第 23 页。）

孔子带弟子与老子相见，中有童子立于其间的情况，同样见于山东嘉祥（见图 3-156）。此外，武氏西阙正阙身北面画像有孔子见项橐的场景刻绘（见图 3-157）。

江苏邳州也有孔子见老子画像石（见图 3-158），构图与前几幅相似，不同的是图中的童子个头比成人稍矮，从其推的轮车才能判断其为童子。

图 3-156 孔子见老子（7）

（采自杨絮飞编著《中国汉画造型艺术图典·人物》，第 640 页。）

图 3-157　孔子见项橐

（采自中国画像石全集编辑委员会编《中国画像石全集 1·山东汉画像石》，图一六，第 8 页。）

图 3-158　孔子见老子（8）

（采自杨絮飞编著《中国汉画造型艺术图典·人物》，第 640 页。）

此外，山东有几幅画像石刻绘了孔子与老子两人不带弟子相见的情况，其间立一童子，两人均有榜题（见图 3-159）。1955 年在陕西省绥德县刘家沟出土的东汉墓门右立柱画像中的孔子见老子图（见图 3-160），图中同样只有孔子、老子、童子，没有孔子弟子的画像。

另有一种是多名成年人与一童子相见的画面（见图 3-161），有人也称之为孔子见老子图、童子手推鸠车。该画面中的童子个头与成人一样高，只能从其手推鸠车的情况才能推断其身份，体现了孔子以童子为师的主题。

第三章　社会活动类题材汉画体现的礼文化

图3-159　孔子见老子（9）

（采自杨絮飞编著《中国汉画造型艺术图典·人物》，第639页。）

图3-160　孔子见老子（10）

（采自中国画像石全集编辑委员会编《中国画像石全集5·陕西、山西汉画像石》，图一八五局部，第139页。）

图 3-161　拜见童子

（采自杨絮飞编著《中国汉画造型艺术图典·人物》，第 640 页。）

第三类为画面上仅有孔子和老子二人相向而立，山东沂南画像石刻绘了孔子与老子单独相见的情况（见图 3-162）。

图 3-162　孔子见老子（11）

（采自杨絮飞编著《中国汉画造型艺术图典·人物》，第 639 页。）

孔子见老子图中,无论是孔子单独见老子,还是带众弟子见老子,均体现了孔子对老子的尊重,而童子项橐也充当了"师"的角色,体现了孔子"圣人无常师"的思想。孔子在汉代受到前所未有的尊崇,他强调学无常师,曾经向老子学礼,强调孔子对老子的尊敬实际上是在倡导尊师的礼仪。

(三) 传经讲学之礼

传经讲学画像也体现了尊师之礼。老师讲经的场景在画像石中有多处描绘。山东临沂市白庄出土的一块画像石上有讲经的场面(见图3-163),儒生捧简阅读,上部还悬挂有书简。在滕州桑村镇东汉画像石中(见图3-164),也有讲经场景。一长者中间端正,两旁众生恭听,当然,该画像也可能为外交会见场景。讲学画像还见于江苏画像石(见图3-165),画面左侧一人端坐,右侧三人手捧简牍,躬身面向右侧之人。

图3-163 讲经(1)

(采自中国画像石全集编辑委员会编《中国画像石全集3·山东汉画像石》,图一一,第10页。)

图3-164 讲经(2)

(采自中国画像石全集编辑委员会编《中国画像石全集2·山东汉画像石》,图二二三,第212页。)

图 3-165 讲学（1）

（采自中国画像石全集编辑委员会编《中国画像石全集 4·江苏、安徽、浙江汉画像石》，图六，第 134 页。）

南阳宛城区讲经画像（见图 3-166），右侧一经师长衣戴冠，扶几而坐，右手前伸侃侃而谈。旁一人站立，左手握便面为讲师打扇，右手抱棒形包裹侍奉。其左刻七人，依次席地跽坐，恭听教诲。

图 3-166 讲经（3）

（采自中国画像石全集编辑委员会编《中国画像石全集 6·河南汉画像石》，图一五九，第 130—131 页。）

在四川成都出土的一幅讲学画像砖中（见图 3-167），画面左侧，教师头戴进贤冠居中端坐在讲坛之上，头上部吊装有遮蔽灰尘的"承尘"，下面坐有六名头戴巾帻的学生，他们手捧简牍，面向老师，正在聚精会神地听讲，每人腰间悬挂有书刀，用来修改简牍上书写的文字。其中一名学生与教师正面相对，似乎正在回答老师的问题。在四川德阳出土的另一块讲学画像石中（见图 3-168），教师头戴进贤冠，端坐于宽大的榻上，席下有学生十名,捧简牍于胸前,认真听讲,教师对面有一学生正在俯身回答老师提问。

图 3-167 讲学(2)

(采自高文主编《中国巴蜀新发现汉代画像砖》,第 15 页。)

图 3-168 讲学(3)

(采自高文主编《中国巴蜀新发现汉代画像砖》,第 15 页。)

汉画讲经图中的尊师之礼主要表现在:教师有专门的讲台且独坐一席,上有承尘体现出对教师的尊重,有的教师身后有侍从。学生们端坐于台下，手捧简策备老师提问，还有的学生站立向老师求教。从装束来看，教师与学生均身穿儒服，教师一般头戴进贤冠，学生戴帻或进贤冠。

总的看来，汉画中的交接之礼、祭祀与丧葬之礼、冠服之礼以及养老尊师之礼都生动展现了汉代人丰富的社会活动，并一定程度上反映了汉代的礼制、生活礼俗、思想信仰等广泛的内容。

第四章

汉画反映的主流礼义精神

礼文化可分为程序仪节上的礼仪和内在精神的礼义，占主流地位的礼义精神既是统治者所提倡的，也是民间百姓所推崇的。由于汉代儒家占统治地位，这种主流的礼义精神主要表现为儒家礼义精神，在汉画中有多方面的表现。礼类画像砖石的出现与儒家思想在汉代的普及是分不开的，儒家思想周代就已经出现，但其在国家中占据统治地位是在汉朝。这在画像砖石中也得到了体现，如"孔子见老子""周公辅成王"等汉画体现了对儒家礼制的重视，而汉画中的"二桃杀三士"以及表示孝女等画像则是对儒家忠孝观念的宣扬。汉代祭祀题材的画像更是表达了儒家尊祖敬天、慎终追远等思想观念，用礼的外在形式来宣扬儒家伦理的道德内核。

第一节 汉画中的忠义之礼

汉画从多方面反映了汉代礼制的内容，如在忠诚的问题上，臣对君忠是礼制的出发点。不仅如此，对于主人的忠与义同样是礼的重要内容。

一 忠义之举

刺客的画像所表现的正是忠义的思想，在汉画中的刺客故事里，有专诸刺吴王、荆轲刺秦王、豫让刺赵襄子、要离刺庆忌、聂政刺韩王等历史题材。在武梁祠里，他们的形象围绕着中心楼阁，楼阁中坐着一位贵人，身穿长衣，头戴冠冕。与其他人相比，此人物形体特别高大。巫鸿认为他实际上象征着一位抽象意义上的"当代"君王,被前朝统治者、王后、大臣、忠民环绕。① 与此观点不同,信立祥则认为这个人物形象是被祭祀的墓主。

武梁祠上的专诸刺吴王图像中(见图4-1),描绘了专诸从鱼肚子取出匕首,将要刺杀吴王僚的那一瞬间。盛鱼的盘子正掉落于地,王僚的两个卫士从后用长戟刺入专诸的身体。

曹沫劫齐桓公是先秦著名的刺客故事。曹沫的故事记载在《史记》中,鲁国多次战败于齐国后,齐桓公与鲁庄公在柯会盟。"桓公与庄公既盟于坛上,曹沫执匕首劫齐桓公。……桓公乃许尽归鲁之侵地"。② 此外《吕氏春秋·贵信》《公羊传·庄公十三年》对此亦有记载,情节描述相似。从武梁祠西壁画像中的铭文来看,人物有鲁庄公、曹沫、齐桓公、管仲(见图4-2)。

图4-1 专诸刺杀王僚

(采自[美]巫鸿《武梁祠——中国古代画像艺术的思想性》,柳扬、岑河译,生活·读书·新知三联书店2006年版,图三一四,第321页。)

---

① [美]巫鸿:《武梁祠——中国古代画像艺术的思想性》,柳扬、岑河译,生活·读书·新知三联书店2006年版,第166页。
② 《史记》卷86《刺客列传》。

第四章　汉画反映的主流礼义精神

图 4-2　曹沫劫齐桓公

（采自［美］巫鸿《武梁祠——中国古代画像艺术的思想性》，柳扬、岑河译，图一四六，第320页。）

荆轲刺秦王的画像在山东、河南、四川等地出现，这些画像把荆轲的勇猛无畏，秦王及其下属的惊慌失措表现得淋漓尽致，从而彰显了忠义这个礼义主题。在武梁祠画像中（见图4-3），荆轲将匕首掷向秦王，匕首没有刺中秦王，而是嵌在柱中，其所系的丝带径直向后飞起。荆轲的冠在搏斗中已丢掉，头发像剑一样竖起。一个卫士用双臂抱住荆轲，脚下将军樊于期的头放在敞开的盒子中，旁边的秦武阳跪伏于地。榜题有"荆轲""樊於其头""秦武阳""秦王"。武氏祠前石室第十一石也有荆轲刺秦王画像。①

在全国其他各地有多幅荆轲刺秦王的画像，如四川乐山麻浩一号崖墓，②浙江海宁画像石，③河南唐河针织厂画像，④陕西大保当画像⑤等。

---

① ［美］巫鸿：《武梁祠——中国古代画像艺术的思想性》，柳扬、岑河译，图一四八之三，第323页。
② 中国画像石全集编辑委员会编：《中国画像石全集7·四川汉画像石》，图一二，第1页。
③ 杨絮飞编著：《中国汉画造型艺术图典·人物》，第649页。
④ 中国画像石全集编辑委员会编《中国画像石全集6·河南汉画像石》，山东美术出版社、河南美术出版社2000年版，图一五，第13页。
⑤ 康兰英、朱青生主编：《汉画总录10·神木》，广西师范大学出版社2012年版，第88—89页。

图 4-3　荆轲刺秦王

（采自［美］巫鸿《武梁祠——中国古代画像艺术的思想性》，柳扬、岑河译，图二九，第65页。）

其中都有匕首入柱、秦王慌忙奔逃的核心要素。画面主要突出荆轲的勇敢和刺击力度之大、秦王的恐惧、秦臣的慌乱，通过这样的对比，彰显荆轲对燕王的忠诚。

要离刺庆忌是又一个刺客故事，描述的是春秋时期吴王阖闾的刺客要离，历尽重重磨难最终刺杀庆忌的故事。该主题在山东、四川、山东等地的画像中发现。榜题有"王庆忌""要离"。武梁祠上的图像显示，坐在船上的庆忌正在抓住要离的头发，捽其头于水中。① 这幅图描述的场景在《吕氏春秋》中有相关的记载，"王子庆忌捽之，投之于江，浮则又取而投之，如此者三"。②

豫让刺杀赵襄子。根据《史记》记载，豫让是晋国人。他先为范氏、后为中行氏效力，但都没有得到他们的重用。他离开之后成为智伯的门客，得到了智伯的格外尊重。后来智伯被赵襄子杀，豫让千方百计为之复仇。武梁祠豫让刺杀赵襄子的画像把最惊心动魄的情节刻

---

① ［美］巫鸿：《武梁祠——中国古代画像艺术的思想性》，柳扬、岑河译，图一四九之一，第326页。
② 陆玖译注：《吕氏春秋》，中华书局2011年版，第320页。

绘出来，① 左边是一辆马拉轺车，马呈突然受惊状，坐在车里的赵襄子满脸惊恐。画面右侧，豫让左手持一长剑，右手指着地上的衣服，似乎将要刺仇人的衣服，以此来象征他为故主报仇。榜题是"豫让杀身，以报知己""赵（襄子）"。山东苍山县兰陵出土的也有一幅豫让刺赵襄子画像（见图4-4），构图相对复杂，情节也更多。中部为砖木结构的桥梁，桥上及前后赵襄子的车马行列浩浩荡荡向左行驶，桥洞内豫让正与其好友青芹对话。此画面与《吕氏春秋·季冬纪》所载相合，而和其他文献所载有异。画面通过赵襄子出行队伍的庞大，反衬出豫让刺杀的难度之大，以凸显其勇敢和忠诚。

图4-4　豫让刺赵襄子画像

（采自杨絮飞编著《中国汉画造型艺术图典·人物》，第664页。）

聂政刺韩王也是战国一个著名的刺客故事。在武梁祠画像中（见图4-5），韩王坐在王座上，聂政左手持剑将要刺杀韩王。该故事与《史记》所载不同，《史记》记载的为聂政受严仲子所托刺杀韩国的国相侠累。聂政的故事主要有两个场景，一是聂政刺杀韩王，二是聂政自屠的场景，该历史故事彰显了人们对忠诚的推崇。唐河针织厂汉画像石墓有聂政自屠的画像（见图4-6、图4-7），重点刻画了聂政刺杀失败后自杀的场景。

王陵母亲的故事发生在汉朝初年，刘邦与项羽相争，项羽劫王陵母亲，希望身在刘邦处的王陵为自己效力，但王陵的母亲面对汉王的使者，伏剑自杀，死前要儿子全力辅佐刘邦。山东嘉祥武氏祠中有王陵母亲的画像（见图4-8）。

---

① [美]巫鸿：《武梁祠——中国古代画像艺术的思想性》，柳扬、岑河译，图一五○之一，第328页。

图4-5 聂政刺韩王

（采自[美]巫鸿著，郑岩、王睿编《礼仪中的美术——巫鸿中国古代美术史文编》，郑岩等译，生活·读书·新知三联书店2005年版，图一五一之一，第330页。）

图4-6 聂政自屠（1）

（采自中国画像石全集编辑委员会编《中国画像石全集6·河南汉画像石》，图一二，第11页。）

图4-7 聂政自屠（2）

（采自中国画像石全集编辑委员会编《中国画像石全集6·河南汉画像石》，图一四局部，第12页。）

第四章　汉画反映的主流礼义精神

图4-8　王陵母

（采自［美］巫鸿：《武梁祠——中国古代画像艺术的思想性》，柳扬、岑河译，图一五，第29页。）

表现忠诚主题的画像还有张良椎秦皇（见图4-9）和季札挂剑（见图4-10），这在四川雅安高邑阙上都有一定刻画。

图4-9　张良椎秦皇

（采自中国画像石全集编辑委员会编《中国画像石全集7·四川汉画像石》，图八五，第68页。）

图4-10　季札挂剑

（采自中国画像石全集编辑委员会编《中国画像石全集7·四川汉画像石》，图八八，第70页。）

刺客为了效忠君主，完全把自己的生死置之度外。而王陵母同样表现了舍生取义的品质。她以自己的死来表明对汉王刘邦的忠诚，同时也坚定了儿子忠于刘邦的决心。

二 不辱使命

在外交斗争中能够不辱使命，为国家争取利益的人当然是忠诚的。汉画中有关此类主题的汉画有蔺相如完璧归赵、曹沫劫齐桓公、秦国范雎等。

与蔺相如有关的画像所表现的是蔺相如和秦王会见情节的高潮，在武梁祠画像中①，蔺相如背倚柱子，手举和氏璧，而秦王却低下身躯，似乎在低声下气地劝说蔺相如千万别冲动。榜题有"（蔺相如）赵臣也，奉璧于秦""秦王"。在四川（见图4-11）、陕西（见图4-12、图4-13）等地的画像石中，均有对蔺相如完璧归赵情节的描绘。画面的典型场景均为蔺相如面向柱子高举玉璧，其他人则作出阻止的手势。完璧归赵的画像通过描绘蔺相如高举玉璧的场景，突出他临危不惧的勇敢和对国家的忠诚。

汉画中除了历史人物外，也有汉朝当代人的刻画，如苏武的故事在山东沂南寨北画像石中有一定的描绘（见图4-14）。苏武面对匈奴的威逼利诱，始终心向大汉，保持自己对国家的忠诚。

图4-11 完璧归赵

（采自中国画像石全集编辑委员会编《中国画像石全集7·四川汉画像石》，图六一，第50—51页。）

---

① ［美］巫鸿：《武梁祠——中国古代画像艺术的思想性》，柳扬、岑河译，图一四四，第314页。

图 4-12 完璧归赵（1）

（采自康兰英、朱青生主编《汉画总录 1·米脂》，第 136 页。）

图 4-13 完璧归赵（2）

（采自康兰英、朱青生主编《汉画总录 2·米脂》，第 57—58 页。）

图 4-14 苏武

（采自杨絮飞编著《中国汉画造型艺术图典·人物》，第 676 页。）

三　进谏治国

晏子见齐景公。通过进谏来显示对国家的忠诚是汉画表现政治之礼的又一主题，南阳针织厂出土的有晏子见齐景公的画像（见图4-15），中间站立一尊者，长袍戴冠佩剑，仰面鼓目，侧身摆手，其身后是头盖高冠的两个侍从。尊者前一人跪拜于地，其后一人拱手而立。著录者认为，这是晏子见齐景公的故事。晏子见齐景公的故事见于《晏子春秋》，晏子建议齐景公体恤民情，而景公则采纳其建议，救济饥寒百姓，减轻百姓负担。

图4-15　晏子见齐景公

（采自中国画像石全集编辑委员会编《中国画像石全集6·河南汉画像石》，图一七，第14页。）

丑女钟离春。钟离春为齐无盐邑之女，他以"四殆"之说向齐宣王进谏，宣王励精图治，"拜无盐君为后"，使齐国富强起来。而"齐国大安者，丑女之力也"。[①] 在武梁祠画像中，有"无盐丑女钟离春"和"齐王"榜题。丑女钟离春的画像与刺客的画像放在同一层，对于这样一种配置，

---

① 张涛：《列女传译注》卷6，山东大学出版社1990年版，第231—232页。

巫鸿认为这些历史人物被特意挑选，列入同一装饰区域，是因为他们都围绕着一个中心主题，那就是"忠君"的观念。①

卫姬请罪。卫姬请罪的故事出自刘向《列女传·贤明传》，文中记载，卫姬是卫侯之女，齐桓公的夫人。由于桓公好淫乐，卫姬便不再听郑卫之声。在桓公的一次盟会中，只有卫侯缺席。齐桓公很生气，便与管仲谋伐卫之事。卫姬通过观察获知消息，便提前拜于堂下为卫国请罪。并最终说服了齐桓公，解除了伐卫之忧，还被桓公立为夫人。沂南北寨村画像石墓出土有该主题画像，②画像分上下二格，上格左刻一人，长衣高冠，花领，华巾下垂过膝，身佩长剑，左手微微伸出，目视对面妇人，头右上方有隶刻榜题"齐桓公"。中下刻一妇人俯伏在地，散发，穿花领彩衣。头上有屏风，上刻"卫姬"题记，下有两支架。右刻一侍者，头上榜刻"御者"题记。卫姬爱自己的国家，通过自己的智慧不仅使齐国避免了战争，还保护了卫国免遭战祸。

四 尽忠不贪俸禄

为国君效力而不贪俸禄也是忠义的一种表现。二桃杀三士所表现的就是三位勇士因为争功，最后自杀的故事。故事详见《晏子春秋·谏下篇》，春秋时期三勇士公孙接、田开疆、古冶子自恃辅佐景公有功，对相国晏子缺乏礼敬，晏子便设计用二桃杀三士。大概情节是，晏子请景公派人赏赐三位勇士两个桃子，并建议他们按照功劳大小来吃这两个桃子。在比功争桃的过程中，先争的公孙接、田开疆两人认识到自己的不足和贪婪而自杀，后争的古冶子也羞愧自杀。它表明，君主需要的正是这样一类既能竭力效忠，又不贪功的人。在山东莒县东关镇阙身正面有该题材的画像（见图4-16），右侧一人一手伸向摆有两个圆形物品的高足盘，中间一人左手指向右侧之人，正张口争执，右手举起一刀。

---

① ［美］巫鸿：《武梁祠——中国古代画像艺术的思想性》，柳扬、岑河译，生活·读书·新知三联书店2006年版，第166页。
② ［美］巫鸿：《武梁祠——中国古代画像艺术的思想性》，柳扬、岑河译，生活·读书·新知三联书店2006年版，图一二六之一，第285页。

图4-16 二桃杀三士（1）

（采自中国画像石全集编辑委员会编《中国画像石全集3·山东汉画像石》，图一三九局部，第122页。）

1957年南阳市区出土的一块画像石描绘了二桃杀三士的情况（见图4-17）。一高足盘上置二桃，画面右侧二佩剑壮士伸手去争盘中之桃，画面左侧一人怒目圆睁，双手拔剑欲自刎。

图4-17 二桃杀三士（2）

（采自中国画像石全集编辑委员会编《中国画像石全集6·河南汉画像石》，图二一一，第174—175页。）

南阳的另一块二桃杀三士画像石（见图4-18），画面中有二持戟卫士、一使者、晏子和争桃的三武士。还有一幅南阳二桃杀三士画像（见图4-19），除了持节使者、晏子和三武士之外，画左侧还有一神兽的形象。

二桃杀三士除了赞扬三人忠诚勇敢和不贪君赏之外,还告诫臣下对君主和上级要有礼义,三士就是因为缺乏礼义尊敬而被晏子设计害死。

图4-18 二桃杀三士(3)

(采自凌皆兵等主编《中国南阳汉画像石大全2》,大象出版社2015年版,第232—233页。)

图4-19 持节二桃杀三士

(采自凌皆兵、朱青生主编《汉画总录12·南阳》,第244页。)

刺客故事不仅表现了忠诚,也宣扬了尽忠不贪功的思想。以"要离刺庆忌"的故事为例,《吴越春秋》载,要离在完成刺杀任务之后拒绝封赏,他说:"杀吾妻子以事其君,非仁也;为新君而杀故君之子,非义也。重其死,不贵无义。今吾贪生弃行,非义也。"他投江自尽未果,随从劝道:"君且勿死,以俟爵禄。"[①] 结果要离自断手足,伏剑而死。其实君王理想中的忠臣正是这样一类人,即为了君主的使命可以置自身乃至家人性命于不顾,并且不贪求爵禄。

---

① (汉)赵晔撰,江苏古籍出版社点校:《吴越春秋·阖闾内传》,江苏古籍出版社1986年版,第33页。

五 忠于上级和故主

忠义不仅表现在为国君效力方面，还表现在对上级和故主的忠诚上。河南南阳杨官寺、山东嘉祥武氏祠、山东沂南北寨村画像石墓都出土有狗咬赵盾故事主题画像石。南阳杨官寺画像石中（见图4-20），画面分上下二格，上格刻此图。图中左一人戴冠，身穿长袍，腰佩长剑，右手张弓，左手作拉弦之状，射向对方。其左上侧刻有隶书"晋灵公"题记。右一人穿戴同样的冠服，左手持剑，右手扬起，呈惊恐之状，其右上角有榜无字。此人足前刻一狗，作猛扑咬人状。狗右刻"獒也"榜题。这就是晋灵公欲杀赵盾的故事，右一人当为赵盾。春秋时，赵盾因力谏晋灵公，而遭刺杀之祸。《左传》宣公二年（公元前607）载：秋九月，晋灵公赐给赵盾酒，并预先埋伏好全副武装的武士，准备杀掉赵盾。在危急情况下，赵盾的车右提弥明提前发现了情况，便快步走上堂去，借口臣子陪国君饮酒过多，不合乎礼仪，扶赵盾下堂。晋灵公便唤出猛犬向赵盾扑去，提弥明徒手搏击猛犬。赵盾说："弃人用犬，虽猛何为？"边搏斗边退出宫门。后来，提弥明杀死了猛狗，自己也死在宫中，赵盾因此获救。① 狗咬赵盾的故事体现的是赵盾的忠、提弥明的忠义和晋灵公的昏庸。

效忠故主方面，李善是东汉恪守忠义的代表。据《后汉书》记载：李善是南阳淯阳人，

图4-20　程婴杵臼、獒咬赵盾

（采自中国画像石全集编辑委员会编《中国画像石全集6·河南汉画像石》，图一，第1页。）

---

① 杨伯峻编注：《春秋左传注》，中华书局1981年版，第659—660页。

本为同县李元的苍头。建武年间发生疫疾，李元家除了始生数旬的李续，其他人全部遇难。李元家有赀财千万，那些奴婢们私下商议，准备杀掉孤儿李续，分其财产。李善考虑到李家无人，力不能制，便暗中背李续逃去，隐居于山阳瑕丘界中，亲自哺养，备尝艰勤。李续渐渐长大，像对待父亲一样对待李善，有事便长跪告知，然后再去做。闾里被他们的义行感动，相率修义。李续年十岁，"善与归本县，修理旧业。告奴婢于长吏，悉收杀之"。当时钟离意为瑕丘令，上书推荐李善，光武帝下诏拜李善及李续并为太子舍人。明帝时，李善迁日南太守。从京师去做官的途中经过涓阳，过李元冢。离墓还有一里地的时候便脱去朝服，持锄头除草。然后拜墓，哭泣甚悲，还亲自生火，执鼎俎进行祭祀。数日乃去。到官后为政爱民，怀来异俗。后又迁九江太守，赴任途中病卒。①

从上述材料可以看出，李善对故主李元极度忠诚，不仅解救并抚养孤儿李续，还帮助李续复仇，并在做官途中祭祀李元之墓。李善画像在汉代亦有描绘，见于乐浪彩箧、武梁祠以及和林格尔汉墓。武梁祠后壁上的李善复原图像表现了一位妇女要把竹筐中的一个婴儿拉出来，左方一位男人向婴儿跪拜，表现的是李善向奴婢求情解救孤儿李续的场景。② 图中李善只显示上半身，他站立侧身向左，手抚着一个躺在摇篮里的婴儿。这婴儿即是李善的小主人李续，摇篮左边跪有一人。据北宋洪适《隶续》模刻本，此跪着的人和摇篮及题榜"忠孝李善""李氏遗孤"，在北宋时尚可见到，现已剥蚀。

忠诚是一种良好的政治美德，也是历代社会所宣扬的。画像中大量的内容都彰显了这个主题，体现出政治方面的礼义精神，主要用来调节君臣之间、下属与上级、故吏与旧君之间的关系。

---

① 《后汉书》卷81《独行列传·李善传》。
② ［美］巫鸿：《武梁祠——中国古代画像艺术的思想性》，柳扬、岑河译，生活·读书·新知三联书店2006年版，图一三六之一，第305页。

第二节　汉画中的孝悌之礼

汉画孝亲奉养图像主要是以示教化，画像中的人物是人们学习的榜样。东汉晚期，灵帝诏敕中尚方为鸿都文学乐松、江览等32人图像立赞，作为劝勉学者的榜样。大臣阳球认为乐松等皆为小人，不宜为之画像。他在给皇帝的奏章中说："图象之设，以昭劝戒，欲令人君动鉴得失。未闻竖子小人，诈作文颂，而可妄窃天官，垂象图素者也。"① 可见被画像者不仅要有较高的地位，在道德上也要为世人榜样，而孝亲则是道德的一个重要表现。基于这一观念，汉画像石中出现了大量的孝亲奉养图像，目的就在于淳化风俗，教化民众，在社会上宣扬孝亲伦理。

信立祥根据祠堂车马出行图和祠堂后壁的"祠主受祭图"，认为表现祭祀祖先活动的图像是汉画像中最重要的内容，并进而指出，对汉代墓室和祠堂的画像内容影响最大的并不是社会上流行的升仙思想，而是传统的祖先崇拜观念和以"仁"为核心、以"孝"为主要内容的儒家伦理观念。②

一　父子——孝

孝的观念在先秦就已经出现，史载舜"年二十以孝闻"。③《诗经·蓼莪》是一首感恩父母的诗歌，其中写道："父兮生我，母兮鞠我，拊我畜我，长我育我；顾我复我，出入腹我，欲报之德，昊天罔极。"④ 表明孝的思想在西周已开始流行。春秋时期，统治者通过导民以孝来稳定社会、迎合民心。孝成为儒家思想的一项重要内容，孝被认为是天经地义和人民基本的道德行为准则，《孝经·开宗明义章》更是把孝作为道德之本和教化

---

① 《后汉书》卷77《酷吏传·阳球传》。
② 信立祥：《汉代画像中的车马出行图考》，《东南文化》1999年第1期。
③ 《史记》卷1《五帝本纪》。
④ （汉）郑玄笺，（唐）孔颖达疏，朱杰人、李慧玲整理：《毛诗注疏》，上海古籍出版社2013年版，第1118页。

的发端。孔子对孝道做了更加详细的阐释，主要有五分说和三分说，五分说正如《孝经》引用孔子的话："孝子之事亲也，居则致其敬，养则致其乐，病则致其忧，丧则致其哀，祭则致其严。五者备矣，然后能事亲。"三分说则更为流行，认为孝就是"生，事之以礼；死，葬之以礼，祭之以礼"。到了汉代，《礼记·祭统》又把孔子的说法转述为孝子三道，"生则养，没则丧，丧毕则祭"。① 这种孝的理论长期以来被人们所接受，它实际上包括了父母在世时的孝养以及父母去世后的丧葬和祭祀，在父母生前和死后都要礼敬。

汉代社会采取以孝治天下方略，孝行卓著者屡见史册。在后人总结的古代二十四孝中，汉代就占了9人。东汉时，江革"少失父，独与母居，遭天下乱，盗贼并起。革负母逃难，备经阻险，常采拾以为养"。② 孙期"家贫，事母至孝，牧豕于大泽中，以奉养焉"。③ 汉武帝时，大力推行孝治天下的理念，把"举孝廉"作为选举人才的重要途径之一，元光元年（公元前134年）"初令郡国举孝廉各一人"。元朔元年（公元前128年）又明令："不举孝、不奉诏，当以不敬论。不察廉，不胜任也，当免。"各级官员层层推荐，落实孝治理念。使"求忠臣必于孝子之门"，④ "事君之道，不过于事父，故不肖之事父也，不可以事君"成为人们的共识。⑤

东汉时期对孝道非常重视，《孝经》成为仕进之阶，"汉制使天下诵《孝经》，选吏举孝廉"。⑥ 据马端临在《文献通考》中的统计，汉代仅靠举孝廉入仕者就达到114人之多。举孝廉时，除了看重被察举者平时的孝养行为，其在丧礼中的表现也是非常重要的，西汉法律规定："不为亲行三年服不得选举。"⑦ 汉哀帝曾下诏"博士弟子父母死，予宁三年"，⑧ 即

---

① （清）孙希旦撰，沈啸寰、王星贤点校：《礼记集解》，中华书局1989年版，第1237页。
② 《后汉书》卷39《江革传》。
③ 《后汉书》卷79《孙期传》。
④ 《后汉书》卷26《韦彪传》。
⑤ （汉）贾谊撰，阎振益、钟夏校注：《新书校注》，中华书局2000年版，第349页。
⑥ 《后汉书》卷62《荀爽传》。
⑦ 《汉书》卷87下《杨雄传》注引应劭语。
⑧ 《汉书》卷11《哀帝纪》。

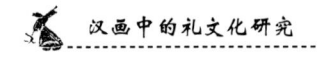

必须在家服丧三年。

汉代画像的出现是孝治天下的一个缩影，通过刻绘的画面重现死者生前的生活场景供后人怀念，并在画像中采用虚构的方法为死者营造出一种祥和、安乐、富足的生活场景，还通过各类葬礼和祭祀画面来表现孝子贤孙们为死者举行的隆重葬礼和完备祭祀。

体现父子或母子之孝的画像莫过于孝子画像，这类画像在山东、南阳、四川等地的画像砖石中均有发现，山东是目前汉代孝子类画像石发现最多的地区，主要见于嘉祥武氏祠、肥城、宋山、南武山、泰安大汶口汉墓、孝堂山小石室等地。

对父母进行孝养是孝道三道之一，"居则致其敬，养则致其乐，病则致其忧"是孝养的重要原则，也是维护父母与子女关系的重要原则，它包括对父母的物质供养和精神赡养，这些在汉画中都有表现。

（一）物质供养

物质供养是孝道的基本体现，如《孝经·庶人章》："用天之道，分地之利，谨身节用以养父母，此庶人之孝也。"① 强调用尽一切手段保证父母的物质生活。《盐铁论·孝养》也提到"以己之所有尽事其亲"。在孝养的过程中，饮食处于中心地位，曾子说："孝子之养老也，乐其心，不违其志，乐其耳目，安其寝处，以其饮食忠养之。"② 表明物质供养从先秦到汉代一直是孝道的重要体现，汉画中的不少孝子图都与物质供养有关。

董永侍父。董永的故事在汉代广为流传，刘向《孝子图》载：董永幼失其母，独养老父，家贫困苦。董永父亲去世后，由于无物葬送，便从主人家典田，并贷钱十万文。他对主人说："后若无钱还君，当以身作奴。"③ 董永侍父的故事在山东、四川等地出土的汉画像石、画像砖中多有出现，画面内容有一些共同要素：有一独轮车，董父持鸠杖坐于车上；

---

① （唐）李隆基注，（宋）邢昺疏，金良年整理：《孝经注疏》，上海古籍出版社2009年版，第25页。
② （清）孙希旦撰，沈啸寰、王星贤点校：《礼记集解》，中华书局1989年版，第755页。
③ （宋）李昉等撰：《太平御览》卷411《人事部》，中华书局1960年版，第1899页。

年轻的董永或向老者递送食物等，或手里挂锄。山东武氏祠石室刻有董永故事图（见图4-21），画中有四人。董永父坐在独轮车上，左手中持一根鸠杖，独轮车上放着一陶罐。董永站在其父前面，身朝脚下桶状物，回首朝向其父。董永上空有一女子，肩生双翼、俯身朝下，是前来帮助董永还债并和董永结婚的七仙女。独轮车右方一株树，有一孩童正想爬树，董永左上方有一似熊的动物。空处有题榜二，分别为"永父""董永，千乘人也"。

四川乐山崖墓画像石刻中也有不少以孝亲为主题的画像，其中能释读的有："闵子骞失棰""董永事父""伯榆悲亲""老莱子娱亲""凯风""孝孙元觉"等画像。① 四川渠县沈氏阙的主阙楼部背面（见图4-22），刻有"董永事父"的画像，图中画董永执锄在田间劳作，老父坐在大树下独轮车上，董永左手持农具站立，右手持食具前伸，似在喂父亲食物，树枝弯曲如伞盖覆于老人头顶，表明父亲在林荫处被照顾，而董永则在烈日下暴晒。

图4-21　董永侍父（1）

（采自朱锡禄编著《武氏祠汉画像石》，第107页。）

---

① 唐长寿：《乐山崖墓画像中的孝子图释读》，《长江文明》2010年第2期。

图4-22　董永侍父（2）

（采自徐文彬等编著《四川汉代石阙》，文物出版社1992年版，图一六九，第131页。）

在四川汉阙画像中，也有多处"董永侍父"汉画像，如四川渠县东汉延光年间沈府君阙与蒲家湾无铭阙上都有董永的画像（见图4-23），画像均位于两阙的楼部，为浅浮雕。画面中间为一老者坐在一独轮车上，老者背后有一树。画面的右侧，即老人前方雕一人正扶锄站立。两阙的画面布局及刻画大致相同。据刘仙洲、王建伟的考证，两幅画像表现的均是董永孝行。① 乐山柿子湾崖墓董永侍父的主题画像构图与此类似（见图4-24），图中父亲在树下，手持鸠杖坐于鹿车上，右侧董永一手持农具，一手持便面为父亲扇风取凉。

图4-23　董永侍父（3）

（采自中国画像石全集编辑委员会编《中国画像石全集7·四川汉画像石》，图六八，第56页。）

---

① 刘仙洲：《我国独轮车的创始时期应上推到西汉晚年》，《文物》1964年第6期；王建伟：《汉画"董永故事"源流考》，《四川文物》1995年第5期。

图 4-24　董永侍父（4）

（采自龚廷万等编著《巴蜀汉代画像集》，图二四七。）

　　孝孙原穀。在汉代及后世是孝孙的主要称呼。《太平御览》载：原穀，家乡不详，其祖年老，遭到自己儿子的嫌弃。原穀父母准备抛弃他，当时原穀年仅十五岁，他痛哭流涕地劝阻，父母仍不听从，还打造了一个简易的担架用来抛弃原穀祖父。原穀也跟随去了，并把担架收回家，父亲对他说："你拿这个凶具干什么。"原穀说："等父亲您老了以后我就不用再做了，所以我把它取了回来。"他父亲终于醒悟，"感悟愧惧，乃载祖归侍养"，成为远近知名的孝子，原穀也成为著名的孝孙。[①] 关于原穀的名字，有文献作"元觉"或"原谷"。武氏祠画像石中有"孝孙原谷"（见图4-25），图中孝孙手指一副担架，似与父亲正在对话，上有"孝孙""孝孙祖父""孝孙父"题记。孝孙故事有这样几个要素，原穀父亲抛弃祖父、原穀悲泣劝父、原穀带回舆筐警示父亲、父亲觉悟等。该故事告诉人们，孝敬父母是在为后代做榜样，不孝敬父母的人，其下场也一定会悲惨。开封白沙镇汉画像石墓有五幅孝子画像，其中有一幅为孝孙原穀的故事。内蒙古和林格尔汉墓汉画也描绘原穀的孝行事迹。现藏于朝鲜平壤博物馆乐浪的汉代孝子彩箧，绘于沿口部位的画像，画有榜题，表现的孝子有原穀等。[②]

[①] （宋）李昉等撰：《太平御览》卷519《宗亲部》，中华书局1960年版，第2360页。
[②] 中国美术全集编辑委员会编：《中国美术全集·绘画编》，上海人民美术出版社1988年版，图七七，第103页。

图 4-25 孝孙故事

（采自［美］巫鸿：《武梁祠——中国古代画像艺术的思想性》，柳扬、岑河译，图一四三，第 313 页。）

凯风。凯风表现的并非具体的人物故事，而是一种抽象的感恩的象征。《诗经·凯风》："凯风自南，爰有寒泉。吹彼棘心，在浚之下。棘心夭夭，有子七人。母氏劬劳，母氏劳苦。"表现了儿子们对母亲抚养的感恩心情。乐山麻浩Ⅰ区1号墓有"凯风"画像，画像者中有一老妇凭杖而立，老妇对面刻多人，由于石刻风化严重，人数不明，但能模糊看出至少有五人，他们分别跪于老妇之前。①

郭巨埋儿。郭巨埋儿是汉代及后代孝子画像的重要题材，在多种文献中均有著录，刘向《孝子传》载：郭巨为河内温县人，家族非常富有，其父亲去世后，他把家财二千万分为两份，分给两个弟弟，自己不仅分文未继承，还独自供养母亲。因为贫穷便寄住在邻居家里，当时有一处凶宅无人敢居，人们都推荐让郭巨住，住下之后并无任何祸患，其妻子生下一个儿子，郭巨担心养儿子会影响对母亲的供养，便令妻子抱儿，欲掘地埋之，结果从土中挖出一釜金，釜上有铁券，券上文字说赐给孝子郭巨，郭巨把金子归还宅

---

① 李复华、曹丹：《乐山汉代崖墓石刻》，《文物》1956 年第 5 期。

主，宅主不敢接受，遂报告官府，官府根据铁券的题字归还郭巨，"遂得兼养儿"。① 郭巨的故事是汉代宣传孝道又一个畸形的案例，当时人们只对父母有奉养的义务，如果不孝就会受到道德的谴责甚至法律的惩处，但父母自己对子女没有任何义务。现在看来，活埋儿子无疑是一种罪行。但放在当时的背景下，由于他的作为是为了奉养母亲，故这种行为反而得到人们的赞赏，甚至是上天的眷顾，其不劳而获也是理所当然。郭巨埋儿的画像在各地也多有发现。位于太室山南麓的登封县启母阙，是东汉颍川太守朱宠于东汉安帝延光二年建造的神道阙。启母阙阙身雕刻画像并有题记，东面自上而下第5层刻绘"郭巨埋儿"。②

金日磾对像涕泣。金日磾生活于汉武帝时期，作为汉武帝宠信的外族名臣，自幼在母亲教诲下通晓礼仪，汉武帝得知后深感赞许。日磾母亲病死后，汉武帝下诏"图画于甘泉宫"，并榜题"休屠王阏氏"。③ 金日磾每次看见画像都会下拜，对着画像涕泣，然后才离开，因而被人们视为孝子。阏氏在匈奴中相当于皇后，但金日磾的母亲生前在匈奴并未有此爵位，汉武帝对其赠以名号其实是一种褒扬。汉画中的金日磾正在跪对母亲的遗像哭泣。④

赵狗（狗或苟）哺父。在武梁祠赵狗哺父的画面中，一个男人坐在矮榻上，另一个身材矮小的人，看样子像是一个孩子，正站在他的正前方，好像在给他喂食。⑤ 山东泰山大汶口画像石中有赵苟侍父画像（见图4-26），根据《太平御览》等文献的记载，该故事情节大抵如此：赵狗，年幼时就有孝性。在五六岁时只要得到甘美的食物，从来不自己吃，一定先喂他的父亲。如果父亲外出，便等父亲回来后再吃。如果等很久父亲还不回来，便倚门啼哭等候父亲。数年后，父亲去世。赵狗思慕父

---

① （宋）李昉等撰：《太平御览》卷411《人事部》，中华书局1960年版，第1898页。
② 王建中：《汉代画像石通论》，紫禁城出版社2001年版，195—196页。
③ 《汉书》卷68《金日磾传》。
④ [美]巫鸿：《武梁祠——中国古代画像艺术的思想性》，柳扬、岑河译，生活·读书·新知三联书店2006年版，图一三七之一，第306页。
⑤ [美]巫鸿：《武梁祠——中国古代画像艺术的思想性》，柳扬、岑河译，生活·读书·新知三联书店2006年版，图一四二，第312页。

亲,瘦弱不堪,与成年人一样哀悼。经常哭泣哀号,居住在冢侧。乡里的族人们非常感叹,赵狗孝名远扬。汉安帝时官至侍中。① 由此可见,赵狗为东汉时人,其孝行发生在他年幼的时候,是名副其实的孝童。他的孝行主要表现在把甘美之物先以哺父,父亲去世后又哭泣服丧,居住在墓旁哀悼。

图4-26 赵苟侍父 山东泰山大汶口画像石
(采自杨絮飞编著《中国汉画造型艺术图典·人物》,第665页。)

邢渠哺父。与赵狗孝行相类似的还有邢渠,有人怀疑是否两者为同一人。武氏祠中,有四个画面描绘了邢渠的故事。在其中一幅画像石中,邢渠的父亲和邢渠均在屋内。邢父坐在木几案上,双柱旁,邢渠正手中高举双箸,给他父亲喂食。上方有题分别为"渠父""邢渠哺父"。② 开封白沙镇汉画像石墓共有孝子画像五幅,其中有一幅为邢渠哺父画像。乐浪汉代孝子彩箧,绘于沿口部位的画像中,表现的孝子就有邢渠等,有榜题。③

1964年北京西郊石景山上庄村东发现汉幽州书佐秦君石阙,在8号方石柱左侧面中间刻以"乌还哺母"为题的铭文,全文分7行,每行20

---

① (宋)李昉等撰:《太平御览》卷414《人事部》,中华书局1960年版,第1909页。
② [美]巫鸿:《武梁祠——中国古代画像艺术的思想性》,柳扬、岑河译,生活·读书·新知三联书店2006年版,图一三二之五,第299页。
③ [日]吉川幸次郎:《吉川幸次郎全集》卷6,《孝子传の研究》,筑摩书房昭和43年版,第200页。

字左右，部分有残损，计约140多字。① 该画像与邢渠哺父一样，都直观表达了对父母的物质养活，前者孝敬的对象是父亲，而该画像孝子孝敬的对象是母亲。

（二）精神赡养

赡养父母不仅表现在物质上的供养上，还表现在精神上的关心、慰藉和顺从上。《孝经·纪孝行章》曰："孝子之事亲也，居则致其敬，养则致其乐"，养则致其乐是对父母精神赡养的重要体现。

老莱子娱亲。老莱子是先秦楚人，在汉代初年就已经为众人知晓了，《史记》记载："老莱子亦楚人也，著书十五篇，言道家之用，与孔子同时云。"② 《太平御览》引师觉授《孝子传》记载：老莱子是六国时楚人，对母亲非常孝顺。年已七十，从来不称老，主要是怕伤母亲的心。并经常"衣五彩之服，示为童子，以悦母情"。他为了让母亲快乐，甚至在母亲面前玩一些儿童的游戏，或像孩子一样眠伏在母亲脚旁，跌到地上像婴儿一样啼哭。楚王听说他的孝名，派人给予金帛征他做官，用为令尹，结果老莱子辞而不就。③

山东武氏祠前石室第七石画像石刻画了老莱子的故事，老莱子的父母同坐在一木榻上，榻下老莱子扑地滚爬，好像刚刚坐起。老莱子父母下方有榜题曰："老莱子楚人也，事亲至孝，衣服斑连，婴儿之态，令亲有欢。君子嘉之，孝莫大焉。"④ 此外，乐山崖墓"老莱子娱亲"图位于柿子湾Ⅰ区1号墓，图中画老莱子跌倒于地，老莱子父母正坐于案前观看，莱子妻则在一旁服侍。⑤ 1973年，在浙江海宁县长安镇海宁中学发现一画像石墓，据推断为东汉晚期至三国时期的墓葬。在该墓前室北壁第4石下部，有一幅人物图像。图中刻有两人，西起第一人为身穿大袍长袖的老者，他手执拐杖。另一人双臂上举，左手执一鼗鼓，正在老人

---

① 北京市文物工作队：《北京西郊发现汉代石墓清理简报》，《文物》1964年第11期。
② 《史记》卷63《老子列传》。
③ （宋）李昉等撰：《太平御览》卷413《人事部》，中华书局1960年版，第1907页。
④ 朱锡禄编著：《武氏祠汉画像石》，山东美术出版社1986年，图一，第104页文字。
⑤ 李复华、曹丹：《乐山汉代崖墓石刻》，《文物参考资料》1956年第5期。

面前起舞。① 考古报告未对之作出明确解释，岳凤霞、刘兴珍认为是老莱子娱亲的场面，图中老者便是老莱子父亲。②

闵子骞失棰。闵损字子骞，是先秦鲁国人，曾为孔子弟子，少年便以德行著称。幼年失母，继母经常虐待他，闵损却对待继母非常恭谨。继母给闵损制作的冬衣都是以藁麻为絮，她自己的亲生儿子却穿着用重厚绵纩缝制的棉衣。有次父亲让闵损驾车，由于手冻僵失掉了辔绳，而继母的亲生子驾车就没有掉绳子。父亲恼怒地责备闵损，闵损默然而已。后来父亲看到两个儿子的衣服才明白原因，准备将妻休掉。闵损谏曰："大人有一寒子，犹尚垂心，若遣母，有二寒子也。"③ 父亲被他感动才罢休。敦煌本《孝子传》亦有关于闵子骞事迹的记载，并提到鲁哀公曾召闵子骞为费邑宰。④ "闵子骞失棰"的故事表现了闵子骞对继母的顺从、体谅和对父亲的精神关心，宁愿自己受委屈也设身处地为父母着想。这体现对父母孝的基本要求是顺从，无论父母怎样对待自己，都要顺从父母，汉画中宣扬的正是这种孝道观念。武氏祠画像石，上刻闵子骞跪于父亲所坐车后，应是车绳失手掉落后在承认错误。上有榜题云："闵子骞与假母居，爱有偏移，子骞衣寒，御车失棰。"⑤

乐山崖墓也有"闵子骞失棰"图的刻画，位于柿子湾Ⅰ区1号墓。图中一人立于一牛拉辀车后，车上坐一戴冠者。此图有人释为"牛车图"，后来有学者结合武氏祠画像进行对照，发现该图具备"闵子骞失棰"故事的主要元素，故认为图画主题应是"闵子骞失棰"。不同之处是所御马换成了牛，其父坐于车上，闵子骞则立于车旁。⑥ 开封白沙镇汉画像石墓中，共有孝子画像五幅，其中一幅为闵子骞的故事。内蒙古和林格尔汉墓汉画

---

① 嘉兴地区文管会、海宁县博物馆：《浙江海宁东汉画像石墓发掘简报》，《文物》1983年第5期。
② 岳凤霞、刘兴珍：《浙江海宁长安镇画像石》，《文物》1984年第3期。
③ （宋）李昉等撰：《太平御览》卷413《人事部》，中华书局1960年版，第1908页。
④ 王重民等编：《敦煌变文集》卷8《孝子传》，人民文学出版社1984年版，第904页。
⑤ （清）瞿中溶著，刘承幹校：《汉武梁祠画像考》，北京图书馆出版社2004年版，第152—153页。
⑥ 唐长寿：《乐山崖墓画像中的孝子图释读》，《长江文明》2010年第2期。

也描绘了多个孝子的画像，其中在墓室西壁的甬道北侧就刻绘有闵子骞、曾子、子路、冉有等人的孝行故事。①

伯榆悲亲。伯榆即韩伯余，又称伯游、柏榆、伯瑜、伯逾等，是汉画中常表现的孝子，其主要故事情节是伯余悲亲的行为，据刘向《说苑》：韩伯逾有次犯了过错，其母笞之，伯逾哭泣。他的母亲说道："以前打你时候未尝哭泣，今日为何哭泣？"伯逾回答道："以前您鞭笞我的时候，我经常能感觉到疼痛，而今母亲力气衰竭，不能使我疼痛，故而哭泣。"②武氏祠画像石中有"伯榆悲亲"图，并有榜题写道："柏榆伤亲年老，气力稍衰，苔之不痛，心怀楚悲。"③"伯榆悲亲"不仅表现了儿子对父母的顺从，更是体现了儿子对老人身体健康的关心和细微体贴。武梁祠后壁上的伯榆画像十分恰当而写实地表现了这一情节，榜题也十分详尽，"柏榆伤亲年老，气力稍衰，苔之不痛，心怀楚悲"。④武氏祠前石室第七石有柏游画像，上有榜题"伯游母""伯游也"。⑤

乐山崖墓"伯榆悲亲"图，位于柿子湾Ⅰ区1号墓。图中韩伯榆跪于地上，其母立于前。唐长寿认为，"伯榆悲亲""老莱子娱亲""闵子骞失棰"三幅图共列于墓壁一块壁面上，三图中无界线，"伯榆悲亲"图居左，"老莱子娱亲"居中，"闵子骞失棰"居右。这在乐山崖墓画像乃至四川汉代画像中，都是非常常见的设计形式。开封白沙镇东汉时期的汉画像石墓共有孝子画像五幅，其中有一幅为伯榆的故事。

丽姬计杀申生。丽姬计杀申生是发生在春秋时期晋国的一则历史故事，申生是一个孝子，父亲晋献公非常宠爱丽姬。丽姬打算立自己的亲生子奚齐为太子，便处处陷害申生。为了不让父亲伤心，申生默默忍

---

① 内蒙古自治区博物馆文物工作队编著：《和林格尔汉墓壁画》，文物出版社1978年版，第8页。
② （宋）李昉等撰：《太平御览》卷413《人事部》，中华书局1960年版，第1907页。
③ 蒋英炬、吴文祺编著：《汉代武氏墓群石刻研究》，山东美术出版社1995年版。
④ ［美］巫鸿：《武梁祠——中国古代画像艺术的思想性》，柳扬、岑河译，生活·读书·新知三联书店2006年版，图一三一之一，第298页。
⑤ ［美］巫鸿：《武梁祠——中国古代画像艺术的思想性》，柳扬、岑河译，生活·读书·新知三联书店2006年版，图一三一之一，第298页。

受，结果被丽姬害死。山东肥城汉画像石墓建于东汉章帝建初八年（83年），该墓发现于1956年，当时已遭破坏。现存两块画像石，其中一块位于前室东壁，在该画像石的中部偏下部分刻绘有孝子画像，画面自右而左，一人坐在砖台上，对面一人跪于地下。再往左有二人持笏躬立，面前有两人，一人双手持锸，另一人左手持一有柄器物，右手抚摸一狗。再左为二人对立，其中一人手握鸠杖。① 起初专家们对此画像内容未进行认定，后来学者对肥城汉画像石墓的这幅画像进行考证后认为，其表现的是"丽姬计杀申生"的历史故事，为申生孝行。此外，山东泰山大汶口，嘉祥宋山一号墓2号画像石3层也有"丽姬计杀申生"画像。②

蒋章训也是东汉孝子，他的故事见于武梁祠画像，榜题为"章孝母"。在京都大学图书馆藏的《孝子传》里有蒋章训的故事，其梗概如下：蒋章训，字元卿。他与后母一起生活，对后母非常孝敬，从来不敢怠慢。但遗憾的是后母无道，始终憎恶章训。蒋章训完全明白这一点，父亲去世后便在父亲墓边造草庐居住，并栽了很多松柏，树荫茂盛，乡里人经常在那里休息，经过的车马也在此歇息。结果后母对训比以前更加嫉恨，便在酒里下毒，拿过来让蒋章训饮。章训饮后并没有死。后母又在夜里持刀准备杀章训，蒋章训惊醒，未能加害。后母又接连谋害多次均未能成功，后母后来终于醒悟，她感叹道：蒋章训是有上天在保护，我却要加害他，这是我的过错。后母便欲自杀，蒋章训多次劝谏。从此以后，后母变得仁义起来，与蒋章训遂结为母子之义。③

（三）葬祭表孝

《荀子·礼论》曰："故丧礼者，无他焉，明死生之义……事生，饰始也；送死，饰终也。终始具，而孝子之事毕，圣人之道备矣。"因此孝除了对父母生前的孝养之外，还体现在送死尽哀、厚葬及祭祀方面。在汉代

---

① 王思礼：《山东肥城汉画象石墓调查》，《文物参考资料》1958年第4期。
② 王恩田：《泰安大汶口汉画像石历史故事考》，《文物》1992年第12期。
③ 转引自［美］巫鸿《武梁祠——中国古代画像艺术的思想性》，柳扬、岑河译，生活·读书·新知三联书店2006年版，第302页，据原文翻译为白话文。

人看来，厚葬是孝道的必备环节之一，其重要性完全不亚于对父母的奉养。社会上厚葬之风愈演愈烈，人们以厚葬为美德，并鄙视薄葬的人，加之孝廉选官的流行，上自帝王，下至百姓，厚葬成为人们公认的孝行。如西汉原涉出名后，"自以为前让南阳赙送，身得其名，而令先人坟墓俭约，非孝也。乃大治其冢舍，周阁重门"。① 东汉崔寔因厚葬其父导致贫穷，据记载："初，寔父卒，剽卖田宅，起冢茔，立碑颂。葬讫，资产竭尽，因穷困。"② 汉代为了彰显孝道，社会上的各个阶层，都在竭尽财力营葬，这样才能为自己博得孝的名声。

厚葬是汉代孝道的重要表现，也是汉画盛行的一个重要社会原因，因为画像石墓本身就是一种厚葬行为。汉画中也有关于丧葬场面的描绘，南阳唐河电厂汉墓出土的画像石中就有一幅丧葬出行图，画面左侧是一列送葬的队伍，一人肩扛铭旌骑马作前导，其后是正在行进的六辆轺车。画面右侧有一人执锸，旁边是一棵柏树。送葬画面的一个主要功能就是宣扬孝道，送葬规模越大，越能显示墓主后代的显赫和富有，也更能显示其孝道。

借助祭祀来慎终追远同样是孝道的体现，"祭者，所以追养继孝也"。祭祀的教化作用也是明显的："夫祭之为物大矣，其兴物备矣。顺以备者也，其教之本与？……崇事宗庙、社稷，则子孙顺孝。尽其道，端其义，而教生焉。"③ 祭祀的地点有墓地、祠堂、宗庙等地。祠堂在汉代又称"食堂"，是孝子向死去亲人供奉食物的场所。根据古人视死如生的观念，通过向故去的亲人提供食物，能够使死者的灵魂保存更长的时间。其实祭祀是延续宗族血脉的一种象征，也是表达后代思念先人的一种途径。段玉裁对"祠"字这样解释："祠犹食也，犹继嗣也。春物始生，孝子思亲，继嗣而食之，故曰祠。"④ 河南南阳、江苏徐州、山东等地出土的汉画中都不乏祠堂祭祀的题材。曾子是有名的孝子，曾子的事迹主要有两项，一是曾

---

① 《汉书》卷92《游侠传·原涉传》。
② 《后汉书》卷52《崔寔列传》。
③ （清）孙希旦撰，沈啸寰、王星贤点校：《礼记集解》，中华书局1989年版，第1243页。
④ 段玉裁：《说文解字注》，上海古籍出版社1981年版，第5页。

母投杼劝学，二是曾子孝敬父母，居丧致哀。据《礼记》记载，曾参三十一岁时其父亲病故，曾参"泪如涌泉，水浆不入口者七日"，以后"每读丧礼则泣下沾襟"。武梁祠西壁有曾母投杼画像。图中曾母坐在织机上，左上方有题榜："曾子质孝，以通神明，贯感神祇，著号来方，后世凯式，□□□纲"。曾母下方隔栏上有题字："谗言三至，慈母投杼。"题榜下一男子向曾母跪禀，应是曾参。①

（四）为亲复仇

魏汤。为父报仇是孝道的一个体现，这在魏汤以及"七女为父报仇"的画像中都有形象的刻绘。魏汤的故事在萧广济和无名氏的《孝子传》都有记载。两个版本都保存在《太平御览》里，其故事梗概如下：魏汤从小失去母亲，单独与父亲居住，他尽力赡养父母，恪尽孝道。他的父亲佩戴有刀戟，有一市南少年想得到汤父的刀戟，汤父说："这是我老父所爱之物，不敢相许。"于是，市南少年便殴打汤父，魏汤叩头拜谢求请，结果少年继续殴打。后来路过的书生拉架制止，少年才勉强停止殴打。后来汤父寿终，魏汤便杀掉曾经殴打父亲的少年，砍下他的头颅到父亲墓前告祭。由此可见，魏汤的故事不仅表现在孝养父亲，更是在于他为父亲报仇，手刃仇敌。魏汤并未受到惩罚，表明汉代把孝道伦理凌驾于法律之上。山东武梁祠魏汤故事画像中有三位人物，榜题有"汤父""魏汤"字样。站在右边的年轻人手持一剑，应是殴打汤父的市南少年，有一老人跪在这个年轻人面前，显然是魏汤的父亲，身后的魏汤举起双臂，似乎在乞求这个无赖少年放过老父。②

七女为父报仇。在内蒙古和林格尔汉墓中，有一幅榜题名为"七女为父报仇"的画像。同时，在山东莒县东莞镇东莞村出土的阙身背面画像中（见图4-27），有一块"水陆攻战图"的画像石，其中第四层为桥上战斗，图中右上侧也有榜题"七女"，该故事的情节已不得而知。

---

① 朱锡禄编著：《武氏祠汉画像石》，山东美术出版社1986年版，第103—104页。
② ［美］巫鸿：《武梁祠——中国古代画像艺术的思想性》，柳扬、岑河译，生活·读书·新知三联书店2006年版，图一四〇，第311页。

图 4-27　山东莒县东关镇阙身背面画像（局部）七女为父报仇
（采自中国画像石全集编辑委员会编《中国画像石全集3·山东汉画像石》，图一三八局部，第121页。）

二　兄弟——悌

在血缘关系中，除了父子关系，兄弟关系就是最亲近的了，有人把兄弟关系看得高过夫妻关系。而兄弟之间的道德准则就是悌，孝悌由来是儒教的重点，孔子在《论语·学而篇》提到："弟子入则孝，出则悌，谨而信，泛爱众，而亲仁。"孝悌的最终目的是维护统治秩序，"其为人也孝悌，而好犯上者鲜矣，不好犯上而好作乱者，未之有也"。这种思想在汉初得到进一步的阐发，陆贾《新语·至德》曰："老者息于堂，丁壮者耕于田，在朝者忠于君，在家者孝于亲，于是赏善罚恶而润色之。"从某种角度上说，凡是画像石的主要分布区都有忠臣孝子图。悌主要表现在兄弟之间，人们往往也把这种道德归之于孝的延伸。

东汉朱明注重兄弟情义，其故事文本目前仅见于京都大学藏《孝子传》：朱明是东都人，有兄弟二人。父母去世后，不久兄弟分财，各分得百万。但其弟弟非常骄横傲慢，自己分的那部分家财早早用完了。就向兄长家吃喝求索，每次朱明都会给他。这样的情况多次发生，朱明的妻子非常愤怒，打骂了朱明的弟弟。朱明得知后说：你是外姓，弟弟跟我是骨肉。四海之内的女人任何一个都可以作为媳妇，但作为骨肉的兄弟失去就不可再得。于是休掉了妻子,并永不相见。① 朱明对弟弟的情义与其说是悌,其实不如说是纵容,为了维护所谓的悌,他不惜以驱逐妻子为代价。他的理由是妻子为外姓,任何女子都可以成为妻子,而兄弟却是骨肉。表明了这种悌是建立在宗法血缘关系上的,为了兄弟而抛弃妻子。

在武梁祠汉画中有朱明的故事描绘。② 榜题有"朱明弟""朱明妻""朱明(儿)",画像中朱明和弟弟站在右边,他的妻子和儿子站在左边。这种站位反映了朱明心理上的疏远。朱明的妻子被休要离开,身旁的儿子拉住她的手似乎在请求母亲留下来。图像一方面清楚地描绘了朱明与其弟的亲密关系,坚定地同弟弟站在一起,即便弟弟有过错;另一方面则描绘了妻子离去的情节,其中还描绘了文献中所缺少的母子关系的表现,这成为画像表现的另一个焦点,加入母子关系要素似乎更能彰显朱明为了弟弟不惜抛弃妻子的决心。

第三节 汉画中的贞节信义之礼

贞节信义是家庭伦理的表现,也是夫妇之间及人与人之间重要的礼义精神的表现。

一 贞节

贞是对夫妇之间尤其是对女性道德的基本礼仪要求,在先秦,贞是对夫妇共同的要求,对丈夫也有约束力。在秦朝的刻石中,就有丈夫与别人厮混生子,妻子杀之无罪的法律规定。到了汉代,贞成为对女性的单方面要求。刘向所编的《列女传》中,其内容也几乎全部是女性对丈夫单方面的守贞活动,无条件守贞便是节的表现。汉画中有很多反映女性恪守贞节的场景,列女是古代在道德或才行等方面突出的女性,武梁祠上部装饰区域中的七幅

---

① [美]巫鸿:《武梁祠——中国古代画像艺术的思想性》,柳扬、岑河译,生活·读书·新知三联书店2006年版,图一三五之一,第303页。
② [美]巫鸿:《武梁祠——中国古代画像艺术的思想性》,柳扬、岑河译,生活·读书·新知三联书店2006年版,图一三五之一,第304页。

"列女"故事全部出自《列女传》的"贞顺"和"节义"两卷。① 表明贞顺和节义是列女最重要的两项道德,在汉画中主要有以下各例。

梁寡高行。故事描述的是梁国一个寡妇在丈夫死后,由于容貌和德行出众,梁国贵人争欲聘娶,但均遭梁寡妇拒绝。梁王也遣使来聘,梁寡恪守"妇人之义,一往而不改,以全贞信之节"的信条,对着镜子用利刃割掉自己的鼻子以免再嫁,被梁王尊其号为"高行"。武梁祠画像石有相关场景刻绘(见图4-28)。

图4-28 梁寡高行

(采自[美]巫鸿《武梁祠——中国古代画像艺术的思想性》,柳扬、岑河译,图一一九之一,第272页。)

鲁秋洁妇。该故事出自刘向《列女传》,鲁国秋胡子娶妻五天后便离家为官,他的妻子在丈夫为官的五年时间里,全心全意侍奉公婆,抚养孩子。数年后秋胡子归家,在路边见到一个采桑的美女,便企图用重金引诱并调戏她,结果遭到断然拒绝。秋胡子到家后才发现被自己轻薄的女子竟然是自己的妻子,妻子得知调戏自己的人是离家多年的丈夫,便指责秋胡子不孝、不义、不忠,后愤然投河②。武梁祠有幅画像表现了秋胡子和妻子在路旁见面的情景。图中一女子正在采桑,用手折弯一棵树枝,篮子挂在树上,此为秋胡子妻。一男子头戴官帽,肩背行囊,上身前倾,似乎在调戏这个妇女,此男子便是后来才被识破的秋胡子。女子背对男子表示不

---

① 张涛:《列女传译注》,山东大学出版社1990年版,第130—200页。
② 张涛:《列女传译注》,山东大学出版社1990年版,第186页。

屑，同时没有停止采桑的劳作，她只是抬起右手，似乎在反抗这个男子对她的挑逗和猥亵。① 此外，四川彭山崖墓石函（见图 4-29）、四川射洪画像石棺（见图 4-30）、四川新津画像石棺（见图 4-31）都有秋胡戏妻体裁的画像。秋胡妻的遭遇中，妻子是受害的一方，但结局却令人叹惋，不守贞义的丈夫逍遥无事，而孝顺守贞的妻子却选择自尽，其实利用对方的过错惩罚自己，这体现了贞节约束对女性的不公平性。

图 4-29　四川彭山崖墓石函　鲁秋胡戏妻

（采自中国画像石全集编辑委员会编《中国画像石全集 7·四川汉画像石》，图二〇二，第 166—167 页。）

图 4-30　四川射洪画像石棺　秋胡戏妻与季札挂剑

（采自杨絮飞编著《中国汉画造型艺术图典·人物》，第 667 页。）

---

① ［美］巫鸿：《武梁祠——中国古代画像艺术的思想性》，柳扬、岑河译，生活·读书·新知三联书店 2006 年版，图一二〇，第 274 页。

图 4-31 四川新津画像石棺 秋胡戏妻

(采自杨絮飞编著《中国汉画造型艺术图典·人物》,第667页。)

楚昭贞姜。先秦楚昭王出游,把夫人暂时留在河边的一座亭台上。后江水泛洪,楚王派使者前去救护王后,但由于事情紧急,使者忘记带楚王的符节,王后拒绝离开,坚称"弃约越义而求生,不若留而死耳",结果被洪水淹死。武梁祠画像石有该体裁画像。[①] 节与贞相应,二者在汉代尚未通用,分别表达不同的侧重含义,节是贞所坚守的德操和意志,贞看重的是从一而终。

京师节女。汉初长安城有一位妇女,她丈夫的仇人绑架了她的父亲,以此挟她帮助杀害其夫。妇人不忍心丈夫被杀而陷自己于不义,也不愿意父亲被杀陷自己于不孝。她与仇人约定后,自己假冒丈夫躺在床上,仇人割下首级回去,才知道是仇人的妻子,最终放弃了复仇,妇人以自己的性命解救了父亲和丈夫两人。在武梁祠画像石的上层有该主题的画像,室内床上躺着准备代丈夫而死的京师节女,仇家手执利刃,身体朝躺卧者前伸。榜题分别为"京师节女"和"怨家攻者"。[②] 楚昭贞姜和京师节女等故事在刘向《列女传》中都有记载,表明贞节成为人们普遍宣扬的礼义主题。

[①] [美]巫鸿:《武梁祠——中国古代画像艺术的思想性》,柳扬、岑河译,生活·读书·新知三联书店2006年版,图一二二之一,第278页。

[②] (清)冯云鹏、冯云鹓辑:《金石索》,《续修四库全书》编纂委员会编《续修四库全书》八九四《史部·金石类》,上海古籍出版社2002年版,第384页。

二 信义

义浆羊公等画像都体现了陌生人之间的诚信之礼。羊公是汉朝当代人,曾在路边连续三年设义浆供行人免费饮用。有一天,羊公遇到一个人前来饮浆,该人饮毕,便从怀中掏出一升石子,并交代把这些石子种下,不仅可以得到美玉,还可以得到美丽的妻子。羊公依言种下石子,土中果然长出美玉。邻家徐氏有一漂亮女儿尚未婚配,羊公前去提亲,对方索要一双白璧做彩礼才许婚,他们以为羊公办不到。羊公回家后便到种石子的地方去挖玉石,果然得到五双白璧,如约送到徐家。徐氏见到白璧便许婚于他。成婚后,他们生有10子,个个有才学。后来,羊公位至宰相。在武梁祠义浆羊公体裁画像中,榜题有"义浆羊公""乞浆者"字样。[①]

季札挂剑。季札挂剑的历史故事画像宣扬了朋友之信,该主题的画像石有山东嘉祥画像石(见图4-32)、四川雅安高邑阙上的画像。[②]

图4-32 季札挂剑

(采自杨絮飞编著《中国汉画造型艺术图典·人物》,第652页。)

在义的方面,既有亲人之义,也有朋友之义,更有与陌生人之义。亲人之义方面,鲁义姑姊是鲁国一位乡野妇人,齐军攻鲁至郊,鲁国有

---

① 参见朱锡禄编著《武氏祠汉画像石》,山东美术出版社1986年版,第105页;图片见(清)冯云鹏、冯云鹓辑《金石索》,《续修四库全书》编纂委员会编《续修四库全书》八九四《史部·金石类》,上海古籍出版社2002年版,第385页。
② 杨絮飞编著:《中国汉画造型艺术图典·人物》,大象出版社2014年版,第653页。

一妇人怀抱一儿,手携一儿逃亡,追军将至,妇人放下怀抱中的孩子,把牵着的孩子抱上奔跑。齐军追上后质问,才知道被抛弃的是妇人的亲生子,带走的是她的侄子。齐将问缘故,妇人这样回答:自己的儿子是私爱,兄长的儿子是公义,并说如果失掉公义,自己在鲁国将无法立身。于是齐将按兵而止,认为鲁国以礼义治国,不可讨伐。鲁义姑姊在武梁祠①以及武氏祠前石室第七石②与内蒙古和林格尔汉墓中室壁面上有描绘。

梁节姑姊的故事在武梁祠有所刻绘。③ 其主要事迹为,在一次火灾中,姑姊的儿子和兄弟的儿子都在屋子里。妇人本想救侄子出来,但仓促之中错把自己的儿子抱了出来。这名女人为了表明自己并非不义之人,再次赴火而死。

历史故事范睢受袍不仅反映了外交礼仪,也则反映了对故旧友人的情义,河南唐河针织厂汉墓出土的画像石就刻画了这一场景(见图4-33)。

图4-33 唐河针织厂画像 范睢受袍

(采自中国画像石全集编辑委员会编《中国画像石全集6·河南汉画像石》,图一三,第12页。)

---

① [美]巫鸿:《武梁祠——中国古代画像艺术的思想性》,柳扬、岑河译,生活·读书·新知三联书店2006年版,图一二二之一,第276页。
② [美]巫鸿:《武梁祠——中国古代画像艺术的思想性》,柳扬、岑河译,生活·读书·新知三联书店2006年版,图一二二之三,第276页。
③ [美]巫鸿:《武梁祠——中国古代画像艺术的思想性》,柳扬、岑河译,生活·读书·新知三联书店2006年版,图一二三之一,第279页。

范雎有关的另一画像主题则是关于以羞辱来回报无义的故事。通过刻画无义之人所受到的惩罚来达到警示的作用。范雎在魏国为官时，曾依附须贾，但后来被须贾陷害，受到公子魏齐的殴打侮辱，范雎逃到秦国，改名张禄，最终成为秦相。后来须贾出使秦国，结果受到范雎的羞辱，招待时让他吃马食。据《史记》记载：须贾向范雎告辞，范雎大设宴席，请所有的诸侯使者，与他们一起坐于堂上，饮食非常丰盛。却让须贾坐于堂下，把豆荚秆放在他面前，令两个黥徒夹住须贾像喂马一样让他吃，并厉声喝道："为我转告魏王，尽快把魏齐的头拿来！不然的话，我将把大梁屠城。"须贾回去后，把这种情况告诉了魏齐。魏齐非常惊恐，就逃到了赵国，隐匿在平原君之处。① 在武梁祠画像中，须贾跪在范雎的前面。榜题有"范且""魏须贾"。故事中说到的黥徒一手拉住须贾的衣袖，另一手喂他草豆掺拌的饲料。须贾前面置一器皿，可能是盛放饲料的容器。②

柳下惠覆寒女。在山东嘉祥武氏祠画像中，画面左刻一大树，树旁立一熊，树下躺一衣不遮体，似已被冻僵的女子，其上一人当为柳下惠。柳下惠是春秋时鲁国大夫，即展禽，名获，字禽。其食邑在柳下，谥惠，曾任掌管刑狱的士师。柳下惠出于怜悯之心，解开长袍，以自己身体温暖了少女，使其获救。图中放在栏杆上的东西，似为柳下惠为少女准备的衣物，画像的主题显然是柳下惠坐怀不乱的故事。展禽因救助少女，无端遭奸佞之徒恶意中伤。但其坐怀不乱的高尚情操，却受到正直人们的尊敬。③ 武氏祠类似主题的画像还有颜淑握火，武氏祠左石室第一石刻有"颜淑握火"的主题，画面中有一两柱房屋，右边一男子头戴高冠，朝左跪坐，回头看向右侧，右手握一小火把。其对面跪坐一女子，头戴华冠。两人榜题分别为"颜淑握火"和"乞宿妇"。画面右侧榜题曰："颜淑独处，飘风暴雨。妇人乞宿，升堂入户。燃蒸自独，惧见意疑；未明蒸尽，搢苇续之。"④ 柳下惠为救助女子，冒着被别人非议的风险，他却全然不顾。而颜

---

① 《史记》卷79《范雎蔡泽列传》。
② 朱锡禄编著：《武氏祠汉画像石》，山东美术出版社1986年版，图七，第108页。
③ 王建中：《汉代画像石通论》，紫禁城出版社2001年版，第424页。
④ 朱锡禄编著：《武氏祠汉画像石》，山东美术出版社1986年版，图四五，第120页。

淑在容留遭难女子的过程中刻意避嫌以自证清白，不惜抽取房草燃烧取光。这说明，尽管古代男女收授不亲，礼教注重男女之大防，但陌生男女之间也存在"义"。

总的来说，汉画中的礼义精神中，包含了忠义、孝悌、贞节、信义等内涵。武梁祠的画像具有代表性，东壁、后壁与西壁是一个连续的整体，最上层代表天界，最下层代表墓主生前经历或阴间的生活。由下往上的三层历史故事中，第二层主要宣扬了忠诚的主题，第三层主要宣扬了孝义的主题，第四层宣扬了贞节的主题。在国内其他地方的画像中，道德类的画像中孝子图最为普遍，再考虑到许多祭祀画像也体现了孝的主题。可以说，"孝"是汉代最推崇，也是最普遍的美德。因此，在这些礼义精神中，显然是以孝义为核心的，这在汉代具有代表性。

第五章

汉画反映的礼俗观念

礼俗是礼制形成的社会土壤，汉画中有不少图像反映了汉代人的礼俗观念和现实追求。其中包含了汉代人的天界观念与升仙礼仪，灵魂观念与阴间礼俗、吉祥观念与利后礼俗等。

第一节 汉画反映的天界观念与仙界礼仪

汉画中的天界往往与仙人和升仙联系起来，显示了汉代人想象中的天界、天界的秩序以及升仙的途径。

一 汉画中的天界与仙界秩序

在汉代人的观念中，天界是神秘的，由各种神灵组成的仙界也有一定的礼仪秩序。根据汉画中的描绘，天界的情景一般由以下三个部分组成：一是由包括云气、日月星辰、其他自然天象、门阙等要素构成的天界环境；二是由西王母、羽人等为代表的天界神仙；三是由动植物、祥禽瑞兽、神怪等组成的天界生灵。

在天界环境中，日月是重要元素，且往往同升天主题有关。长沙马王堆一号汉墓的帛画中，最上层的红日和新月就是对天界情景的描绘。南阳汉画中也有一块以嫦娥奔月为主题的画像石（见图 5–1），人首蛇身的嫦娥正俯身向前，两臂前伸，手捧一圆月，月中刻画有蟾蜍形象，圆月周围云气环绕，显示嫦娥正在奔向月亮。除了用云气之外，还有星象图和四神动物来显示方位。对于日月则常使用拟人化描绘，南阳汉画常用神人托举日月来表示，如羲和主日和常羲主月画像石。① 四川画像中的日月也多用拟人的表现方式，如简阳三号石棺，榜题上明确刻有"日月""天门"等字样（见图5-2、图5-3）。

图5-1 天象

（采自韩玉祥、李陈广主编《南阳汉代画像石墓》，图二五，第143页。）

图5-2 日·月·先人骑·先人博

（采自中国画像石全集编辑委员会编《中国画像石全集7·四川汉画像石》，图九九，第79页。）

图5-3 天门·太仓·白虎

（采自中国画像石全集编辑委员会编《中国画像石全集7·四川汉画像石》，图九九，第79页。）

---

① 王建中、闪修山：《南阳两汉画像石》，文物出版社1991年版，图一五八。

"天门"汉画体现了汉人心目中的天界情景，有学者认为"天门"汉画的组合，将众多看似独立而零散的画面串联了起来，共同表达了升入天国，极乐长生这样的主题。[①] 这种观点有一定道理，但并非所有的天门题材汉画都与升仙有关。

巫鸿认为，鬼头山石棺浮雕的阙门旁边刻"天门"二字，展现了理想中来世的图景，即阴与阳互相协调平衡，太阳和月亮普照阴间，灵魂不受饥饿之苦，从而超越死亡，获得"永生"。[②] 这种观点有值得商榷之处，汉代人有死后升仙的观念，但人死不能复生也是汉代人的观念。汉代人升仙的观念并不是为了让死者获得永生，而是使他们的灵魂生活在一个比阴间更为光明的宇宙空间。

汉画的天界环境中，也有风神、雨神、雷神等神灵的刻画，如雷公出行画像中，雷公车下云气簇拥，车上有两羽人，御者身体前倾，尊者端坐于后。车上树立一羽葆建鼓，驾车的是三只翼虎。[③] 在天界，羽人活动其中，羽人作为仙人形象，他们往往体态轻盈，身上长毛羽或翅膀，多乘骑瑞兽，并同龙、虎、凤相嬉戏，简阳三号石棺就有仙人画像。另如河南永城酇城的汉画中（见图5-4），画面刻有八个羽人，他们分乘八头体型相近、头部各异的神兽向左驰骋，反映的应是天界遨游的情景。羽人的坐骑

图5-4 羽人升仙

（采自中国画像石全集编辑委员会编《中国画像石全集6·河南汉画像石》，图六四，第44—45页。）

---

① 赵殿增、袁曙光：《"天门"是汉画神仙思想的集中体现》，《中国汉画学会第十二届年会论文集》，2010年。

② [美]巫鸿著，郑岩、王睿编：《礼仪中的美术——巫鸿中国古代美术史文编》，郑岩等译，生活·新知·三联书店2005年版，第212页。

③ 王建中、闪修山：《南阳两汉画像石》，文物出版社1991年版，图一五六。

除常见的龙、虎、龟等之外,还有麒麟等瑞兽,如河南鄢陵就有一块羽人乘麟画像砖(见图5-5)。并非所有的羽人都有坐骑,有的羽人本身就具有飞升的能力,如南阳麒麟岗汉画中就刻绘有神兽和飞升的羽人形象(见图5-6),南阳王庄出土的汉画像石甚至还有描绘天帝出行的场景(见图5-7)。

图5-5 羽人乘麟

(采自中国美术全集编辑委员会编《中国美术全集·绘画编》,图二六〇,第196页。)

图5-6 神兽、仙人

(采自中国画像石全集编辑委员会编《中国画像石全集6·河南汉画像石》,图一二九,第104页。)

图 5-7 南阳王庄 天帝出行

至于仙界的生活,不过是现实生活的升华,无论是燕居、舞乐、六博、嬉戏、叙谈、会面等,都与人的现实生活毫无二致。有学者认为,升天之后的理想生活,无非是选取于现实生活中的美好时刻,是人们想象中的在天国中继续享受的理想状态。①

在汉代人看来,升仙是死者最好的归宿,许多画像中的车马出行也体现了升仙或进入天国的过程。陕西米脂县官庄门楣画像石中(见图 5-8),外栏是卷云纹,中部两只长颈鸟相向站立,在鸟左右两侧的卷纹下,各有一只卧地回首的鹿。内侧中部为帐幔覆垂的阁厅,两侧各有一门吏,一持槃戟骑吏,一轺车向厅堂驶来,轺车上有主人和御者。厅堂应该是死者灵魂所凭之处,而两侧的车马应该是接死者灵魂升天。阁楼外的两门吏、两荷槃戟骑吏、两轺车使用同一模板制作。表明这类的车马出行图使用非常

图 5-8 米脂县官庄门楣画像石

(采自康兰英、朱青生主编《汉画总录 1·米脂》,第 146—147 页。)

---

① 赵殿增、袁曙光:《"天门"是汉画神仙思想的集中体现》,《中国汉画学会第十二届年会论文集》,2010 年。

普遍，其制作也更加规范快捷。但其中的马匹与车辆没有任何连接，似乎表明画像石制作只注重形式上的美观与清晰，不再追求细节，只要能表达升仙的主题即可。

汉画中的神灵，除了众多的羽人，西王母作为地位尊贵的大神，在画像中也有着形象的刻绘。西王母的画像一般形象高大，正面居于画面的显要位置，而其他神灵侍从和人物都是侧面形象，从而凸显西王母的主神地位。在西王母画像中，西王母、九尾狐、三足乌、蟾蜍、羽人、求拜之人是常见的元素（见图5-9）。

图5-9　西王母画像

(李国新编著《中国汉画造型艺术图典·神仙》，第32页。)

一般来说，完整的西王母画像体系包括西王母主神、护卫（羽人）、使者、食物供应者（三足青鸟）、不死药生产者（玉兔）、求药参拜者。这些要素在有些汉画中会全部体现，有的画像局部体现，甚至仅画出西王母的图像，其他要素部分显示或不显示。《山海经》中对西王母多处记载：

  《西山经》："又西三百五十里曰玉山，是西王母所居也。西王母其状如人，豹尾虎齿而善啸，蓬发戴胜，是司天之厉及五残。"

《大荒西经》:"有人,戴胜虎齿,有豹尾,穴处,名曰西王母,此山万物尽有。"

《海内北经》:"西王母梯几而戴胜杖,其南有三青鸟,为西王母取食。在昆仑墟北。"

《大荒西经》:"西有王母之山、壑山、海山。……有三青鸟,赤首黑目,一名曰大鵹,一名少鵹,一名曰青鸟。"①

从以上记载可以看出,西王母为西方之神,其形象为豹尾虎齿,蓬发梯几戴胜,三青鸟是为西王母取食的侍奉者。西王母的神通之处在于"司天之厉及五残",具有生杀之权。在不同的文献中,对西王母有不同的记载,如在《淮南子》中,对西王母有这样的记载:"譬若羿请不死之药于西王母,姮娥窃以奔月,怅然有丧。无以续之。"② 西汉司马相如在赋中提到:"低徊阴山翔以纡曲兮,吾乃今日睹西王母。暠然白首戴胜而穴处兮,亦幸有三足乌为之使,必长生若此而不死兮,虽济万世不足以喜。"张揖注曰:"三足乌,三足青鸟也,主为西王母取食。"③ 在汉代,西王母掌管不死之药已经成为人们的共识。西汉时期的西王母信仰比较普遍,并体现了一定的政治隐喻。哀帝建平四年(公元前3年),"关东民传行西王母筹",师古曰:"西王母,元后寿考之象。行筹,又言执国家筹策行于天下。"④

东汉时期,西王母作为神灵,已经从遥不可及到被人们普遍接受,在人们心中也更加具有人情味,张衡《思玄赋》:"聘王母于银台兮,羞玉芝以疗饥。戴胜憗其既欢兮,又消余之行迟。"⑤

关于西王母的画像,在礼仪方面主要体现在突出西王母主神的权威和神仙地位。一是对西王母形象的刻画显示其地位,在相关画像中,西王母几乎

---

① (晋)郭璞注,(清)郝懿行笺疏,沈海波校点:《山海经》,上海古籍出版社2015年版,第62、300、358、364、365页。
② 陈广忠译注:《淮南子》,中华书局2012年版,第333页。
③ 《汉书》卷57下《司马相如传下》。
④ 《汉书》卷11《哀帝纪》。
⑤ 《后汉书》卷59《张衡传》。

第五章　汉画反映的礼俗观念

都是处于端坐状态，在有些画像中，西王母坐于虎座之上，还有的坐在高台之上或高山之巅。此外，西王母头戴胜，或者肩有双翼，部分还会在其头顶加上羽盖。如山东临沂白庄西王母画像石，西王母戴胜，肩生双翼。二是通过侍从和拜伏求药者来显示其尊贵地位，如玉兔捣药、献药，求药者拜伏于地。身边有羽人相伴等。三是通过西王母周边的环境刻画来显示其主神地位，如身旁的云气等。从汉画来看，西王母身边的灵禽异兽，除了三青鸟或三足鸟外，还会有九尾狐、蟾蜍等。

　　除西王母之外，还有东王公画像。在武梁祠东壁画像的最上部，有东王公的画像，与西部最上部西王母的画像相对应。画面中，东王公正面坐在中央，肩生双翼，头戴中央凸起的高冠。其两边和上部有羽人和奇珍异兽，皆朝向东王公。① 其实几乎所有的东王公画像都有西王母的画像作为对偶神，但西王母画像可以是独立的画像系统。从这个角度来看，东王公更是为了衬托西王母的神仙地位，其在汉代的地位远不能同西王母相比。南阳师范学院博物馆征集的一块画像石有东王公和西王母的画像（见图5-10），画面中

图5-10　西王母与东王公

（采自南阳师范学院汉代石刻博物馆所藏画像石，作者拍照。）

---

① 朱锡禄编著：《嘉祥汉画像石》，山东美术出版社1992年版，图四，第104—105页。

还有星象、云气、神怪、天帝出行、拜求者等的场景，但没有玉兔等元素，应该是为了突出西王母与东王公作为天神地位的一面。

除西王母之外，伏羲女娲画像中也体现着礼文化的要素。在神话题材类汉画中，有体现礼文化的内容，如女娲执矩的画像，在山东费县出土的一幅东汉画像石局部就刻绘有这样的场面（见图5-11）。山东费县出土的另外两块画像石中，分别刻绘了伏羲执规和女娲执矩的画像（见图5-12）。规用来画圆，矩用来画方，规矩就是礼，显示了对礼仪规范的推崇。同时，也代表了当时人们天圆地方的宇宙观念。

图5-11　女娲执炬　戴日抱月

(采自中国画像石全集编辑委员会编《中国画像石全集3·山东汉画像石》，图八三，第69页。)

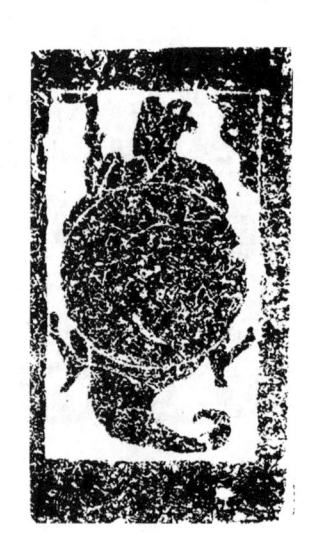

图5-12　伏羲执规、女娲执矩

(采自中国画像石全集编辑委员会编《中国画像石全集3·山东汉画像石》，图八九、图九〇，第76、77页。)

第五章　汉画反映的礼俗观念

可见，人们想象中所谓的仙境与现实社会一样，存在着等级礼制，有尊贵的天神西王母和东王公，也有作为使者的羽人、持戟仙人，为西王母抚琴奏乐、表演舞蹈的蟾蜍、玉兔等，而普通人只能跪着拜谒西王母，以求得长生。在不少汉画像石中，墓主刻意表现自己的仕宦经历和尊贵身份，这一方面有可能是他的真实经历，也可能是墓主后人的一种理想刻绘，希望墓主升仙以后，在仙界也能获得尊贵的地位并受到礼遇。这种情况可以从表达仙境的各类画像图中得到更多证明。乘车马到达天门的墓主会受到天界有司的躬身迎候，在仙境中出现的墓主形象，有的博衣高冠，在侍从的引导下在仙境中漫步，还有的与西王母等众神坐在一起欣赏表演。这些都是生者愿望的表现，也是对于仙界生活的理想描绘。

二　汉画中的升仙礼仪

升仙是汉代人们对死后的期望，这类题材在汉画像中很常见，龙、虎、鹿、凤凰等动物都具有升仙辅助的作用。

有学者认为，羽人的飞天有两类：第一类是依靠神兽运载，第二类是依靠升仙者自我修炼出来的飞天本领。① 汉画表达升仙的途径很多，除了瑞禽神兽导引外，还有乘车马到达天门、靠西王母等众神帮助等种种方式。由于人的能力有限，灵魂升天必须借助具有神性动物的帮助。仰韶文化时期的蚌塑龙、虎、鹿图案，两周时期的人物龙凤合体玉雕作品，战国、西汉时期的帛画，两汉时期的墓葬壁画和雕刻画像都是为了帮助死者灵魂升天。②

汉画中部分龙的形象刻绘与升天有关。在古人的观念中，龙是沟通天地的使者，是人神通天的助手。战国后期至秦汉时期，乘龙升仙的思想观进一步完善。到了汉代，龙演变为人主借以乘驾登天成仙的工具，汉乐府《善哉行》曰："淮南八公，要道不烦，参驾六龙，游戏云端。"③

---

①　吴曾德：《汉代画像石》，文物出版社1984年版，第114—115页。
②　黄尚明：《汉代及以前有关灵魂升天的艺术作品探索》，《武汉大学学报》（人文科学版）2010年第4期。
③　（宋）郭茂倩编：《乐府诗集》，中华书局1979年版，第536页。

西汉方士公孙卿向武帝讲述了黄帝乘龙升仙的故事，说黄帝采首山铜，在荆山下铸鼎，鼎铸成，有龙垂下胡须下迎接黄帝。黄帝骑上龙，群臣后宫跟随而上者有七十余人，龙载着他们腾空而去。其余小臣们不得上，欲持龙髯而上，结果龙须被拔掉而堕，黄帝的弓也随之而堕。百姓仰望黄帝上天后，便"抱其弓与胡髯号"，故后世便称黄帝升仙处为鼎湖，称其弓曰"乌号弓"。① 武帝听后感叹道："吾诚得如黄帝，吾视去妻子如脱屣耳。"② 据说黄帝升仙时乘坐的是名为訾黄，又名乘黄的一种龙，龙翼而马身，西汉的《天地》诗歌云："訾黄其何不徕下？"③ 龙的传说迎合了武帝求仙的思想。汉代画像中，就有多幅神仙驭龙飞行的图画。如河南郑州出土的汉代画像砖"仙人乘龙图"。此外，四川出土的汉画像砖"龙车行空图"，其中有两位仙人乘坐三条龙驾驭的云车飞行，三条龙蛇颈兽躯，并驾飞驰。④ 当然，升仙并非普通人所敢想的，因此，凡刻画有飞龙升仙类题材的画像石，其主人往往非贵即富。

此外，龙虎衔璧图也经常出现，构图上多为龙虎左右相向而对，中间为玉璧，璧上有绶带系绕，龙虎用嘴衔或用爪系住绶带。龙虎可以帮助普通人升仙。有的图像中，龙虎的身上还长有双翼，可彰显其升天的功能。璧在中国古代是用于祭天的礼器，璧的圆形也寓意天圆之形。因此，龙虎衔璧图寓意墓主以璧礼天，而龙虎载之升天，其意图是祈求让墓主顺利升入天界仙境。⑤

龙之外，凤凰也是升仙的重要媒介。《楚辞·大招》："魂乎归徕，凤凰翔只。"表明以凤引魂的观念早在先秦就已经出现。并且在升仙图中，往往凤与龙同时出现，如战国时期的人物龙凤帛画和人物御龙帛画。西汉晚期的洛阳烧沟村卜千秋夫妻合葬墓（图5-13），为空心砖室墓，墓室顶部有一幅长卷壁画，描绘了墓主人升仙的画面，上方的女墓主人

---

① 《史记》卷28《封禅书》。
② 《史记》卷12《孝武本纪》。
③ 《汉书》卷22《礼乐志》。
④ 参见刘志雄、杨静荣《龙与中国文化》，人民出版社1992年版，第119、166页。
⑤ 罗二虎：《中国西南汉代画像内容分类》，《四川大学学报》（哲学社会科学版）2002年第1期。

立乘在一只三头凤鸟的背上,下方的男墓主人立乘在一条巨龙的身上,手持弓弦,这与西汉黄帝持弓乘龙升天的传说相应。可见,龙凤是灵魂升天的重要辅助。

图 5-13　墓主升仙图

(采自孙新民、蔡全法主编《中国出土壁画全集 5·河南》,第 15 页图局部。)

长沙马王堆一号墓出土的一幅"T"字形彩绘帛画,同样是一件表现灵魂升仙的作品。帛画的上部绘日、月、升龙及蛇身神人等图像;下部绘交龙及墓主人等图像。神人下方为一对展翅的巨龙。巨龙之下为两位天使把守着天门。中部画面的上部有一老妪在平台上挂杖徐行,前有两位男子举案跪迎,后有三位侍者拱手相随,此老妪当是墓主人,其灵魂由双豹和穿璧两龙承载着飞升天界。①

---

① 湖南省博物馆、中国科学院考古研究所编:《长沙马王堆一号汉墓》,文物出版社 1973 年版,第 39—45 页,图片见第 40 页。

无论是马王堆汉墓帛画还是卜千秋墓顶壁画的升仙内容,墓主人灵魂升仙的主要工具都是龙、凤。在引导升仙的过程中,似乎男墓主的灵魂一般由龙引导,而女墓主的灵魂则主要由凤来引导。南阳汉画中也有不少乘龙升仙的景象(见图5-14)。

图5-14　南阳军帐营　乘龙升仙

(采自中国画像石全集编辑委员会编《中国画像石全集6·河南汉画像石》,图一九二,第156—157页。)

龙、虎、鹿是升仙的三个重要坐骑。[①] 虎作为升仙工具在汉画中有刻绘,南阳汉画馆祥瑞厅陈列一块"乘龙骑虎"画像石。画像中部刻一仙人骑于虎背上,右刻仙人乘龙,二仙人乘龙骑虎飞腾于云气缭绕的仙界。此外,南阳汉画中还有一些仙人乘龟、乘鹿、乘其他神兽的画像(见图5-15、图5-16)。

在神兽帮助人升仙的过程中,有的未必是作为运载工具,而是作为仙人的坐骑出现。如在和林格尔汉墓前室南壁上侧画像中,在一体态壮硕的白象背上,坐着一个身穿红衣、衣领和衣袖均为白色的仙人,象脚下白云飘浮,显然是仙界景象,榜题:"仙人骑白象"(见图5-17)。根据《瑞应图》的说法:如果王者自养有道,白象就会负不死之药而来,同样反映了当时社会追求长生不死的思想。除了普通的神兽外,能够辅助升天的动物还有多种,不再一一赘述。

---

① 李桂阁:《汉画石刻中所见宗教性因素试析》,《中国汉画学会第十届年会论文集》,2006年。

第五章　汉画反映的礼俗观念

图 5-15　仙人乘龟

（采自中国画像石全集编辑委员会编《中国画像石全集 6·河南汉画像石》，图一三二，第 105 页。）

图 5-16　鹿车、升仙

（采自中国画像石全集编辑委员会编《中国画像石全集 6·河南汉画像石》，图二一九，第 180—181 页。）

图 5-17　和林格尔汉墓壁画　仙人骑白象

（采自盖山林《和林格尔汉墓壁画》，内蒙古人民出版社 1977 年版，第 82—83 页。）

利用西王母和神仙的帮助升仙的情景在汉画像中经常出现，汉代人认为西王母掌握着不死之药，能助人升仙。到了东汉，后起的东王公也取得了同西王母对等的地位。在山东嘉祥武氏祠左石室顶部画像中，也有东汉墓主夫妇升仙的情景（见图5-18）。整个画面充满了云气，西王母和东王公之前都有车马和跪求者画像，应为将要升仙的墓主，云气表明西王母和东王公生活在天界。各种自然界的神灵也能够帮助人死后升天，在墓祠中，人们刻画风雨雷神的目的是非常明确的，那就是希望墓主人的灵魂能乘坐雷公车，驾上应龙，在风伯、雨师诸天神的护送下升天成仙。①

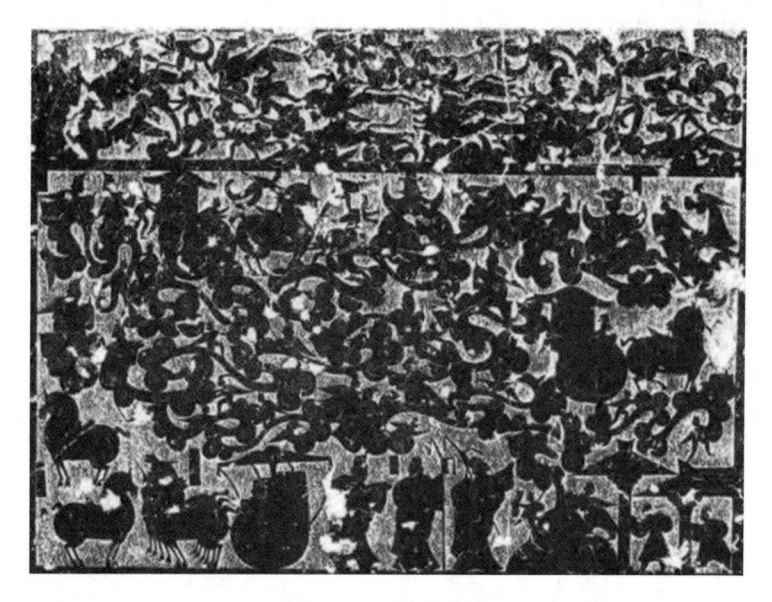

图5-18　墓主升仙

（采自中国画像石全集编辑委员会编《中国画像石全集1·山东汉画像石》，图八七，第62页。）

车临天阙是四川地区表达升仙的一种方式，在表述升仙主题时，人们往往用双阙代表天门，通过榜题能够清楚地认识到这一点，如四川简阳鬼头山东汉崖墓中出土的画像石，就带有"天门"榜题。在重庆市巫山县墓

---

① 牛天伟：《汉画风伯形象及其功能探析》，《古代文明》2008年第3期。

中也多次发现"天门"榜题的东汉鎏金铜牌饰。这些图像的内容是升天成仙观念的反映,在墓葬中发挥着引导墓主人升天成仙的作用。赵殿增等认为阙象征着天门,是升仙的入口,车马临阙并非普通的出行,而是象征升天图景。① 在四川汉画像石中多有刻画,如合江四号石棺就有车临天门画像(见图5-19)。最西方为巨大的西王母画像,中间为双阙及大门,似乎标明该阙为天阙。车辆自右往左而来,其目的地就是西方的天阙。

图5-19 车临天门

(采自中国画像石全集编辑委员会编《中国画像石全集7·四川汉画像石》,图一七八,第144—145页。)

东汉人的观念中,依托神树也能够升仙,建木是神树之一,是传说中的不死之树。《山海经·海内南经》载,这种树形状像牛,树皮能够拉动,就好像黄蛇缠绕一样,树叶像罗一样大,其果实像栾木的果实,人们把这种树叫作建木。② 建木又称灵树,是天界的象征,《淮南子》载,"建木在都广,众帝所自上下,日中无景,呼而无响,盖天地之中也",③ 经过神树或停在神树下表示升仙,如徐州的一块画像石就描写了死者升天的情景(见图5-20)。画面中一队人马向左行驶,倒数第二马背上,有一人扛幡,看来是送

---

① 赵殿增、袁曙光:《"天门"考——兼论四川汉画像砖(石)的组合与主题》,《四川文物》1990年第6期。
② (晋)郭璞注,(清)郝懿行笺疏,沈海波校点:《山海经》,上海古籍出版社2015年版,第286页。
③ (晋)郭璞注,(清)郝懿行笺疏,沈海波校点:《山海经》,上海古籍出版社2015年版,第204页。

丧场景，天上有飞鸟，马队前有两人迎拜，后一人捧盾，前一人执笏，两人与马队之间有一棵灵树。再往左似西王母画像，最左为两人对坐于亭下。看来该图中人们出行的目的地并非墓地，而是长着灵树的天界，是希望死者见到西王母后，顺利升仙。

图 5-20 车马送葬

（采自武利华主编《徐州汉画像石》，图六二，第 54 页。）

除了建木这样的灵树表达天界外，在四川地区还存在以神树等媒介来沟通天地的情况。成都东汉墓葬中出现了众多的摇钱树，树上除了有圆形方孔钱外，一般还会有西王母、羽人这些神仙形象，也有龙、凤鸟、朱雀、玉兔、莲花、蟾蜍、熊、猿等多种动植物形象。摇钱树具有神性，能够引导死者升仙，并保佑生者或后人荣华富贵。在和林格尔汉墓中，后室北壁木棺前绘有一棵翠叶繁茂的桂树，榜题"立官桂树"。[①]"桂"谐音为"贵"，是一种"仙树"。汉代人认为，桂树可以招致凤凰，"仙人"也多在桂树之下。因此，木棺之前绘画桂树是企图托桂树的神性使死者升仙，并让子子孙孙"攀仙桂，步青云"，从而永葆富贵荣华。

第二节 汉画反映的灵魂观念与阴间之礼

汉画像石大多是墓葬的构筑材料，与汉代人的灵魂观念有着直接的关系，画像的内容体现了汉代人的灵魂观念和想象中的阴间礼俗。

---

① 内蒙古自治区博物馆文物工作队编著：《和林格尔汉墓壁画》，文物出版社 1978 年版，第 144 页。

第五章　汉画反映的礼俗观念

一　汉画反映的灵魂观念

汉代人的灵魂信仰中，只有依附于具体的物或其他实体，灵魂才能显示其存在。灵魂依附的对象可以是物，也可以是图像等。

其一，尸体附近的铭旌，所在的棺椁、坟墓等。按照汉代人的观念，人死后灵魂就在尸体附近，尸体所在之处也是灵魂存在的地方。在死者大殓后，覆盖在棺柩上的铭旌上写"某氏某之柩"，表明铭旌是象征死者灵魂的。马王堆一号墓的铭旌，其主要功能就是作为死者灵魂的依凭，象征死者灵魂活动的宇宙。下葬后，棺椁就成为安魂之地。辽宁盖县东汉砖室墓也出土一铭文方砖，刻有"死者魂归棺椁，无妄飞扬而无忧，行无忧"字样。① 初平元年（190年）郭氏镇墓文："生人入成（城），死人入郭（椁），生人在宅舍，死人在□□（棺椁）。"② 四川的王晖石棺画像中，右门半掩，门缝中刻一头戴步摇，衣带飘拂，腿胫着甲（或鳞片）的仙童，作迎候之状，似乎是欢迎王晖的灵魂回家。③ 表明棺椁是死者灵魂的依凭地，尸体所在的坟墓就是灵魂安息饮食之家——阴宅，在古代丧礼中，"筮宅"就是用占筮的方法选择墓地。坟墓一旦被毁，灵魂便无所依归。司马相如在吊秦二世的赋中说："墓芜秽而不修兮，魂亡归而不食。"④ 王充指出："墓者，鬼神所在，祭祀之处。"⑤

其二，祠堂。孔子说"祭神如神在"，祭祀之所也是人们认为灵魂存在和依凭的地方。墓上祠堂在汉代至少有"祠堂""庙祠""食堂""斋祠"或"食斋祠"等称呼。⑥ 祠堂又称"食堂"，表明它是用食品祭祀死者灵魂的地方。立于东汉桓帝永兴二年（154年）的山东东阿铁头山芗他君祠堂石柱题记云："无患、奉宗，克念父母之恩。""起立石祠堂，冀二

---

① 辽宁省博物馆文物队：《辽宁盖县九垅地发现东汉纪年砖墓》，《文物》1977年第9期。
② 吕志峰：《东汉熹平二年张叔敬朱书瓦缶考释》，《中文自学指导》2007年第2期。
③ 中国画像石全集编辑委员会编：《中国画像石全集7·四川汉画像石》，山东美术出版社、河南美术出版社2000年版，图九一，第72页。
④ 《汉书》卷57下《司马相如传下》，第2591页。
⑤ 黄晖撰：《论衡校释》，中华书局1990年版，第972页。
⑥ 信立祥：《汉代画像石综合研究》，文物出版社2000年版，第67页。

亲魂零（灵）有所依止。"并说："此上人马，皆食大仓。"① 明确表明祠堂是灵魂的依凭之处。

其三，墓主画像。祠堂是灵魂的依凭之处，而墓主画像则是死者灵魂的象征。楚辞《招魂》曰："魂兮归来！反故居些。天地四方，多贼奸些。像设君室，静闲安些。"希望死者灵魂不要游荡在天地四方，而是要返回故居，在画有死者肖像的室中安居。祠堂和墓室中的墓主肖像都具有象征死者灵魂的作用。信立祥认为，祠堂后壁"楼阁拜谒图"应是"祠主受祭图"。② 其主要原因就在于，墓室画像是灵魂的依附之处。山东武梁祠反映了东汉桓帝元嘉元年（151年）前后东汉人的灵魂信仰，在武梁祠的后壁有墓主的肖像。由此看来，祠堂后壁的祠主画像也是死者灵魂的依附之处。此外，墓葬画像石以及帛画中也多画有墓主形象，如长沙马王堆墓中的帛画、南阳许阿瞿画像石等，不再一一举例，这些画像的主要目的，一方面是让人们知道墓主身份，另一方面是作为死者灵魂的依附和象征。

宗庙也是祭祀死者灵魂的地方："庙以藏主，以四时祭。寝有衣冠几杖象生之具，以荐新物。"③ 这些例子表明，宗庙里的神主、灵牌是象征死者灵魂的，其功能主要是安放、祭祀神主。灵魂依附的对象中，铭旌、祠堂、墓主画像与画像这种方式有关系。

灵魂不仅要有所依附，而且具有移动的能力。人死后，灵魂仍能四处游走，刘向在上书中引用先秦延陵季子"魂气则无不之之语"。④ 汉高祖刘邦也曾说过："吾虽都关中，万岁后吾魂魄犹乐思沛。"⑤ 此外，灵魂有知并能够影响生者。王充提到："世谓人死为鬼，有知，能害人。"而且"鬼象生人之形，见之与人无异"。⑥ 因此，灵魂有感情（怀故土）、会受到惊

---

① 杨爱国：《幽明两界：纪年汉代画像石研究》，陕西人民美术出版社2006年版，第204页。
② 信立祥：《汉代画像石综合研究》，文物出版社2000年版，第91—92页。
③ 《后汉书》卷99《祭祀志下》"宗庙"条，第3199页。
④ 《汉书》卷36《楚元王刘交传附刘向传》，第1953页。
⑤ 《史记》卷1《高祖本纪第八》。
⑥ 黄晖撰：《论衡校释》，中华书局1990年版，第903页。

扰、会有痛苦、能害人,都表明时人认为灵魂是有知的。当然,灵魂有知和灵魂移动其实是生者的一种主观认识。至于灵魂的归宿,除升仙之外,另一个去处就是阴间。

二 汉画体现的阴间秩序

阴间是生人为死者灵魂编织的又一个世界。从汉画来看,汉代人观念中的阴间有以下几个特点。

(一) 阴间黑暗可怕,死生异路,需要用礼俗进行干预

南阳市东关李相公庄出土的一块画像石(见图 5 - 21),刻画了东汉建宁三年(170 年)幼童许阿瞿死后的理想生活场景。画面分为上下两栏,上栏有一身着长襦的总角儿童端坐于榻上,俨然是高贵的主人,榜题刻其姓名"许阿瞿"。侧后有人执扇面侍奉,前面三名男孩或行或奔,来到许阿瞿跟前。三人皆穿兜肚,头上留"总角"发髻。这三名儿童一人玩鸟,鸟从手中飞去,一人牵一木鸠,鸠有两轮,后一人执鞭赶鸠。下栏是乐舞

图 5 - 21 南阳 许阿瞿画像石

(采自中国画像石全集编辑委员会编《中国画像石全集6·河南汉画像石》,图二〇二,第165 页。)

杂技场面。画像一侧是一段诔文，共 136 字，其中有两句为："痛哉可哀，许阿瞿身，年甫五岁，去离世荣。遂就长夜，不见日星。神灵独处，下归窈冥。永与家绝，岂复望颜？"① 表明汉人认为灵魂生活的阴间是一个没有日月星辰的黑暗可怕的地方，死者永远不得与生人往来。画像正是汉代人干预灵魂的方式，画面上的刻画未必是许阿瞿生前的生活。许家通过画像的方式，一方面寄托自己对孩子的思念，另一方面，他们希望许阿瞿的灵魂在阴间过着尊贵快乐的生活，有孩子陪伴，有人侍奉，快乐无忧。

　　汉代人相信疾病和灾难的降临都是鬼作祟所致，不仅在送葬的过程中，在墓室里也驱鬼避邪，以求死者灵魂得以安宁。墓门是死者灵魂出入之地，是驱鬼避邪画面出现较多的地方。门楣上雕刻猛虎、铺首衔环、执刀武士以及神荼、郁垒等，在墓内刻画凶神恶煞、怪象毕露的避邪象人和打鬼头目方相氏，以此来保佑死者的灵魂不受干扰和侵袭。如虎是辟邪的阳物，在南阳唐河针织厂汉墓画像，就有"虎吃女魃"画面，其主要目的是保护墓主灵魂，同时也为防止死者灵魂出来作祟生者。

　　（二）灵魂在阴间仍然受到统治

　　在汉代人的想象中，阴间同现实世界一样，也有着明显的秩序。陕北绥德县四十里铺前街出土的东汉永元四年（92 年）画像石墓，刻词中有这样的内容："哀贤明而不遂兮，嗟痛淑雅失（？）年。云日日而下降兮，荣名绝而不信（申）。精浮游而猖獐兮，魂礚瑶而东西。恐精灵而迷惑兮，歌归来而自还。掾兮归来无妄行，卒遭毒气遇凶殃。"② 显示出干预灵魂的意图，希望死者之魂不要妄行，以免迷失或遭遇鬼怪。灵魂在阴间生活，同样要受到阴司的统治。1935 年同蒲路开工时，在山西出土了一个东汉灵帝熹平二年（173 年）的瓦盆（具体出土地点不详），瓦盆内四周丹书 219 字的镇墓文。文中描绘了阴间的统治世界，天帝使者代

---

① 中国画像石全集编辑委员会编：《中国画像石全集 6·河南汉画像石》，山东美术出版社、河南美术出版社 2000 年版，图二〇二，第 165 页。
② 榆林地区文管会、绥德县博物馆：《陕西绥德县四十里铺画像石墓调查简报》，《考古与文物》2002 年第 3 期；图片参见康兰英、朱青生主编《汉画总录 4·绥德》，广西师范大学出版社 2012 年版，第 180 页。

第五章　汉画反映的礼俗观念

天帝命令地下世界的各级官吏今后不得再找死者张叔敬一家的麻烦。这篇镇墓文中出现的阴间官吏大致可分为以下三个层次：第一，葬地所辖的基层令长，如"三丘五墓、墓左墓右、中央墓主、主冢司命、魂门亭长、家中游徼、耗里伍长"等；第二，官职地位比较高的官吏，如"地下二千石"；第三，"侯、伯、卿"等，如"东冢侯、西冢伯、地下击植卿"。① 吴荣曾认为，在汉代人的观念中，地下的鬼魂世界与现实的人间世界一样，由各级管理机关和各级官吏统治着，其最高统治者是管理泰山的黄神，最高统治机关是泰山府。所谓地下二千石、冢承冢令，大约相当于汉制的郡守和县之令承。亭长、伍长则相当于汉的乡里小吏。② 延熹四年（161年）的钟仲游妻买地券，同样有地下二千石、丘承墓伯、墓左墓右、墓门亭长、主墓狱吏等阴间官名，阴间的基层官吏都是围绕墓冢而设的。这种统治秩序显示了阴间的礼制。

在阴司的统治下，有相应的阴法管理。《太平经》描绘了死者在阴间接受各种制裁的情景，"大阴法曹，计所承负，除算减年。算尽之后，召地阴神，并召土府，收取形骸，考其魂神……有过高至死，上下谪作河梁山海，各随法轻重，各如其事，勿有失脱。各有府县邮亭主者长吏，察之如法，勿枉夭克鬼神精物"。③ 并且生前作恶的人死后其灵魂也会受到严厉惩罚，"为恶不止，与死籍相连，传付土府，藏其形骸，何时复出乎？精魂拘闭，问生时所为，辞语不同，复见掠治，魂神苦极，是谁之过乎？"④ 可见，阴间法律也采用罚当其罪、因人而异、公正无枉等方面的原则。

（三）阴间生活是现实生活的升华

阴间情况也是人们虚构出来的，所以阴间的景象也是以现实生活为蓝本创造出来的。巫鸿认为，艺术往往把死后的世界描绘成死者原有生活的延续，或表现为对现实生活的理想升华。盛大的宴饮场面、车马出行，以

---

① 郭沫若：《奴隶制时代》，人民出版社1984年版，第93—94页。
② 吴荣曾：《镇墓文中所见到的东汉道巫关系》，《文物》1981年第3期。
③ 王明编：《太平经合校》，中华书局1960年版，第578页。
④ 王明编：《太平经合校》，中华书局1960年版，第615页。

及儒家的道德故事，所有这些丧葬艺术的内容都体现了人们现世的企盼。①如汉画中的车马出行图有多种含义，既有死者生前的真实生活描绘，也有对死者升仙希望的幻想与虚构，还有更多的是对死者在阴间生活的想象。汉画中关于生产劳动与生活场景的理想化描绘，有不少是死者在阴间生活的写照。

汉画中有不少刻画了门吏、侍者等人的形象，图中的尊者往往体态高大，受人侍奉，这些都表明阴间跟现实世界一样，是一个等级森严的社会。余英时认为，《太平经》中的阴间观念与其天府观念一样，都是对当时人世间的模仿。②

对主人生前的侍奉和死后的侍奉是相通的（见图5-22），描绘了主人接受侍奉的情景，主人形象高大，跪坐于左侧，双手在胸前似乎在翻开衣领，画面右侧，主人身后是一奴仆，手持类似长棒的器物，下端有呈剪刀形分枝，应该为挠痒之具。类似的侍奉场景还见于江苏的一幅画像石（见

图5-22 侍奉（1）

（采自凌皆兵等主编《中国南阳汉画像石大全1》，第89页。）

---

① ［美］巫鸿著，郑岩、王睿编：《礼仪中的美术——巫鸿中国古代美术史文编》，郑岩等译，生活·新知·三联书店2005年版，第178页。
② ［美］余英时著，何俊编：《东汉生死观》，侯旭东等译，上海古籍出版社2005年版，第92页。

图5-23），画面上侧一人在点灯，下部左侧一人跪地面左，露出赤裸背部，其身后一人手持便面，正在为其扇风解暑。河北安平逯家庄东汉熹平五年（176年）壁画墓的中室右侧室南壁上，在墓主人坐帐图主题绘画的上方有一侍女图，该侍女头戴巾帼，左手端三足圆盘，盘上放的好像是香薰之物（见图5-24）。刻画侍女图的寓意非常明显，就是侍奉墓主人，为墓主人在阴间提供物品。该侍女的冠饰与沂南汉墓画像石的侍女图相似，此外，密县打虎亭画像石中的供食侍女画像同样是这种月牙形花钗发饰（见图5-25），汉朱鲔墓中的侍女也是这种发饰，可见当时不同阶层人所穿服饰在各个地域都有一定的共性。

图5-23　侍奉（2）

（采自中国画像石全集编辑委员会编《中国画像石全集4·江苏、安徽、浙江汉画像石》，图二三六，第177页。）

图 5-24 侍女

(采自徐光冀主编《中国出土壁画全集 1·河北》,图一二,第 12 页。)

图 5-25 河南密县打虎亭画像 侍女图(局部)

(采自中国画像石全集编辑委员会编《中国画像石全集 6·河南汉画像石》,图九九,第 75 页。)

在侍奉主人的活动中,除了供给食物,还要为主人提供衣物之类的用品。汉画中有不少侍奉者手捧衣物的场景。在内蒙古鄂托克旗凤凰山 1 号墓出土的壁画中,在墓室的北壁西段刻绘有两侍者的形象(见图 5-26)。两位侍者侧身站在屋门左侧,前者身着黑色右衽长袍,内穿红色中衣,双手合于胸前，左臂上搭一件蓝色长袍。后者身着浅绿色右衽长袍，内穿白色中衣，双手合拢，怀抱长棒形的红色绣花囊吾。两人均头戴宽檐黑帽，帽侧后插翎。

图 5-26　侍奉者

（采自徐光冀主编《中国出土壁画全集 3·内蒙古》，图八，第 8 页。）

第三节　汉画反映的吉祥观念与利后礼俗

在汉代，吉祥观念流行，并形成了相应的利后礼俗。这类内容在画像砖中表现尤为明显，既有直白的刻画，也有象征性的表达。从汉画像的题材来看，其中反映的汉代人礼俗信仰大致有以下几个方面。

长寿、健康。追求长寿、健康、生殖能力和子孙繁衍是人们作为一种高级动物所具有的生物性需要，当然是人最基本的世俗愿望。一些表示祥瑞的植物和动物都包含有长寿的意义，常青树，又称不死树，象征着长寿。在《中国画像砖全集》中，含有常青树的汉画像主要出现于河南的郑州市以及新密等处，有近二十幅之多，其出现时间均为西汉晚期至东汉早期。树冠一般呈三角形或锥状，不仅汉画像砖上有"常青树"

类刻画，汉代画像石上也常常发现此类树木图像刻画。常青树在画面中单独出现的情况不多，它往往同其他图案、画面结合，有时作点缀补白之用，有时单列一排，还有单株的情况。有不少学者认为，此类"常青树"同祭祀有关。① 有学者认为它是对栽植坛台之上树木，即汉代社树的原始摹画，是汉代社祭的反映。汉画像中的"常青树"并非只有一种含义，在不同的画像组合中具有不同的意义，如河南出土的一块画像砖（见图5-27），画面共分四层，最下一层为整齐横排的32条鱼，鱼头朝上，第二层为龙、虎、双凤，再上一层为常青树，最上端是一排凤，每只凤都正对应下方的一棵常青树。这里的"常青树"应是长寿的象征，同凤、鱼一样表示吉祥。松、柏树是墓地上栽种的主要植物，由于长青，遇寒不凋，因而代表着长寿。

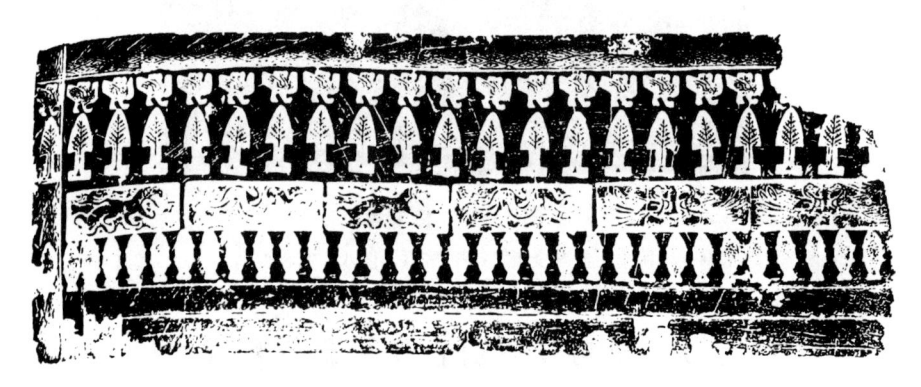

图5-27 龙虎、双凤、常青树

（采自《中国画像砖全集》编辑委员会编《中国画像砖全集·河南画像砖》，第48页。）

动物方面，鹤、鹿、龟等都有表示长寿之意。南阳汉画中的"双鹤"图刻画了两只对称引颈交啄、展翅飞翔的仙鹤，还有的汉画图像把鹤刻于建筑物顶的左右上方。鹤象征吉祥与长寿，汉朝及后世人们讲到"鹤年""鹤发"。可见，在汉代人的心目中，鹤是一种长寿吉祥的飞禽，是祥瑞之物。鹿在汉代同样为长寿的仙兽。《抱朴子》曰："鹿寿千岁，

---

① 郑同修：《汉画像中"常青树"类刻画与汉代社祭》，《东南文化》1997年第4期。

满五百岁则其色白。"前述南阳汉画"鹿车升仙图"中，车前有两只仙鹿拉车，车后有两只仙鹿追随，两羽人持芝草并行，其间云雾缭绕，仙鹿穿云破雾。龟又称"玄武"，是四灵之一，以长寿著称，汉末曹操就有《龟虽寿》一诗，表明在人们的心中，龟是最能代表长寿的动物。西晋葛洪在《抱朴子·对俗》中也提到："知龟鹤之遐寿，故效其道引以增年。"长寿的实现需要有健康的身体，画像砖中有许多显示力量的画像，如材官蹶张、手搏、杂技的场面，画面充满活力，它在一定程度上反映了人们追求健康的理想。

生殖与子孙昌盛。老子在《道德经》中这样来描述万物的化生："谷神不死，是谓玄牝。玄牝之门，是谓天根。绵绵若存，用之不勤。"《易经》也高度重视人的生殖和子孙繁衍："天地氤氲，万物化醇，男女构精，万物化生。"如果说长寿和健康是个人的事，那么生殖能力和子孙繁衍则体现了对后代的希望，反映生殖（子孙繁衍）愿望的画像石题材有桑树、伏羲女娲、西王母、九尾狐等图像。

画像石中的伏羲女娲图像鲜明地表现了汉代人祈求子孙繁衍的愿望，山东嘉祥武梁祠有一伏羲、女娲像，女娲举规，伏羲执矩，他们之间有一小儿，人首蛇身。① 人们把伏羲、女娲像画在石刻壁画上，其实代表着希望透过对伏羲、女娲两尾相交图像的力量，达到繁衍子孙的目的。伏羲、女娲之外，玄武也有生殖和子孙繁衍的含义，如南阳一块画像砖局部（见图5-28），伏羲、女娲下部交尾并缠绕一龟。笔者认为，伏羲、女娲象征夫妇，龟象征二者的后代，意为子孙昌盛，千秋万代。

至于西王母的图像，在全国范围的汉画像砖石中更是多见，它不仅象征着升仙和长生不死，而且同人类的繁衍有关。在西王母图像中，常出现夫妇二人跪求西王母的画面，人们向西王母顶礼膜拜，部分是为了乞求子女的繁衍不绝，并且在西王母的图像系统中常出现九尾狐的形象，而九尾狐象征着生殖功能和子孙繁衍，不少汉画学者都对此有过论

---

① 朱锡禄编著：《武氏祠汉画像石》，山东美术出版社1986年版，图一局部，第13页。

述，不再赘述。①

四川画像砖中也有"延年益寿利后子孙吉""宜子孙长大吉利""后人长乐""宜子孙富贵昌利后世寿命长""宜子富贵""后人千万""大利子孙"等铭文。②在四川三台县出土有"子孙高千（迁）"的铭文画像砖，成都武侯区出土有"永兴元年刘鱼造宜子孙"铭文砖。③表明了人们对子孙繁盛、后代幸福的重视和期盼。

图5-28 伏羲、女娲、玄武画像砖

（采自南阳市文物研究所编《南阳汉代画像砖》，图一六七局部。）

还有一些画像，运用象征手法巧妙地表达了这一期望。在武氏西阙的一幅立柱画像中（见图5-29），画面以一只大鸟为中心，周围有五只小鸟

---

① 郑先兴：《汉画九尾狐的原型分析》，《宁夏师范学院学报》2007年第4期。
② 高文主编：《中国巴蜀新发现汉代画像砖》，四川美术出版社2016年版，第122、141、151、152、160、162、272页。
③ 高文：《汉代瑰宝——记四川出土的汉代纪年砖字砖》，《中国书法》2004年第9期。

依附大鸟身旁，还有一小鸟直接立于大鸟背上。该图中的小鸟均朝向大鸟，特别是正前三只小鸟，正朝大鸟引颈呼唤。据图判断，六小鸟应为大鸟所生幼鸟，整个画面其乐融融，热闹无比，体现了繁衍子嗣的象征意义，表现了建祠者殷切期望武氏后代人丁兴旺。

图 5-29　大鸟与雏鸟

（采自中国画像石全集编辑委员会编《中国画像石全集 1·山东汉画像石》，图二六，第 14 页。）

平安吉祥，消灾避凶。平安吉祥作为人们基本的社会性需要，反映了人们对美好生活的向往。反映这一方面主题的画像砖有桃树、柏树等植物，羊、鹿、龙、虎、鱼等动物，铺首等表示辟邪的图像，以及材官蹶张、门吏等表示吉祥的人物。此外，铭文砖也直观地反映了人们对平安吉祥生活的向往。

消灾避凶是获得平安的一种方式，桃梗是镇凶缚鬼求得平安的有力工具。《太平御览》引《典术》曰："桃者，五木之精也，帮压伏邪气者也。桃之精生在鬼门，制百鬼，故今作桃人梗著门，以压邪气。"《庄子》记述了桃枝能驱鬼的功能，曰："插桃枝于户，连灰其下，童子入不畏，而鬼畏之。"① 南阳汉画中有柏树图，据《风俗通》云："魍魉畏虎与柏"。画像砖石上刻画柏树形状，具有辟邪之意。

青龙被汉代人看作守护东方的神灵。《论衡》载："宅中主神十二焉，青龙白虎列十二位，龙虎猛神，天之正鬼也。"青龙常出现在南阳汉画像石墓的墓门之上，驱邪逐恶，避除不祥，以求吉祥。与青龙相对应，汉代人把白虎列为十二主神之一。《后汉书·礼仪志》注曰："画虎于门，当食鬼也。"《续汉书·礼仪志》："《山海经》曰：'东海中有度朔山，上有大桃树，蟠曲三千里……画虎于门，当食虎也。'"《风俗通义》卷八"桃梗苇茭画虎"："虎者，阳物，百兽之长也，能执搏挫锐，噬食鬼魅。"因此在汉代的画像砖石中有大量的龙、虎画像。

羊在古代寓意吉祥，刘熙《释名·释羊》云："羊，祥也，祥兽也。"四川汉代铭文砖上也多出现"羊""吉羊"或"大吉羊"的字样。南阳汉画像砖也不乏"吉羊"的铭文，都是吉祥之意。山东济南不少地方的画像石中就有以羊头为主题的画像，如山东临淄出土的一块三羊图画像石（见图5-30），画像四周有用内部连弧纹和三角纹构成的边栏，在画面中上部，三羊头整齐排列，中间一羊头稍大，每个羊头前额都刻着十字穿壁纹。此外，还有一对口衔长长绶带的朱雀立于羊头间。如前所述，吉羊就

图5-30 三羊头与朱雀衔绶

（采自中国画像石全集编辑委员会编《中国画像石全集3·山东汉画像石》，图一五四，第134—135页。）

---

① （唐）欧阳询撰，汪绍楹校：《艺文类聚》卷86引《庄子》佚文，上海古籍出版社1982年版，第1468页。

是吉祥，而朱雀是财富的象征，绶带是官位的象征，整个画像表达了人们对吉祥和富贵的期盼。

鱼是有灵性的动物，在南阳的画像砖石中，经常出现鱼车升仙以及鱼拉车的河佰图像，也有鱼紧随龙后的图像。据载，西汉宣帝神爵元年，"东济大河，天气清静，神鱼舞河"。① 都表明古人认为鱼具有神性，象征着平安。在古人的心中，鱼能化为龙，因而也是吉祥的象征。在河南郑州以及南阳的画像砖中常出现鱼的形象，多数画像鱼头朝上，并排出现。

除动植物外，表示辟邪的画像砖还有大量的铺首衔环图像。铺首在画像中多面目狰狞，画面中有单个铺首画像，位于画面的正中等显要位置；一幅画面还可能出现多个铺首，或并排位于画面正中，或上下、左右对称分布；还有的铺首与动物结合，如把虎与铺首衔环同刻于汉墓墓门扉石上，寓意辟邪食鬼。

方相氏也有辟邪的功能。《周礼·夏官·方相氏》云："方相氏掌蒙熊皮，黄金四目，玄衣朱裳。执戈扬盾，师百吏而时傩，以索室殴疫。"汉代除夕之日要举行一种击鼓逐疫之仪式，亦称"傩疫"。其仪式有"方相氏黄金四目，蒙熊皮，玄衣朱裳，执戈扬盾。十二兽有衣毛角。中黄门行之，冗从仆射将之，以逐恶鬼于禁中"。② 因而汉画像砖中经常出现熊或方相氏舞动的情况。

神荼、郁垒二神图像多用于墓门，他们"能执鬼""以食虎"。《皇帝书》："上古之时，有神荼、郁垒昆弟二人，性能执鬼。度朔山上立桃树下，简阅百鬼，无道理，妄为人害，荼与郁垒缚以苇索，执以食虎。"③ 张衡《东京赋》云："度朔作梗，守以郁垒，神荼副焉，对操索苇。"④ 画像砖中的郁垒形象多手持苇索，表示捉鬼辟邪。

亭长或门吏作为守门人，其形象也是汉画像的一个经常性的题材，画像砖上的门吏画像以一个或多个组合出现，门吏手持棨戟（拥彗、捧盾、

---

① 《汉书》卷8《宣帝纪》。
② 《后汉书》卷95《礼仪志》。
③ （南朝）萧统撰，（唐）李善注：《文选》，中华书局1977年版，第63页。
④ （汉）应劭撰，王利器校注：《风俗通义校注》，中华书局1981年版，第367页。

持笏）或手持其他武器，立于阙前，画像具有守门和辟邪的寓意。

财利富贵。富贵自古以来就是人们对幸福生活追求的表现，《易经·系辞传》曰："崇高莫大乎富贵。"汉代人们毫不掩饰对富贵的追求，"富"就是有钱财多，"贵"就是为官入仕，具有较高的政治地位。山东苍山元嘉元年画像石墓出土的石刻铭文有"上有龙虎衔利来，百鸟共持至钱财"的句子，① 同样表达了人们对金钱的向往。这也说明，龙、虎、鸟都有表达富贵的用意。在四川合江一号石棺上，有青龙白虎衔玉璧的画像（见图 5-31），而且玉璧下方还挂有绶带，其表达富贵的用意非常明显。

图 5-31　青龙白虎衔玉璧

（采自中国画像石全集编辑委员会编《中国画像石全集 7·四川汉画像石》，图一七四，第 140—141 页。）

画像砖的铭文和钱纹更是直接表达了人们对富贵的向往，南阳出土的铭文砖中，铭文有"作冢长富贵""大富昌乐未央""卿二千石""千秋万岁""羊""太阳吉"等字样。②

在汉画中，不同地域的汉画中经常出现射鸟这样的场景。一棵大树，枝上有鸟儿站立，树下一人持弓举箭向上仰射。在河南、山东、四川等地都有类似主题的画像，如山东有一幅射雀图（见图 5-32），树上有两只鸟雀，树下有两人张弓仰射。鸟即雀、爵，猴即侯，象征着射爵射侯，后代能够得到封侯和爵位，这显然是对富贵的追求。此外，在和林格尔等汉墓

---

① 张其海：《山东苍山元嘉元年画象石墓》，《考古》1975 年第 2 期。
② 南阳文物研究所编：《南阳汉代画像砖》，文物出版社 1990 年版，图四〇五、图四〇七、图四〇九、图四一〇、图四一一、图四一三。

的画像中,① 还有树上挂绶带的场面,并有"立官桂树"的榜题,"桂"谐音为"贵",表达了获得官爵富贵的寓意。这类射雀射猴图在汉代画像中经常出现,反映了汉代礼俗文化的重要一面。

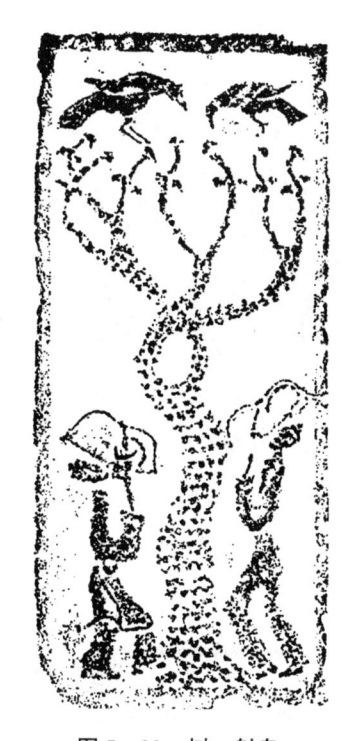

图 5-32 树、射鸟

(采自中国画像石全集编辑委员会编《中国画像石全集 2·山东汉画像石》,图二三,第17页。)

山东微山县两城镇出土一块画像石(见图 5-33),时间为东汉中晚期,画面中有两棵大树,树上有成群的鸟雀和猴子,两树的下层互相交接,呈连理树状态,有一人端坐在两树之下,两旁各立有一人,正在张弓仰射,此外画面中还有一马、一羊。

---

① 内蒙古自治区博物馆文物工作队编著:《和林格尔汉墓壁画》,文物出版社 1978 年版,第24页。

山东省莒县东莞镇 1993 年出土的阙身正面画像中也有射猴的刻画（见图 5-34）。画面右侧有一大树，树上有猴、鸟立于枝头，左侧为建筑的屋顶，另有一人背对大树，正在张弓仰射屋角的猴，射猴封侯的象征意义非常明显。此外，射鸟画像还见于南阳等地的画像石（见图 5-35、图 5-36）。

图 5-33　连理树、射猴、射鸟

（采自中国画像石全集编辑委员会编《中国画像石全集 2·山东汉画像石》，图四二局部，第 33 页。）

图 5-34　射猴

（采自中国画像石全集编辑委员会编《中国画像石全集 3·山东汉画像石》，图一三七局部，第 120 页。）

图 5-35 射鸟

（采自中国画像石全集编辑委员会编《中国画像石全集 6·河南汉画像石》，图二一三，第 175 页。）

图 5-36 射鸟

（采自中国画像石全集编辑委员会编《中国画像石全集 4·江苏、安徽、浙江汉画像石》，图一九六，第 151 页。）

图 5-37 射鸟

（采自南阳文物研究所编《南阳汉代画像砖》，图九九。）

在南阳出土的一幅射雀画像砖图中（见图 5-37），树上有三鸟一猴，树下有两人一犬，一人正仰弓而射，另一人左手提鸟，右手上指。山东白庄出土的画像石中有一幅大树、朱雀衔绶、人物进食的画像（见图 5-38）。画面中部为一棵大树，有四只鸟立于树上，树下有一朱雀，喙中衔绶，树左有一人物右手执物站立，身悬佩剑；树的右侧有一四目神人跪坐榻上，面前陈放有酒樽和耳杯等饮食器具。图中表达赐绶得爵的意愿非常明显。在山东苍山城前村墓的题记中（见图 5-39），有"学者高迁宜印绶,治生日进钱万倍",表现了对才学、官位和金钱的向往。

图 5-38　朱雀衔绶

(采自中国画像石全集编辑委员会编《中国画像石全集3·山东汉画像石》,图三二,第28—29页。)

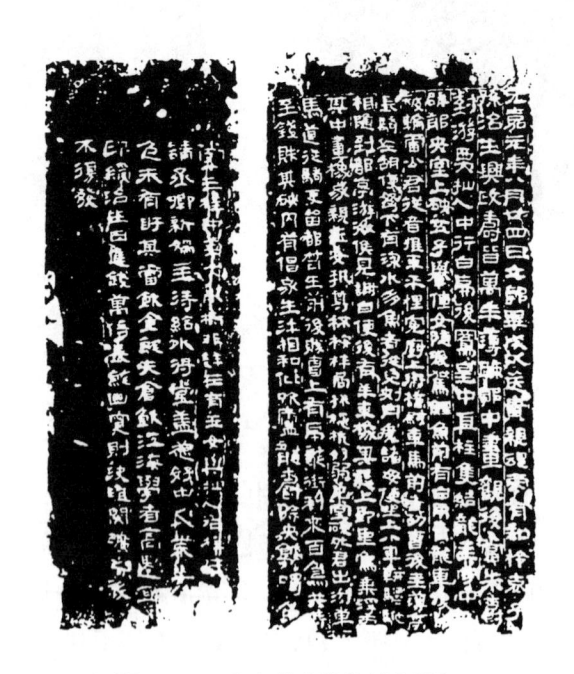

图 5-39　山东苍山城前村墓题记

(采自赖非《山东汉代画像石榜题》,《美术研究》1994年第2期。)

第五章　汉画反映的礼俗观念

由于鹿通"禄",鹿的画像也具有祈求富贵之意,山东烟台福山区出土的画像石也有双鹿画像(见图5-40)。

图 5-40　双鹿

(采自中国画像石全集编辑委员会编《中国画像石全集3·山东汉画像石》,图二二九,第212—213页。)

此外,场面宏大的车马出行图、宴饮图、舞乐图等也展现了汉代人渴求富贵的愿望。以河南画像砖为例,"由于画像砖墓的墓主人多为二千石以下的中小地主,有的仅是平民,画像砖中那些高大的楼阁、乐舞百戏、鲜车怒马等内容,只是死者亲属或死者生前对冥室的精心安排,寓褒扬、祝福、希冀等意念于其中,它们虽非墓主人生前生活的真实反映,但也充分反映了墓主人对豪强地主阶级奢华生活的向往"。①

利后礼俗。汉代人追求美好生活的礼俗往往是综合体现的,汉代的二十四字砖很好地反映了这一点,其铭文曰:"富贵昌,宜宫堂。意气扬,宜兄弟。长相思,毋相忘。爵禄尊,寿万年。"② 这些铭文显然是对家人和后代幸福的期望,也是汉代人"利后"思想的体现。全国各地的画像石、画像砖及器物壁等载体上都有类似的铭文,如和林格尔汉墓出土的铺地砖上,有"子孙繁昌　富乐未央"的铭文。③ 河南漯河出土了数块利后类铭文砖,如"延寿富贵宜子孙""宜子孙宜田宅"。④ 云南昭通段家梁子砖室

---

① 张文军、田凯、王景荃:《河南画像砖概论》,载《中国画像砖全集》编辑委员会编《中国画像砖全集·河南画像砖》,四川美术出版社2006年版,第25页。
② 高文主编:《中国巴蜀新发现汉代画像砖》,四川美术出版社2016年版,第67、68、69页。
③ 盖山林:《和林格尔汉墓壁画》,内蒙古人民出版社1977年版,图一六。
④ 衣雪峰:《若希斋藏文字砖述略》,《东方艺术》2010年第20期。

墓出土的砖铭也有"八千万侯"文字，贵州安顺出土的砖亦有"宜子孙"铭文。① 这些祝福的文字大多是针对死者后人的，反映了他们对后代美好幸福生活的希冀。

除了画像砖石铭文，汉代常用的器物上也有不少类似的文字。在汉代一个洗的底部，绘有两条鱼，中间是"君宜子孙"四字。在另外两个洗的铭文中，也绘有类似的铭文，其一曰"长宜子孙"，另一曰"宜子孙"。② 此外，在汉代一个博山炉上，也有"天兴子孙　富贵昌宜"的铭文。③

两汉铜镜铭文中祈祷高官、子孙昌盛、长生不死的铭辞更是司空见惯，尤其是"长宜子孙"最多，还有"长宜高官""君宜高官""长生宜子"四字铭文。反映了当时人们追求富贵、多子、长寿的思想观念。④

此外，在汉代的丝织品上也有类似铭文。新疆文物考古研究所发掘的新疆尼雅 95MNI 号墓地 M8 断代为东汉至魏晋时期墓葬，男尸所穿长袍和裤腿均用有"延年益寿长葆子孙"锦，上衣还有"宜子孙"锦，女尸头枕"千秋万岁宜子孙"锦枕。⑤ 江西南昌西汉海昏侯墓出土的简牍中，有一木楬上载"二幅细地宜子孙被"，⑥ 说明"宜子孙"的字样在西汉时期就已经广泛用于制作生活用品的装饰。

汉代是汉民族心理特征形成的重要时期，可以看出，汉代人的世俗愿望同现代人的现实愿望有非常相近的地方，如追求平安、长寿、富贵等，这说明幸福美好的东西是人类长期以来共性的追求。同时也说明，汉代人

---

① 张晓超：《云贵高原出土汉晋时期砖铭的考古学观察》，载朱岩石编《考古学集刊》第24集，社会科学文献出版社2021年版。
② （清）冯云鹏、冯云鹓辑：《金石索》，载《续修四库全书》编纂委员会编《续修四库全书》八九四《史部·金石类》，上海古籍出版社2002年版，第144页。
③ （清）冯云鹏、冯云鹓辑：《金石索》，载《续修四库全书》编纂委员会编《续修四库全书》八九四《史部·金石类》，上海古籍出版社2002年版，第157页。
④ 黄爱民：《故宫藏〈小松集拓镜铭〉述考》，载故宫博物院编《故宫学刊》第21辑，故宫出版社2020年版。
⑤ 于志勇：《新疆民丰县尼雅遗址95MNI号墓地M8发掘简报》，《文物》2000年第1期。
⑥ 江西省文物考古研究院、北京大学出土文献研究所、荆州文物保护中心：《江西南昌西汉海昏侯刘贺墓出土简牍》，《文物》2018年第11期。

能够如此鲜明地把自己的欲望展示出来，表明汉代社会开放和自由的程度较高，而不是像六朝乃至宋元时期的画像那样强调教化色彩，尽管汉代有罢黜百家、独尊儒术的官方行动，但社会上的黄老思想依然具有很大的影响，汉王朝对人们思想的控制尚不是很严格。

第六章

汉画中的建筑及礼器用具

建筑和礼器用物作为礼文化的物质载体,在汉画中有着众多的刻画,建筑是行礼的物质场所,礼器是行礼的物质器具。这些礼器或用于礼仪活动的物品,其用途主要有守门、出行、迎谒、侍从等。前述章节已经部分涉及该部分内容,本章将结合相关汉画进行专门探讨。

第一节　汉画建筑中的礼文化

一　汉阙中体现的礼文化

汉代作为等级社会,国家通过各种方式来维系等级制度:"昔先王之制,自天子、公、侯、卿、大夫、士至于皂隶抱关击柝者,其爵禄、奉养、宫室、车服、棺椁、祭祀、死生之制各有差品,小不得僭大,贱不得踰贵",① 其中就包括了建筑等级。建筑与礼制有着密切的关系,一方面建筑要受到礼制的统摄和约束,另一方面,通过建筑来彰显礼制。信立祥认为,汉画像石并不是一种可以随意创造的艺术,它是严格按照当时的儒家礼制和宇宙观念刻在各种石质结构的礼制建筑上的。② 汉初萧何在修治宫室的问题上,就很好地关注到了建筑的礼制要求,他认为在天下尚未平定时,可以根据情况建造宫室,并且天子以四海为家,"非壮丽无以重威",③并且要让后世无法超越才行。不仅现实中的建筑,即便是汉画中虚构的建

---

① 《汉书》卷91《货殖传·序》。
② 信立祥:《汉代画像石综合研究》,文物出版社2000年版,第59—60页。
③ 《史记》卷8《高祖本纪》。

筑也离不开礼制的约束。

画像石作为地下和地上的建筑构件，其用途又分为画像石阙、画像石祠、画像石碑、画像石墓、画像石棺等。这些建筑构件都有一定的礼制含义，如汉代官员的官阶只有达到了一定的级别才能在墓前立墓阙，阙的高度和层数都有礼制限定，霍光的后人在霍光的墓地"起三出阙"被认为是僭越之举。不仅建筑的规模能够体现礼制，建筑上的汉画题材也具有区分尊卑的礼制功能。

阙作为一种建筑，最能体现礼制的特点。阙是我国古代设置在城垣、宫殿、祠庙和陵墓前的高层建筑物，具体可分为宫阙、城阙、宅第阙、墓阙、祠庙阙等，甚至一些高耸的山也被称为阙。阙上可居人，可远眺，并具有一定的防御功能。根据东汉刘熙的《释名》，"阙，在门两旁，中央阙然为道也"。[①] 阙是建在城门两旁的建筑，中央的缺口就是道路。也就是说，阙一般位于大门之外，在两侧阙门构成的空间里，有可供人们进出的道路。阙在周代就已经出现，《诗经·郑风》："纵我不往，子宁不来，挑兮达兮，在城阙兮。"[②] 可见阙原本是指城门所在的城墙缺口处建筑。后来，阙逐渐演变成为一种表现威仪的建筑，台上的楼观可以住人和远眺，汉阙的研究主要从两个角度展开，一是汉画中阙的形象，二是遗存的画像石汉阙实体。

（一）阙的类别及形制

到了汉代，阙作为礼制建筑得到流行。阙的种类比前代更多，不仅城墙、宫庙，就连宅第和墓地也建有阙。汉阙用来饰门，区别尊卑，是建筑物主人身份与地位的一种标志，"阙者，所以饰门，别尊卑也"。[③] 正是阙的礼制功能体现。

汉画中两两相对的双阙最为常见，如山东画像石中就有双阙的刻画（见图6-1）。在山东沂水县出土的画像石中（见图6-2），也有双阙的描绘，

[①] （汉）刘熙：《释名》，中华书局1985年版，第88—89页。

[②] （汉）毛亨传，（汉）郑玄笺，（唐）孔颖达疏，朱杰人、李慧玲整理：《毛诗注疏》，上海古籍出版社2013年版，第437页。

[③] （北魏）郦道元著，陈桥驿校证：《水经注校证》，中华书局2007年版，第398页。

阙为重檐双阙，阙顶各有一鸟，相对而立。此外双阙还见于其他各处出土的画像石，如山东省历城区全福庄画像石（见图6-3）、江苏汉画像石。①

图6-1 双阙

（采自中国画像石全集编辑委员会编《中国画像石全集2·山东汉画像石》，图六〇，第51页。）

图6-2 双阙

（采自中国画像石全集编辑委员会编：《中国画像石全集3·山东汉画像石》，图七四，第60页。）

图6-3 楼阁双阙

（采自中国画像石全集编辑委员会编《中国画像石全集3·山东汉画像石》，图一五六，第136—137页。）

---

① 中国画像石全集编辑委员会编：《中国画像石全集4·江苏、安徽、浙江汉画像石》，图三五，第17页。

祭层双阙还见于河南禹县的画像砖"双凤阙"画像（见图6-4）。

图6-4 双凤阙

（采自中国美术全集编辑委员会编《中国美术全集·绘画编》，图二五四，第193页。）

双阙也有单层高的，如山东平阴县新屯出土的西汉画像石就刻画有单层双阙（见图6-5）。单层双阙还见于江苏画像石，① 河南禹州的一块画像砖所刻双阙高达四层，上有凤鸟。②

单阙方面，在南阳市赵寨砖瓦厂汉画像石墓中，有一块门柱画像石上刻有门阙图案，画面上层为门阙，阙有三层，下层为菱形图案，阙檐下有双柱相承。③ 四川画像砖中有多幅汉阙画像，其中有单层单阙（见图6-6、图6-7）、双层单阙（见图6-8）、子母阙（见图6-9）等几种形制。尤其是在有关单阙图以及子母双层单阙图中，阙底部均有一门吏捧盾坐于其中，表明一些阙的阙身是中空的，可以当作门卫室来用。

---

① 中国画像石全集编辑委员会编《中国画像石全集4·江苏、安徽、浙江汉画像石》，图二三，第18、32页。
② 中国美术全集编辑委员会编：《中国美术全集·绘画编》第18卷《画像石、画像砖》，图二五四，第193页。
③ 韩玉祥、李陈广主编：《南阳汉代画像石墓》，河南美术出版社1998年版，图二，第41页。

图 6-5 单层双阙

(采自中国画像石全集编辑委员会编《中国画像石全集 3·山东汉画像石》,图一八九,第 169 页。)

图 6-6 单层单阙

(采自高文主编《中国巴蜀新发现汉代画像砖》,第 25 页。)

第六章　汉画中的建筑及礼器用具

图6-7　泸州十一号石棺　单阙

（采自中国画像石全集编辑委员会编《中国画像石全集7·四川汉画像石》，图一九四，第158页。）

图6-8　双层单阙

（采自高文主编《中国巴蜀新发现汉代画像砖》，第24页。）

图 6-9　子母双层单阙

（采自高文主编《中国巴蜀新发现汉代画像砖》，第 24 页。）

山东邹城郭里镇卧虎山 M2 墓出土的南石椁南椁板西端立面画像上刻一石阙，[①] 三层檐，阙下有一门吏，荷戟立于阙后。

除以上双阙和单阙外，汉画中也有子母阙的描绘，也就是主阙之外还附属一个更矮小一些的阙，既有单层高的，也有双层高的。单层高的子母阙如有徐州汉画像石（见图 6-10）、安徽濉溪县"太尉府门"汉画像石（见图 6-11）。在徐州睢宁县双层高的子母阙中，主阙高双层，而子阙高一层（见图 6-12）。

由以上画像可以看出，阙一般都是两两相对的双阙，也有部分为单阙，无论是单阙还是双阙，根据层高又有单层、双层和多层之分。子母阙的主阙可以是单层高，也可以是双层高，子母阙的子阙一般为单层阙，这

---

① 胡新立、朱青生主编：《汉画总录 31·邹城》，第 23 页。

第六章　汉画中的建筑及礼器用具

图 6-10　迎宾　子母单层双阙

（采自中国画像石全集编辑委员会编《中国画像石全集 4·江苏、安徽、浙江汉画像石》，图四七，第 33 页。）

图 6-11　太尉府门　子母单层双阙

（采自中国画像石全集编辑委员会编《中国画像石全集 4·江苏、安徽、浙江汉画像石》，图二〇九，第 160 页。）

图 6-12　子母双层双阙（局部）

（采自中国画像石全集编辑委员会编《中国画像石全集 4·江苏、安徽、浙江汉画像石》，图一三三局部，第 96 页。）

种子母阙还见于四川乐山、新津等地的石刻画像（见图6-13、图6-14）。因此，阙作为一种礼制建筑，主要是通过高度来体现身份高下的。一般来说，层级越高，规格越高，其装饰也就越奢华，如阙顶上有立凤鸟或猿猴之类的装饰，甚至还有双鸟衔鱼的雕塑。

图6-13　子母双层双阙

（采自中国画像石全集编辑委员会编《中国画像石全集7·四川汉画像石》，图一六二，第129页。）

图6-14　子母双阙

（采自中国画像石全集编辑委员会编《中国画像石全集7·四川汉画像石》，图一九六局部，第160—161页。）

(二) 立阙礼制和阙的等级

阙用来区分等级主要通过阙的数量、阙的层数和高度来体现。一般来说，阙的体积越大，阙体越高，层数越多，主人身份就越显赫。从数量来看，阙有单阙、双阙之分。① 《汉书·霍光传》记载，霍光的妻子去世，其后人在霍光的墓地"起三出阙"，② 被认为是僭越之举。这里的三出，到底是在阙的数量上为三阙还是高度上为三层不详。有人认为"二出阙"就是"子母阙"，三出阙是一主阙二子阙。笔者认为，"出阙"应该是墓阙在高度上超出了标准，三出阙是指高度而言，不同于主阙与子阙构成的三阙。凡墓室画像中有阙的，表明墓主人有较高的官职，一般来说应不低于两千石。南阳汉画中的阙既有双层的，也有三层的，表明墓主身份的高贵。在汉代，阙的高度和层数都有礼制规定，如汉武帝的凤阙，史书记载高达二十余丈，③ 限定了当时阙的最大高度。中国现存的石阙遗迹中，四川、山东、河南、北京都有发现，其中以四川最多。大多为墓阙，其中少数为祠堂阙。一般来说，双阙高于单阙，子母阙又高于双阙，从高度上来说双层阙高于单层阙，三层阙又高于双层阙。

阙通过高度来体现礼制，主要是为了让人们产生敬畏的感觉，"人臣将朝，至此所思其所阙"，以此让人感受到人君的威严。对于这种城阙和宫阙来说，阙的下部往往有一米多高的台基，上面建阙楼，高大壮观。此外，墓阙也属于礼制建筑，其规模形制与墓主人等级地位有关。一般来说，二出阙为高级官员使用，三出阙只有帝王才能使用。前述霍光墓前用三出阙，显然是僭越之举。

据有关学者统计，国内现存汉代石阙有30多处，巴蜀地区就有22处。④ 以四川为例，单阙有西昌无铭阙、重庆盘溪无铭阙和忠县涂井沟无铭阙。双阙有绵阳杨氏阙、雅安高颐阙（见图6-15）、梓潼杨氏阙和夹江

---

① （晋）崔豹：《古今注》，中华书局1985年版，第7页。
② 《史记》卷68《霍光传》。
③ 《史记》卷12《孝武帝纪》。
④ 周学鹰：《解读画像砖石中的汉代文化》，中华书局2005年版，第34页。

杨氏阙等，至少有17处。巴蜀汉阙中有母阙和子阙的二出阙居多，体现出阙主人的身份较高，一般为太守以上二千石官员所用。① 现存巴蜀汉阙中，其阙主身份可考者有夹江杨氏阙、德阳司马孟台阙、庐山樊敏阙、雅安高颐阙、梁县冯焕阙、忠县丁房阙和梁县沈氏阙。

图6-15 雅安高颐阙右阙正面

（采自徐文彬等编著《四川汉代石阙》，第102页。）

四川雅安高颐阙原有东、西二阙，均有母阙和子阙，母阙通高5.9米，子阙通高2.94米。有阙顶铭文为"汉故益州太守阴平都尉阳令北府丞举孝廉高君字贯方"。可见阙主高颐生前为"益州太守"，属二千石官员。夹江杨氏阙仅存左右主阙，通高5.15米，其整体构成规模小于雅安高颐阙。陈明达认为，该阙阙主很可能正是继高颐之后的一任太守。②
梁县冯焕阙现存左阙主阙，其子阙及右阙均已失去，通高4.6米。

---

① 梁思成：《中国建筑史》，百花文艺出版社2005年版，第39页。
② 陈明达：《汉代的石阙》，《文物》1961年第12期。

阙主曾任尚书、侍郎及豫、幽州刺史，最大官职为幽州刺史，汉代称刺史为使君，官秩二千石，冯焕立双阙合乎礼制。梁县沈府君阙，双阙仅母阙尚存，左侧主阙通高 4.85 米，铭文有官职"都尉"和"左都候"。府君是一种尊称，据考证，沈府君的最高官职是左都候，是卫尉的属官，官秩六百石。东汉改刺史为州牧，位居郡守之上，其墓立双阙符合礼制。

因此，高颐阙、夹江杨氏阙、梁县沈氏阙和梁县冯焕阙的阙主的身份相当，从阙的高度上也得到了印证。但仍有特殊情况，忠县丁房阙通高 6.26 米，阙主官职"都尉"，比两千石。低于高颐阙和夹江杨氏阙的官职"太守"两千石的规格，但其规格又比诸阙高，背后肯定有相应的礼制规定。重庆盘溪无铭阙的阙基、阙身和楼部的通高为 4.15 米。比较川中诸阙，此阙阙体特小，雕刻亦较简朴而粗糙。由此可见阙主的地位较低。

有学者根据高度推断，巴蜀地区汉阙中二出阙的阙主皆有可能是两千石以上的官吏。四川地区汉阙中一出阙的无铭阙阙主很可能是商人或是社会政治地位低微的人。[1]冯汉骥认为，"在汉代，官阶至'二千石'以上者墓前方可立阙"，例如现存的四川汉代墓前石阙（如有名的八阙），其墓主均是作过太守以上的官吏的，并认为，"画像砖上的阙，当然是代表墓主在生前门前所立的阙观"。[2]笔者认为，画像石中的阙和实物阙的礼制功能非常明显，但画像砖上的阙，是否代表墓主在生前所立的阙观则值得商榷。还有学者认为，阙并非完全与阙主的地位相应，"在统治者控制力量衰弱的时候，僭越的事情是经常发生的"。[3]《水经注·清水》载："水南道侧有二石楼，相去六七丈，双跱齐竦，高可丈七八，柱圆围二丈有余，石质青绿，光可以鉴。其上栾栌承栱，雕篿四注，穷巧绮刻，妙绝人工。"

---

[1] 王玲娟、刘云：《试析巴蜀汉阙整体构成的秩序之礼》，《重庆文理学院学报》（社会科学版）2014 年第 6 期。
[2] 冯汉骥：《四川的画像砖墓及画像砖》，《文物》1961 年第 11 期。
[3] 袁曙光、赵殿增：《四川门阙类画像砖研究》，《中国汉画学会第九届年会论文集》，2004 年。

由题言可知主人是蜀郡太守姓王名子雅,"有三女无男而家累千金",他去世后,其女儿为让父亲"安神玄宅",各出钱五百万,"一女筑墓,二女建楼,以表孝累"。① 徐文彬认为,这里所说的"石楼"就是石阙。② 看来墓地石阙的确为太守的礼制规格。

不仅实物阙具有彰显礼制的功能,就连汉画中的阙也具有礼文化的意义。也有学者认为,汉画中的阙,尤其是大量石棺双阙图主要为一种象征天堂之门的虚拟性图像符号,而非墓地石阙的写实性描绘,真实地反映出墓主(及亲属)企盼经天门升天成仙,在天国仙境中神与仙的护佑接纳下过着美妙祥和的理想生活,确为当地一种特别流行和具有普遍意义的观念信仰。③ 其实,汉画中的图像并非仅有一层含义,汉画中的阙部分反映了人们的升仙信仰,但从另一方面说,阙的形制也来源于现实中的阙,不可避免具有一定的礼仪属性。

综合看来,阙的礼制功能主要体现在以下几个方面:其一,只有官阶达到一定等级的官员才能立阙;其二,阙的高度有礼制要求,超过高度是违反礼法的;其三,阙作为一种高的建筑,又称观,具有自省、崇高、尊敬等道德提醒作用,使人们心生敬意。此外,从文献记载来看,阙是举行多种政治活动的地方,如颁布政令,西汉刘向提到,"阙,法令所从出也"。④ 再如收集民意,东汉永平五年(62 年),第五伦因他人违法被连坐,等待廷尉处理,"吏民上书守阙者千余人"。⑤ 在实用功能方面,阙具有登高远观、充当大门、控制出入、护卫等多重作用。此外,阙还具有象征"天门"的升仙意义。

二 祠堂与画像墓建筑体现的礼制

祠堂是举行墓祭的场所,同样体现着礼制要求。首先是祠堂的规模有

---

① (北魏)郦道元著,陈桥驿校证:《水经注校注》,中华书局 2007 年版,第 726 页。
② 徐文彬:《门阙考——并及四川石阙史略》,《西南师范大学学报》1986 年第 2 期。
③ 曾繁模:《巴蜀汉画石棺双阙图像的再认识》,《长江文明》2014 年第 1 期。
④ 《汉书》卷 27 上《五行志上》。
⑤ 《后汉书》卷 41《第五伦传》。

限定，1964年在北京市石景山区发现了一批东汉时期的墓阙画像石和墓表石柱。从铭文上可以知晓，这些墓表和墓阙是东汉和帝永元十七年（105年）孝子秦仙为死去的父母——"幽州书佐秦君"夫妇建造的。[①] 在8号阙石上刻有长达147字的铭文，生动表达了孝子秦仙悼念父母的悲痛心情。其中一段说："欲广祠庙，尚无时日。呜呼！非爱财力，迫于制度。"表明祠堂的规模并非死者家属只要有财力就可以随意扩建的，必须受到国家礼制的约束。

其次，祠堂还有庙祠、斋祠、食堂等几种称呼，表明祠堂是根据宗庙所建，等于把祭祀场所从宗庙搬到墓地。它是仿照皇家"陵旁立庙"的制度而来，用途是陈设祭品来祭祀祖先。汉代风行厚葬，国家对墓上祠堂的建造有严格的等级制度规定。据考古发掘，汉代的中下级官吏，包括普通地方豪绅的家族墓地都建有祠堂。墓上祠堂就成了同时具有庙、寝、斋室等墓地祭祀性建筑。

在汉代祠堂中往往有各种画像，从画像布局看，祠堂内壁、屋顶、隔梁等部位皆有画像，这些不同部位的画像又分别具有不同的构图和意义。整体上看，祠堂后壁画像最为重要。信立祥认为，这种画像"纯粹是表现孝子贤孙在墓地祠堂祭祀祖先的墓祭图"，显示了家族祭祀的礼仪。祠堂后壁的"小龛"画像，应该是祠堂画像的中心，"小龛"画像主要人物是墓葬主人，其正襟危坐的形象造型，表现出了作为"受祭者"的重要身份。[②]

虽然祠堂不同部位的画像意义不同，但是这些画像往往构成一个体系。据信立祥观点，如果将武梁祠堂的西壁、后壁和东壁展开来形成的一个平面进行考察，就会发现，全部43幅历史故事画像按照儒家的"仁""忠""孝""节""义"的道德准则，分古代帝王、节妇列女、孝子和义士侠客四类。由此可见，祠堂画像中体现的主要为家族礼制，表明祠堂不仅是家族后人祭祀死者的地方，也是对后人进行教育的场所。

---

① 北京市文物工作队：《北京西郊发现阙清理简报》，《文物》1964年第11期。
② 李立：《〈张公神碑歌〉考论——兼论汉代图像文学研究的意义与价值》，《北京师范大学学报》（社会科学版）2009年第4期。

在祠堂祭祀的后人不仅可以怀念先人,还能通过对画像的观看提醒自己要遵守礼制。

汉代陵墓的规模有礼制规定,如对于坟的高度,汉代法律规定:列侯坟高四丈,关内侯以下至庶人各有等差。① 而西汉诸帝坟高十二丈,"武帝坟高二十丈"。② 墓室的深度、大小、尺寸也都有严格的礼制规定,不再一一赘述。画像石墓的主人非富即贵,高级别的画像石墓中,还会有星象图,一些壁画墓也是如此。

四川的画像砖棺也是体现礼制的葬具,只有地位较高的官员才能使用这种制作复杂的砖棺。在四川天宝博物馆中,藏有一具出自四川新津,带画像的汉代砖棺。该棺身上下分四层,棺身砖分为曲尺形砖和条形砖两种。其中,曲尺形砖上刻有"龙虎戏璧""双凤"两种画像。全棺没有任何黏合物,全靠牝牡榫互相啮合使之成为牢固整体,从中可见汉代营造技艺的高超。这种带有科技含量的砖棺,显然不会为一般平民所用。

三 庭院建筑类汉画体现的礼俗

在汉画中,如果阙更多地体现了礼制,那么庭院类的建筑则更多地展现了汉代人的居住等社会生活礼俗。

(一) 庭院的构造

刘敦桢根据汉代的画像砖石等材料,认为汉代的庭院有几种类型:干栏式、日字形、三合式、曲尺形。③ 从山东曲阜城关镇东汉画像石庭院图来看(见图6-16),该庭院有前后两进院,并有别院相通。前院与后院由亭楼隔开,前院主要为娱乐活动的场所。后院的最后部是堂,堂下建有台阶,堂是正式会客的地方,堂上有两人正对坐交谈。在前院左侧的别院,一人正跪地向站立的一人行礼,应为后辈拜见尊长的场景。

---

① (清)孙怡让撰,王文锦、陈玉霞点校:《周礼正义》,中华书局2013年版,第1698页。
② 《后汉书》卷96《礼仪志下》"大丧"条注引《汉旧仪》。
③ 刘敦桢主编:《中国古代建筑史》,中国建筑工业出版社1986版,第50—52页。

图 6-16　石庭院

（采自中国画像石全集编辑委员会编《中国画像石全集 2·山东汉画像石》，图二五，第 19 页。）

从成都羊子山出土的庭院画像砖来看（见图 6-17），该庭院分为几个单元，各单元之间有门相通。左侧为主庭院，从大门进入后，庭院中有两凤相对而立，上部为堂，从庭院到堂上有台阶，而堂上有两根立柱，根据《仪礼》记载，这两根立柱为楹。堂上两楹之间是举行礼仪活动的重要场所，图中两人在堂上对坐而谈。

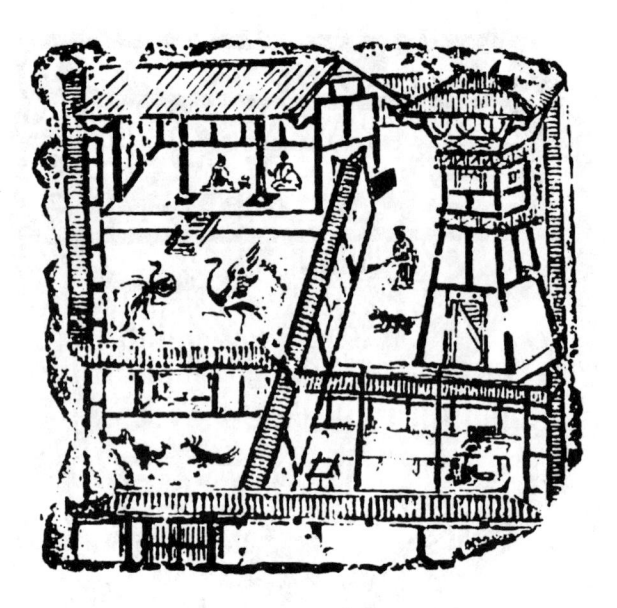

图6-17 庭院

(采自刘敦桢主编《中国古代建筑史》,中国建筑工业出版社1986年版,第51页。)

从庭院的建筑来看,既有庭、堂、房、阙等重要建筑,也有门、廊、院墙等建筑。不仅是堂,庭院的中庭也是会客之所,东汉明帝在祭祀孔子的仪式时就是在中庭举行的,《汉春秋》曰:"帝时升庙立,群臣中庭北面,皆再拜,帝进爵而后坐。"①

(二) 亭、廊、台榭中体现的礼文化

亭有多种,一种是供古代旅行者休息和传递信息的地方,秦代每十里设立一亭,主亭之吏即为亭长,高祖刘邦就曾任泗水亭长。汉代的亭主要为乡亭,也有其他的亭,如门亭、街亭、市亭、邮亭等。这些亭在建筑形式上一般为简单高耸的层楼建筑,但其功能各不相同,门亭一般设在城门口,主官为城门亭长。街亭和市亭设在城市中心,主要为贸易场所。四川出土东汉时期的画像砖上刻绘有市亭的图景,画中之亭为一方形的两层楼房建筑,楼上

---

① 《后汉书》卷2《显宗孝明帝纪》。

置有一鼓。① 亭上置鼓为古制，不仅可以提醒人们交易时间，而且具有军事信息传递的功能。《墨子·杂守》载："筑邮亭者圜之，高三丈以上……烽火以举，辄五鼓传，又以火属之，言寇所从来者少多，毋逮。"关于门亭，汉代郡、县的府衙门口，分别设有府门亭长、寺门亭长。根据亭的功能不同，其高度和形制也稍有差别。从汉画像来看，府、寺门前有门阙并不见有亭，守门者称亭长，大概是守阙者也称为亭长。还有一种亭是院落建筑的组成部分，是一种供人们临时休息的地方。

从汉画来看，汉画中的楼分为住宅楼和门楼。住宅楼画像方面，一为普通的方形房屋起多层，上下大小一致，最上一层有檐，这种住宅楼如山东沂南画像石墓中的楼房画像（见图6-18）。下层有两副大门，上层则开有两窗。这种楼每层总体面积大，居住空间大，有学者认为该庑殿顶的重檐建筑为仓房。② 还有一种楼为最下一层面积大，越往上面积越小，呈山形。这种

图6-18　住宅楼（1）

（采自崔忠清主编《山东沂南汉墓画像石》，第114—115页。）

---

① 高文编：《四川汉代画像砖》，上海人民美术出版社1987年版。
② 崔忠清主编：《山东沂南汉墓画像石》，齐鲁书社2001年版，第114—115页。

形制如江苏睢宁墓山一号墓前室画像石局部的住宅画像（见图6-19）。这种楼的好处是便于瞭望。住宅楼外，还有一种阁楼，一般为多角楼，总体呈多边形，如山东费县刘家疃出土的阁楼画像石住宅图（见图6-20）。

图6-19 住宅楼（2）

（采自中国画像石全集编辑委员会编《中国画像石全集4·江苏、安徽、浙江汉画像石》，图一一八局部，第82页。）

图6-20 阁楼

（采自于秋伟等《山东费县刘家疃汉画像石墓发掘简报》，《文物》2018年第9期。）

第六章 汉画中的建筑及礼器用具

普通门楼之外,还有阙楼,在双阙之间架起空中走廊,并进行相应装饰,这就成了阙楼,如唐河石灰窑村墓的东汉画像石中(见图6-21),就有阙楼组合的建筑,二者共同构成门楼,类似门楼也见于徐州睢宁画像石(见图6-22),其上层可以会客。把门与院墙连为一体是门楼的又一种形式。四川德阳黄许镇出土的画像砖门楼的刻绘(见图6-23)大门与侧门以及院墙形成一体,这种建筑修建的大门具有很好的封闭性,便于防守,安全性高。除了普通的门楼,望楼的眺望和军事防御目的更加明显,如河北省安平逯家庄东汉壁画墓中的府舍图中(见图6-24),宅邸有多重院落,宅邸外有围墙。望楼在画面的最上方,楼身主体为方柱形,有三层,每层有一瞭望口,最上有一方亭,上能坐人。庑殿顶上有旗杆,彩旗和长带随风飘扬,檐下亭内立一圆形大鼓,鼓面涂成红色,非常醒目。一旦有警情,有人会击鼓传信。

图6-21 阙楼

(采自唐河县博物馆编《唐河汉画》,中州古籍出版社2020年版,第170页。)

图 6 – 22 门楼

（采自中国画像石全集编辑委员会编《中国画像石全集 4·江苏、安徽、浙江汉画像石》，图一〇八，第 78 页。）

图 6 – 23 庭院大门

（采自龚廷万等编著《巴蜀汉代画像集》，文物出版社 1998 年版，图五二。）

第六章　汉画中的建筑及礼器用具

图 6-24　望楼

（采自徐光冀主编《中国出土壁画全集1·河北》，第13页。）

　　廊是连接两个建筑物之间的通道，上有顶棚可以防雨遮阳，以柱支撑，便于人们游走于屋宇之间。在楼阁与堂阙等建筑的连接处，还会有一种名为罘罳的建筑，呈曲阁式，此外，罘罳也指连阁的屏障。师古曰："罘罳，谓连阙曲阁也，以覆重刻垣墉之处，其形罘罳然，一曰屏也。"① 山东沂南北寨村汉墓中的庭院图就是这种类型的建筑（见图6-25）。

　　榭在汉代也是一种常见建筑，一般建在高出水面的台上，故人们常常台榭并称。师古曰："台有室曰榭。"② 水榭的主要用途是远眺休闲，汉画中的水榭一般同娱乐有关，水中有鱼、船之类，人在榭中观看或交谈（见图6-26）。台榭并非普通人家所能修建，一般有水榭建筑的家庭非富即贵。因此，台榭往往是身份和地位的象征。同时，榭有多种礼仪功能，据《汉书·五行志上》的记载，榭具有收藏乐器、讲武等多种功用："榭者，所以藏乐器，宣其名也""榭者，讲武之坐屋"。到了东汉，榭仍然具有讲

---

① 《汉书》卷4《文帝纪》注文。
② 《汉书》卷27上《五行志上》。

图 6-25 庭院走廊

（采自谭正《从汉画像砖石中解读东汉庄园建筑院落特征》，《建筑与文化》2019 年第 3 期。）

图 6-26 水榭

（采自中国画像石全集编辑委员会编《中国画像石全集 2·山东汉画像石》，图四四，第 35 页。）

武的功能，班固的《两都赋》写道："于是天子乃登属玉之馆，历长杨之榭，览山川之体势，观三军之杀获，原野萧条，目极四裔，禽相镇厌，兽相枕藉。"①

有学者对亭榭的形制进行了分析，②但对亭与榭并没有明确区分。尽管亭与榭形制类似，但二者还是有一定不同，亭未必建在高台之上，榭是木制的建筑，一般建在高台或水面之上，而单纯的亭可以建在平地之上。故在史书中，往往"台榭"并称，却较少有"亭榭"并称的情况。

仓储作为建筑的一种，也具有一定的礼仪功能。有的仓储建筑画像旁有榜题，如四川邛崃粮仓画像砖右侧"大仓"，左侧"皆食此大仓"。和林格尔汉墓壁画中的四幅仓储图中有三幅绘有"大仓"榜题，其中有"繁阳吏人马皆食大仓""上郡属国都尉西河长史吏兵马皆食大仓"。当然还有一种是没有仓储画像，但有"大仓"之类的文字榜题，如山东嘉祥宋山三号墓第二十八画像石右侧隶书"阳遂富贵，此中人马皆食太仓，饮其江海"。③"太仓"之类铭文的画像尽管没有仓库的实图，但表明了当时人们普遍的美好希冀。

农业丰收是国家强盛和农民富足的重要保证，而仓库作为储存粮食的地方，太仓代表了一个国家实力，家庭的粮仓则代表了一个家庭的富足程度。因此，仓储画像有以下三个方面的礼仪象征：一是代表国家的富强、政治的清明、社会安定，是太平盛世的象征，西汉武帝初年，"太仓之粟陈陈相因，充溢露积于外"，④尤其是桑弘羊治理期间，"一岁之中，太仓、甘泉仓满"；⑤二是代表身份的尊贵，对于官僚阶层来说，他们的俸禄来自国家，食用太仓等国家仓库的粟米代表自己是有身份和地位的官员；三是象征天界的富足场景，一些汉画中所刻画"天仓"景象是希望死者在仙界有享受不尽的粟米，天仓就是这样的粮仓。

---

① 《后汉书》卷40上《班固传》。
② 李亚利、滕铭予：《汉画像中的亭榭建筑研究》，《考古与文物》2015年第2期。
③ 济宁地区文物组、嘉祥县文管所：《山东嘉祥宋山1980年出土的汉画像石》，《文物》1982年第5期。
④ 《汉书》卷24上《食货志上》。
⑤ 《汉书》卷24下《食货志下》。

（三）器物摆设礼仪

由于本书主要研究的是礼文化，故汉画中庭院的结构等内容不作进一步研究。至于庭院中器物的摆放，与礼仪活动相关，如沂南北寨村汉墓中的庭院图为一日字形院落（见图6-27），院落的南方是两阙，处于院落外，前为广场。朝西有两扇门，院落的大门应该是朝西的，第一个院落南方有一水井。院落进入第二个院落的大门上有铺首衔环，摆放有鼎、案、圆盒、方盒等器具，应该是用来招待客人之用，院落的东侧有一两层望楼，后院应该有小门与之相通。在院落外部的西北角，有一建鼓，应该是客人来到以便击鼓报告主人。因此，院落结构不仅满足实用生活，还兼顾了接待宾客这些礼仪需求。在南北寨村汉墓中的另一幅庭院画像石中（见图6-25），庭院内摆放有灶、釜、水缸，左侧走廊下端，还立有一建鼓。该院落并非十分复杂豪华，但从建鼓的布置来看，说明家庭重视礼器的陈设。

此外，画像石关于室内场景的刻画，酒樽、帷帐、座席、床榻等都很常见，显示了会客礼仪的需要。

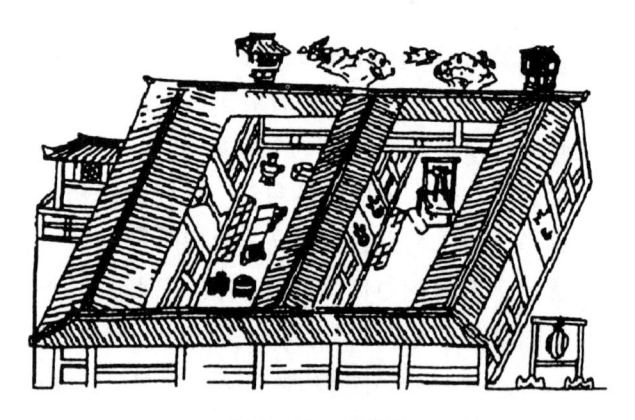

图6-27 庭院图

（采自谭正《从汉画像砖石中解读东汉庄园建筑院落特征》，《建筑与文化》2019年第3期。）

总的来看，建筑中与礼文化有关的内容主要表现在以下几个方面：阙本身就是礼制类的建筑，阙的高低、数量和尺度都体现了礼制的要求，同时阙也具有守卫迎宾、瞭望等功能；其他建筑中，大门具有迎宾会客的功

第六章 汉画中的建筑及礼器用具

能；亭台、榭等建筑具有娱乐、闲谈、远眺等社交功能；堂上是正式会客场所，庭院不仅用于娱乐和休闲活动，同样是举行拜谒活动的场所；从庭院外的建鼓以及院内、室内物品的陈设来看，都便于举行迎宾会客的活动；至于画像中的粮仓等建筑则体现了汉代人祈求富足的礼俗。

第二节　汉画社会活动中的礼器用具

一　汉画中的迎送礼器用具

门吏、前驱、仆从、宾主等人员在礼仪活动中，多会手持礼器，或用以表达礼敬的用具。门吏作为汉代富贵之家的服务人员，他们在行使各种服务职责的过程中，往往会手执器物，这些器物有些本来就是礼器，还有的是日常用具充当了礼器的功能。

（一）门吏及导从所持礼器用具

长戟是守门人常执的器物，如山东济宁师专院内出土的西汉元帝至平帝时期的画像石中就有一幅门卒执长戟守卫阙门的画像（见图6-28）。图中刻一门、双阙，门内有二门卒执戟相对而立。在该地点的另一幅画像中（见图6-29），守卫双阙的是两名骑士，其手中也执长戟。

图6-28　乐舞、门阙
（采自中国画像石全集编辑委员会编《中国画像石全集2·山东汉画像石》，图一局部，第1页。）

图6-29　厅堂、门阙
（采自中国画像石全集编辑委员会编《中国画像石全集2·山东汉画像石》，图二局部，第1页。）

有时，戟与盾结合迎宾，如山东滕州城郊出土的一块画像石中，就有迎宾场面，两亭之间有三人迎宾，中间一人捧盾朝前而立，两侧各有一人持戟相对恭立。其上有鱼、鸟画像（见图6-30）。

图6-30 持戟捧盾门吏

（采自中国画像石全集编辑委员会编《中国画像石全集2·山东汉画像石》，图一九五，第187页。）

在山东济宁市喻屯镇画像石中，有两幅局部画有小吏的画像（见图6-31）。这两个小吏一人持戟，身材高大，另一人拥彗，身形较小。这两幅图表明持戟者与拥彗者同为守门小吏，而持戟者的地位更高。

彗与盾作为门吏常执之物，也可以结合使用（见图6-32）。两者相比，往往是执盾者在前，拥彗者在后。

拥彗的意图非常明显，彗是清扫庭的工具，拥彗而立就是说庭院已经打扫干净，欢迎贵宾到来。在河南密县的一幅画像石中，就有门吏正在打扫庭院的场景（见图6-33）。左侧一人正在低头扫地，右侧一人似为主人，正在指点训话。最右侧一人正向外走。

马刷也是门吏常带之物。在江苏的两幅画像石画面中（见图6-34），门吏左向躬身而立，身背马刷，右手执拂尘。门吏所执这些器物，实际上是为了迎接骑马而来的客人，为来宾整理马匹。而另一幅相似的画像中（见图6-35），门吏右向躬身而立，左手执拂尘，右手抱持马刷。弯头部位

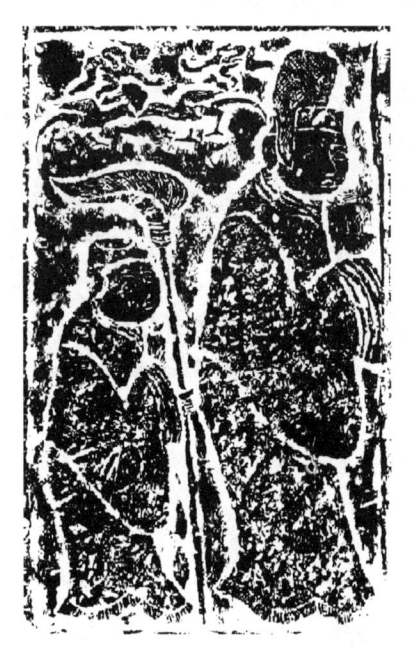

图 6-31 小吏

(采自中国画像石全集编辑委员会编《中国画像石全集 2·山东汉画像石》，图九，第 6 页。)

图 6-32 拥彗捧盾门吏

(采自中国画像石全集编辑委员会编《中国画像石全集 4·江苏、安徽、浙江汉画像石》，图一三〇、一三二，第 93、95 页。)

· 331 ·

图 6-33 扫除

（采自中国画像石全集编辑委员会编《中国画像石全集 6·河南汉画像石》，图八七，第 65 页。）

图 6-34 持马刷的门吏（1）

（采自中国画像石全集编辑委员会编《中国画像石全集 4·江苏、安徽、浙江汉画像石》，图一六〇局部，第 120 页。）

图 6-35 持马刷的门吏（2）

（采自中国画像石全集编辑委员会编《中国画像石全集 4·江苏、安徽、浙江汉画像石》，图一六一局部，第 121 页。）

的毛刷清晰可见。在另一幅画像中（见图6-36），其中一层刻有一马一人的场景，左侧是一匹被拴系的马，右侧一人应为门吏，左腋下夹有一长柄马刷，头侧弯曲，背后有一盾悬挂于墙壁。足见马刷是迎宾养马之用，遗憾的是有些著作解释为棒，实则为误解。作为前驱者所执之棒，一般比较短小，可以单手持举，而这种马刷，尽管柄为棒状，但比较长，用时需要双手操作，加之弯端的刷头造型，显然不是单纯的棒。

图6-36 迎宾养马

（采自中国画像石全集编辑委员会编《中国画像石全集4·江苏、安徽、浙江汉画像石》，图一三四，第97页。）

在陕西米脂县官庄1981年所发掘M1画像石墓的左、右门柱的最下一层，均有扫除马粪的画像（见图6-37）。

图6-37 扫除马粪

（采自康兰英、朱青生主编《汉画总录1·米脂》，第174、177页。）

手持棨戟迎宾者一般在门口守候，在山东沂水县出土的东汉时期的画像石中就有门吏手持棨戟迎宾的场面（见图6-38）。画面中部为一门厅，大门左扇关闭，右扇开启，一女子倚门而立，露出半身向外张望，两边是子母双阙，在阙与门厅之间，两边各有一门吏手持棨戟，躬身而立。

图6-38 棨戟迎宾

（采自中国画像石全集编辑委员会编《中国画像石全集3·山东汉画像石》，图七七，第64页。）

棨戟是戟的另一种形制，"有衣之戟曰棨"。① 棨戟除了为门吏所用，在导从人员中也经常用到。从汉画中棨戟的形制来看，是由一根长矛系上条带而成的，但在具体方面又有所不同，有的是用条带绑系，如沈刘庄墓前室北面过梁西段画像中导骑所持棨戟（见图6-39）。还有的是在矛头与杆的连接处系上已经成型的装饰物，如城前村墓前室东壁画像的导骑手持棨戟（见图6-40）。陕西米脂官庄墓室西壁画像的车马出行图中，有执棨戟的导骑形象（见图6-41）。

棨戟用丝带装饰非常常见。四川画像砖中骑吏所执棨戟，棨戟上有用丝织物点缀的旒，骑行过程中随风飘扬（见图6-42）。因此，棨戟作为一种礼仪用具，并非真正的兵器。

---

① 《后汉书》卷116《郭躬传》。

第六章　汉画中的建筑及礼器用具

图 6-39　持棨戟的导骑（1）

（采自中国画像石全集编辑委员会编《中国画像石全集 3·山东汉画像石》，图一三六，第 119 页。）

图 6-40　持棨戟的导骑（2）

（采自中国画像石全集编辑委员会编《中国画像石全集 3·山东汉画像石》，图一〇六，第 94 页。）

图 6-41　执棨戟的导骑（3）

（采自中国画像石全集编辑委员会编《中国画像石全集 5·陕西、山西汉画像石》，图三七，第 26 页。）

图 6-42　持棨戟二骑吏

（采自高文主编《中国巴蜀新发现汉代画像砖》，第 206 页。）

棨戟象征着权威，在东汉时期代替斧钺，《汉杂事》曰："汉制假棨戟以代斧钺。"① 主将持之有专杀之权。以棨戟作为前驱是很高的礼遇，从在戟上以布装饰逐渐演变成为一种专有的礼器，用木头制成。崔豹《古今注》曰："棨戟，前驱之器也，以木为之。后代刻伪，无复典刑，以赤油韬之，亦谓之油戟，亦曰棨戟，王公已下通用之以前驱也。"② 颜师古注文中补充道，棨戟为"有衣之戟也，其衣以赤黑缯为之"。可见，棨戟不仅用木头制成，而且有赤黑色丝织物作为装饰。东汉的礼制明确规定了使用棨戟的规格，"公以下至二千石，骑吏四人，千石以下至三百石，县长二人，皆带剑，持棨戟为前列，揵弓鞬九鞬"。③ 从陕西米脂官庄墓室西壁车马出行画像中的棨戟形制来看，应为木制。

长矛是车队随从常执之物，在山东苍山县向城镇出土的一幅东汉时期胡汉交战画像中（见图6-43），也有骑马者的形象。在画像的右侧有三幅单骑图像，他们手中都手持长矛，在矛头与杆的连接处系有类似绶带之物。长矛上系绶带在形制上类似棨戟，显然是为了彰显主人身份，是作为一种仪仗器具使用的。

---

① 《后汉书》卷31《杜诗传》。
② 《后汉书》卷31《杜诗传》引文。
③ 《后汉书》卷119《舆服志上》"车马饰"条。

图 6-43　持长矛弓箭骑吏

（采自中国画像石全集编辑委员会编《中国画像石全集 3·山东汉画像石》，图一一三，第 100 页。）

棨戟和弩相组合，成为前驱所执礼器，陕西绥德墓门楣画像就有这样的出行场景（见图 6-44）。根据东汉礼制，县长以上官僚出行都有棨戟和弓弩作为前驱之器。

图 6-44　持棨戟、弓弩骑吏

（采自中国画像石全集编辑委员会编《中国画像石全集 5·陕西、山西汉画像石》，图一六三，第 125 页。）

在陕西米脂县官庄画像石中，也有分别持棨戟、弓弩结合的前驱骑吏组合（见图 6-45）。在画像的第二格和第三格，有前驱骑吏的画像，前面骑吏肩扛棨戟，后一骑吏手持弓弩。

图 6 – 45　前驱棨戟、弓弩组合

（采自康兰英、朱青生主编《汉画总录 1·米脂》，第 50 页。）

有学者对棨戟的使用场合、形制等也进行了探讨，但遗憾的是其中把一些不是棨戟的戈、戟等器具也作为棨戟进行分析。[①] 尽管从图像上看不出戟的质地，但能看出有没有丝织品装饰，应为用于实战的戟。

棒也是导从常执之物。在山东诸城以及安丘市都有伍伯一手持棒，一手吹笛导从的画面（见图 6 – 46、图 6 – 47）。

图 6 – 46　执棒伍伯（1）

（采自中国画像石全集编辑委员会编《中国画像石全集 3·山东汉画像石》，图一四六局部，第 28—129 页。）

---

① 徐志君：《汉画所见棨戟研究——论使用、形制和意义》，《南京艺术学院学报》（美术与设计版）2015 年第 5 期。

第六章 汉画中的建筑及礼器用具

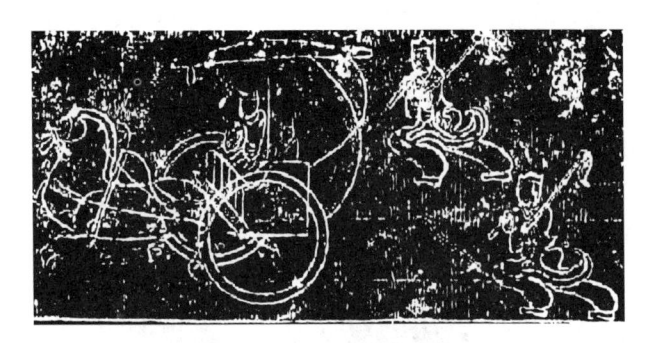

图 6-47　执棒伍伯（2）

（采自中国画像石全集编辑委员会编《中国画像石全集 3·山东汉画像石》，图一四七局部，第 128—129 页。）

旌幡也是导从常扛之物，在一幅车马出行画像中，右侧往左第二导骑所扛之物即为旌幡（见图 6-48）。

图 6-48　车马出行

（采自中国画像石全集编辑委员会编《中国画像石全集 4·江苏、安徽、浙江汉画像石》，图八一，第 59 页。）

刀与盾组合也是步兵前驱所执之器（见图 6-49）。此外也有戟、弓箭、长剑前驱组合，见于南阳画像石（见图 6-50）。作为前驱的伍伯所执器物有便面、剑的组合（见图 6-51），伍伯执戟、盾的组合（见图 6-52）。此外，伍伯还有持箭矢的情况，可参考河北省安平逯家庄东汉墓壁画（见图 6-53），壁画中伍伯左手高举箭矢，头戴红色巾帻，身穿土黄色短衣，下身着行縢，即今之绑腿。

图 6-49 持刀盾步卒

(采自杨絮飞编著《中国汉画造型艺术图典·人物》,第 244 页。)

图 6-50 石戟、弓箭、长剑前驱组合

(采自凌皆兵、朱青生主编《汉画总录 17·南阳》,第 235 页。)

图 6-51 伍伯便面、剑组合

(采自凌皆兵、朱青生主编《汉画总录 17·南阳》,第 235 页。)

图 6-52 持戟、盾伍伯组合
（采自杨絮飞编著《中国汉画造型艺术图典·人物》，第 341 页。）

图 6-53 举矢伍伯
（采自徐光冀主编《中国出土壁画全集 1·河北》，图六局部，第 6 页。）

前驱步卒手持刀、棒组合。四川合江画像石棺画像中，一作为前驱的步卒左手扛持长棒，右手持举一短刀（见图 6-54）。

图 6-54 持刀、棒步卒

（采自杨絮飞编著《中国汉画造型艺术图典·人物》，第244页。）

骑吏手持斧头的情况较为少见，但在汉画中也有出现，并同持戟骑吏形成组合（见图 6-55）。由于斧钺和棨戟在东汉都是军权的象征，能够兼用持这两种兵器的骑吏，可见主人的规格之高。

图 6-55 持斧、戟骑吏

（采自李国新、杨蕴菁编著《中国汉画造型艺术图典·器物》，第118页。）

第六章　汉画中的建筑及礼器用具

在普通人的出行过程中，尽管也会有车辆和骑马者，但由于不是军人，故其前导所执并非全为礼器，而是更加实用的物品（见图6-56），作为先导的三人步行，最先一人双手持一手推车之类的物品，其后二人分别左手扛持马刷类物品，右手举便面。应为经商队伍。在另一出行画像中，刀与便面成为前驱所执物品的组合（见图6-57）。

图6-56　便面、马刷组合前驱

（采自李国新、杨蕴菁编著《中国汉画造型艺术图典·器物》，第158页。）

图6-57　刀与便面组合前驱

（采自王清建、朱青生主编《汉画总录19·南阳》，第200页。）

（二）侍从及迎谒者所持礼器用具

拂尘是主人身后的侍从常执之物，山东嘉祥出土的东汉晚期画像石中（见图6-58），侍者在主人身后手执拂尘。在宋山小石祠后壁画像局部也有类似画像（见图6-59）。

便面也是一种常见的器物，具有遮挡风尘、遮面、纳凉等多种用途。使用者主要有以下几种：一是导从手执器物，在汉代的画像砖中，导从伍伯经常手持便面；二是主人的侍从，侍从立于主人身后，手持便面服侍；三是主人手持便面，自己使用。

图6-58　手执拂尘的侍者（1）

（采自中国画像石全集编辑委员会编《中国画像石全集2·山东汉画像石》，图一〇三、图一〇四局部，第96页。）

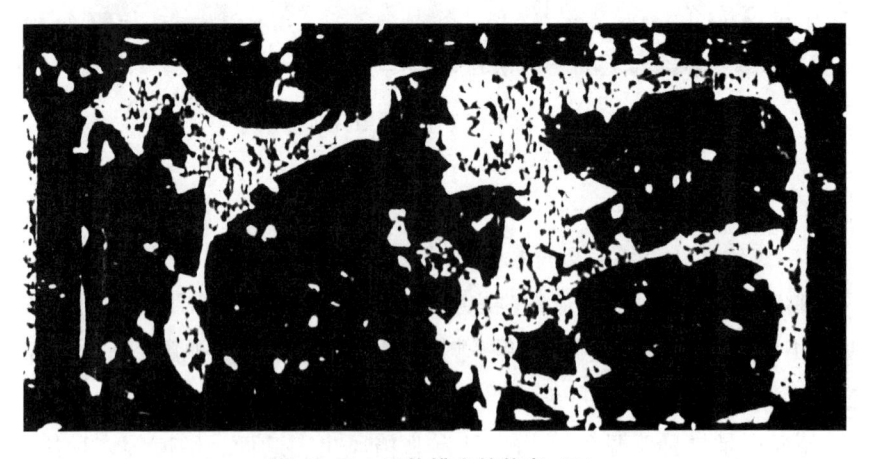

图6-59　手执拂尘的侍者（2）

（采自中国画像石全集编辑委员会编《中国画像石全集1·山东汉画像石》，图九二局部，第67页。）

第六章　汉画中的建筑及礼器用具

从便面的形制来看，多是方形，侧方有手柄，少数为圆形，手柄在中部（见图6-60）。主人右侧有两名侍从，两人均手持便面，前者所持为圆形，后者所执为半圆形。还有些便面会点缀丝绳以达到美观效果。可见便面既具有使用功能，也具有礼仪功能，后者是其主要的功能。正如有学者提出的，"便面的礼仪功能在汉画像中表现得最为突出，成为体现享用者等级地位的一项特殊标志"。① 由此可见，便面用于车马出行，主要是为了遮挡风尘。

张敞乘车出行时，"使御吏驱，自以便面拊马"。师古曰："便面，所以障面，盖扇之类也"。② 在拜谒、燕居、宴饮等活动中，便面的功能主要是遮面，让别人看不清自己的容貌，从而使自己保持一种神秘感，从而显示自身的高贵。西汉末年王莽掌权以后，"后常翳云母屏面，非亲近莫得见也"。师古曰："屏面即便面，盖扇之类也。"③

图6-60　持便面拜见

（采自中国画像石全集编辑委员会编《中国画像石全集3·山东汉画像石》，图八六，第73页。）

---

① 夏晓伟：《汉代便面功用小考》，《东南文化》2003年第11期。
② 《汉书》卷67《张敞传》。
③ 《汉书》卷99中《王莽传》。

(三) 使者所持汉节旗帜等礼器

汉节和幢一般为使者手持信物，也是重要的礼器，但这两种礼器并非只有使者才能使用。在汉代的画像石中，既有官吏持汉节的情况，也有门吏执汉节的描绘。

在陕西绥德画像石中有一持汉节官吏的形象（见图 6-61）。在另一幅画像中，也有持节吏形象的刻绘（见图 6-62）。南阳也有持节门吏画像（见图 6-63），门吏头戴高山冠，持节。从南阳陈棚彩绘墓门吏的冠饰能够明显看出，其冠部前端有一长板立起（见图 6-64）。从中可以看出，汉节的形制为长杆状，顶端有几段牦节装饰，一般为三段。

图 6-61 持节吏 (1)

（采自杨絮飞编著《中国汉画造型艺术图典·人物》，第 610 页。）

图 6-62 持节吏 (2)

（采自杨絮飞编著《中国汉画造型艺术图典·人物》，第 616、617 页。）

图 6-63 持节吏（3）

（采自王清建、朱青生主编《汉画总录 19·南阳》，第 247 页。）

图 6-64 持节吏（4）

（采自凌皆兵、朱青生主编《汉画总录 14·南阳》，第 111 页。）

幢又称幢麾、幢盖、旌幢或幢幡，是旌旗的一种。西汉韩延寿治军，就曾经"五骑为伍，分左右部，军假司马、千人持幢旁毂"。① 幢是旗帜的一种，使用者规格很高，东汉大丧葬礼时，"校尉三百人，皆赤帻不冠，绛科单衣，持幢幡"。② 在山东滕州桑村镇出土的一块东汉画像石（见图 6-65），中、下层刻有车骑出行画面，中间一辆辎车，两辆驷马安车，前后导从甚多。导从有多人骑马举幢，而随从也有多人手持旄节。应为出使场景的再现。

幢不仅可以马上执举，也可以站立执举。江苏睢宁持幢画像中（见图 6-66），五人躬身站立，其中右侧四人每人手持一长杆幢盖。执幢的礼仪为幢柄竖直而立，双手握杆部，左手在下，右手在上，上身微微前倾。

---

① 《汉书》卷 76《韩延寿传》。
② 《后汉书》卷 96《礼仪志下》"大丧"条。

图 6 – 65　执幢骑吏

（采自中国画像石全集编辑委员会编《中国画像石全集 2·山东汉画像石》，图二二四局部，第 213 页。）

图 6 – 66　持幢吏

（采自杨絮飞编著《中国汉画造型艺术图典·人物》，第 332 页。）

　　盾也是迎接者常执之物。在山东滕州市桑村镇出土的一幅东汉中期画像石的左下部，两层都有捧盾躬身迎接的场景（见图 6 – 67）。山东临沂车马出行画像亦有亭长捧盾恭迎的场景（见图 6 – 68）。

图 6-67　捧盾迎宾（1）

（采自中国画像石全集编辑委员会编《中国画像石全集 2·山东汉画像石》，图二〇六，第 198 页。）

图 6-68　捧盾迎宾（2）

（采自中国画像石全集编辑委员会编《中国画像石全集 3·山东汉画像石》，图一四，第 13 页。）

在有些迎接场合，执笏往往同执彗结合起来。山东莒县沈刘庄墓门西门楣正面画像左侧，一人执笏迎接先到的两名导骑，其身后一人双手拥彗，画面只显示了部分（见图6-69）。在该图中，在执笏迎接者和导骑之间还有一个矮凳，应是供人踩踏上下马的"几"，可见置几也是迎宾之礼。

图6-69　拥彗执笏置几迎宾

（采自中国画像石全集编辑委员会编《中国画像石全集3·山东汉画像石》，图一三三，第117页。）

执弓弩箭矢作为前驱更是高级官员出行的礼仪，画面中（见图6-70），两名步卒左手执弓，右手执三矢，后一步卒还身背拂尘。

图6-70　执弓弩、箭矢、拂尘前驱

（采自中国画像石全集编辑委员会编《中国画像石全集4·江苏、安徽、浙江汉画像石》，图一六二，第123页。）

陕西米脂县官庄的一幅车马出行图中，有两辆轺车、一辆軿车，三名骑吏持弓夹车左行，从造型来看，三名骑吏和两辆轺车应为同一模板制作（见图6-71）。与该出行图类似的还有米脂县境内的另一块画像石，构图与此类似，有三名持弓骑吏、两辆轺车和一辆軿车，只是最后一车后没有骑吏（见图6-72）。其中的车马图所使用的模板具有同源关系。

图6-71 车马出行（1）

（采自康兰英、朱青生主编《汉画总录1·米脂》，第100页。）

图6-72 车马出行（2）

（采自康兰英、朱青生主编《汉画总录3·米脂》，第138页。）

二 汉画中的车马礼器

马匹装饰及车辆的类别和装饰作为礼器的形式，都是体现礼制等级的重要元素，在汉画中有不同程度的刻画。本节旨在从礼器的角度对车马礼器进行探讨，可与本书其他章节内容互相参照。

（一）马匹的装饰

汉画中的车马都有一定的装饰，从而彰显出行者的身份。在山东城前村墓出土的一块画像石中有车马出行场面（见图6-73），其中的马匹是经过装饰的。无论是单骑还是驾车之马，马匹的前胸部和臀背部都有绳带结系。马首部分也有绳带笼络，而骑手所乘马匹的鬃毛整齐，应该是刻意修饰过。

图6-73　前驱马匹及头饰

(采自中国画像石全集编辑委员会编：《中国画像石全集3·山东汉画像石》，图一〇四，第92页。)

马匹的装饰主要体现在马头和马尾，如在马匹的头部和鼻孔处装饰丝织物。四川出土的一块画像砖（见图6-74），画面中两骑吏各手持长幡，所乘之马的脖颈和臀部均有带状丝织物装饰，特别是马匹的尾部被装饰扎成燕尾状。

图6-74　骑吏与伍伯

(采自高文主编《中国巴蜀新发现汉代画像砖》，第53页。)

不仅马的装饰，在该幅画像中，关于幡的形制也有多种，一种是幡在短杆顶部，幡带末端较宽；还有一种是幡在杆的中上部，幡带末端较尖细,长度与前者相当;还有第三种幡,不是由丝带制作,而是由牦尾之类的物品制成,比较短小,类似拂尘,这种幡在另一幅画像砖图像中更为明显,幡呈毛发状(见图6-75)。

图6-75 持幡骑吏

(采自高文主编《中国巴蜀新发现汉代画像砖》,第52页局部。)

四川德阳市黄许镇出土的三骑吏画像砖中,马匹的尾巴不仅束扎为燕尾状,且马鞍背的后部还系有丝带,丝带的梢部有带圆环的细绳装饰,三匹马均有该种装饰。这种丝带应该不仅仅是为了好看,更大的可能是便于骑马者用手拉上马之用,古代又称之为"绥"。而骑手所高扬的马鞭是"策"。至于绥末端细绳连接的圆环,根据其形状的稳定判断,应该是金属环,由于其具有一定重量,使"绥"在马匹静止状况下保持自然下垂,便于骑手拉握。当马匹奔跑时,绥带同圆环一起向后飘起,加上马尾的飞扬,极富观赏美感。还有四川绵竹市新市镇出土的四骑吏画像砖,在马尾裹结的同时接上了长长的丝带,随着马的飞奔,丝带飘扬招展,加上骑吏手中的长幡,非常醒目,远远就能看到。

马足和马尾裹结显示出行者身份的高贵,在一幅画像石中(见图6-76),显示了仆人为马首和马尾进行修饰的场景,骑着马蹄抬起,左侧一人正在躬身似乎要抓住马蹄,马蹄下是另一个桶状物,最右侧一人站立正在低头为马尾修饰,两人显然是在为正要出行的车队进行马匹养护。

图6-76 马匹修饰

(采自中国画像石全集编辑委员会编《中国画像石全集4·江苏、安徽、浙江汉画像石》,图一四四,第106页。)

再如山东城前村墓出土的汉桓帝元嘉元年(151年)汉画像石中(见图6-77),门楣正面局部有车马出行图,其中作为导从的两匹马中,马的尾部也是裹结起来的。

图6-77 马尾裹结

(采自中国画像石全集编辑委员会编《中国画像石全集3·山东汉画像石》,图一〇二局部,第90页。)

陕西绥德四十里铺右门柱的一块画像石底部有养马画像（见图6-78）。马匹被拴于边框之上，框下有一容器，应该是马槽。马前腿抬起，马鞍等装备齐全，马尾裹结呈鼓槌形。马首上有布裹成燕尾状。一小吏手执短棒立于马后，应该是刚装饰完马匹。

图6-78 养马

（采自康兰英、朱青生主编《汉画总录4·绥德》，第166页。）

可见，马匹的装饰集中在头部和尾部。马胸、马背和马臀部也会有装饰。马首和马尾都可能用丝织品系为燕尾形，马尾还可能裹结为鼓槌形。马鞍等马的其他配饰也具有装饰以体现骑乘者身份的作用。

（二）汉画中的车

车马出行图在汉代画像石中占有重要的篇幅，用车规格作为舆制，是汉代等级制度的重要体现。汉画中的车有多种形制，以满足各种出行需要，有不少学者曾进行探讨，[①] 画像中的车大致有斧车、轺车、辎车、耕车、辇车、

---

① 参见赵化成《汉画所见汉代车名考辨》，《文物》1989年第3期。

鹿车、鼓车等。斧车已见于本书其他章节，其他常见车辆的形制中，轺车出现最多，它是一种轻便车，一般由一马或二马驾之。汉人刘熙《释名》云："轺车，轺，遥也，遥远也。四向远望之车也。"① 可见轺车之所以轻，是由于车上四方不是封闭的，用料较少，上面行人可以向四方瞭望。轺车又称"轺传"，是使者所乘之车。史载，鲁君与孔子共乘一车，"两马，一竖子俱，适周问礼，盖见老子云"。② 孔子是作为鲁国使者请准国君到洛阳的，所乘之车应为轺车。两汉时期交通发达，用轺车这种简便的车，便于出使远方，建功立业。"佩紫怀黄，赞帷幄之谋；乘轺建节，奉疆场之任"。③ 根据画像中的刻画，轺车形制有圆盖型、方盖型、敞口无盖型、四维立柱加伞盖型等多种。具体可参考下列各图（见图6-79、图6-80、图6-81、图6-82）。轺车外，辑车在画像石中有多处刻画（见图6-83、图6-84、图6-85），辎车也有多种（见图6-86）。

图6-79 轺车（1）

（采自康兰英、朱青生主编《汉画总录1·米脂》，第193页。）

---

① （汉）刘熙：《释名》，中华书局1985年版，第117—118页。
② 《史记》卷47《孔子世家》。
③ （南朝梁）萧统编，（唐）李善注：《文选》，中华书局1977年版，第609页。

图6-80 轺车(2)

(采自郑建芳、朱青生主编《汉画总录33·邹城》,第149页。)

图6-81 轺车(3)

(采自李国新、杨蕴菁编著《中国汉画造型艺术图典·器物》,第157页。)

图6-82 轺车(4)

(采自郑建芳、朱青生主编《汉画总录33·邹城》,第16页。)

图 6 -83　軿车（1）

（采自康兰英、朱青生主编《汉画总录 1·米脂》，第 230 页。原书作轺车。）

图 6 -84　軿车（2）

（采自郑建芳、朱青生主编《汉画总录 33·邹城》，第 16 页。）

第六章　汉画中的建筑及礼器用具

图 6-85　軿车（3）

（采自康兰英、朱青生主编《汉画总录 1·米脂》，第 146 页。）

图 6-86　辎车

（采自康兰英、朱青生主编《汉画总录 1·米脂》，第 170 页。）

上述车辆形制的基本特点和用途如下：

斧车，曲辀，方箱，无盖。上竖斧钺，车厢内一般斜放两杆棨戟，头部朝后。但也有不放棨戟，仅立有斧钺的情况。

軺车，一种为四维无屏蔽，上有盖。一种是上树伞盖，有矮车厢，是一种轻车，常为使者所乘。

辎车，曲辀，有盖，盖下车舆只有后部有衣蔽，一般无窗，可以乘坐，也可以装载重物，车身一般呈长形。

  辎车，曲辀，有盖，盖下车舆前后及两侧皆有衣蔽，也就是四面屏蔽，一般有窗。主要为妇人所乘。

  辇车，又称軿车、棚车，双辕略上弯，辕作树枝状。车舆较长，上施卷棚，前后无遮蔽。载人主要是供妇女儿童乘坐，也可以载物。

  轩车，又称藩车，曲辀，用席子或皮革为藩作为屏蔽，春秋时期为大夫所乘之车。在河南荥阳市王村乡苌村汉墓出土的东汉壁画中（见图6-87），有这种轩车的刻绘。这种车辆的两边均有挡板，隐蔽性较好。

图6-87　轩车

（采自徐光冀主编《中国出土壁画全集5·河南》，图九七，第105页。）

  安车，安车是为年长者备的车，贵族女性和高官也会乘坐，一般驾四马。西汉武帝时，"使使束帛加璧，安车驷马迎申公，弟子二人乘轺传从"。① 另一处史料记载，"遣使者安车蒲轮，束帛加璧，征鲁申公"。② 武帝还曾用这种车子请枚乘，"以安车蒲轮征乘"，师古注曰："蒲轮，以蒲裹轮。"③ 这种车子的轮子又比较特殊，用蒲草包裹车轮，故又称软轮，这种

---

① 《史记》卷121《儒林列传》。
② 《汉书》卷6《武帝纪》。
③ 《汉书》卷51《枚乘传》。

车轮行驶时比较平缓,便于老年人乘坐,但行驶比较缓慢。

鹿车,又称为柴车,是一种简易的车子,也是一种人力车,用于装载物品,也能坐人,一般为独轮,农田劳动时装载劳动用具和农作物所用。

平板车,一般为平民或商人所乘,车上既能坐人也能载物,用于经商或日常出行。平板车由马或者牛驾行,见于陕西米脂县李站的门楣画像石局部(见图6-88)。

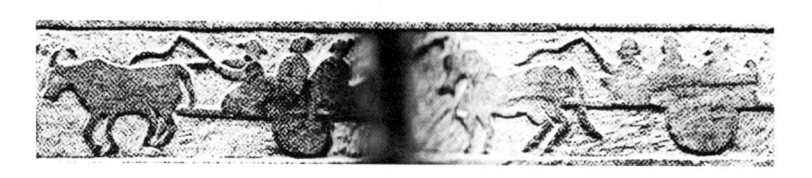

图6-88 平板车

(采自康兰英、朱青生主编《汉画总录3·米脂》,第66—68页。)

粮车,山东沂南县界胡镇北寨村画像石墓中室南壁上横额东段画像石上有粮车画像,画面中这种运粮车有三辆,车辆是在平板车的基础上,上面装有围栏,车后部有较高的挡板,便于装载粮食。每辆车的尾部拴有一头牛,并有草筐之类的养牛器具(见图6-89)。

此外还有戏车、驼车、容车、槛车、羊车等车。槛车曲辀,方箱,无盖。用来运送野兽或犯人之车。东汉熹平五年(176年),"永昌太守曹鸾上书大讼党人,言甚方切。帝省奏大怒,即诏司隶、益州槛车收鸾,送槐里狱掠杀之"。① 《释名》释"槛车"曰:"上施槛栏以格猛兽,亦因禁罪人之车也。"② 槛栏,即车舆四面及上部均遮栏。

孙机《汉代物质文化资料图说》对汉代的辂车、轓车、轩车、安车、辎车、辇车、耕车、牛车、驼车、斧车、鼓吹车、戏车、鹿车、轞车的形制及结构进行了研究。认为社会上层人物以牛车代马车,是车制上的重要变化,有时文献上所称辎軿,有时其实是指牛车。③

---

① 《后汉书》卷67《党锢传》。
② (汉)刘熙:《释名》,中华书局1985年版,第117页。
③ 孙机:《汉代物质文化资料图说》,文物出版社1991年版,第96页。

图 6-89　粮车

（采自王培永、朱青生主编《汉画总录 35·沂南》，第 112—117 页。）

在四川画像砖上所刻辎车中，辎车的左右和后部有箱板，车厢的前部一般有低矮的挡板，还有的前部无遮挡。人坐在里面，挡板高度到人的胸部左右，如四川德阳市出土的画像砖（见图 6-90）。一般来说，辎车上乘坐御者和坐者两人。但也有例外，四川德阳市黄许镇出土的画像砖所刻辎车上（见图 6-91），除御者一人外，前后还乘坐了三人，车上共有四人，车上人均身穿官服，其身份并非平常百姓。在伞顶辎车的伞缘之处，还系

图 6-90　辎车

（采自高文主编《中国巴蜀新发现汉代画像砖》，第 39 页。）

有丝绸之类的装饰物,使之更为美观。还有一种䡇车形制,除了有伞盖上竖之外,还有四根立杠连接伞盖与车厢,四川大邑县出土的画像砖就有四维䡇车的描绘(见图6-92)。

图6-91 四人乘䡇车

(采自高文主编《中国巴蜀新发现汉代画像砖》,第32页。)

图6-92 四维䡇车

(采自高文主编《中国巴蜀新发现汉代画像砖》,第28页。)

辎车是一种隐蔽性较好的车子，一般用于妇女出行和丧葬。此外，辎车还泛指车子。辎车的上部是复瓦式席棚，后部封闭，前部敞开，可以挂帷帐遮蔽。在四川邛崃市出土的一块画像砖上（见图6-93），有一马拉棚车，御者牵马于左侧步行。车里坐一妇人、一儿童。车辆的两旁有三人手执便面夹车跟随，可见乘坐者身份尊贵。车的右下部有一犬，应当是主人所养。《前书音义》曰："辎车，人挽行也。"① 这种辎车多为妇女所乘，又称容车。

图6-93 容车（1）

（采自高文主编《中国巴蜀新发现汉代画像砖》，第48页。）

容车是"妇人所载小车也"，② 乘坐容车者身份尊贵，可以从邛崃市出土的另一块画像砖看出（见图6-94）。车内坐一长鬓妇女，一仆从在马左侧扶辕步行。车外有四名身穿铠甲的步卒，肩扛或手持长矛。驾车之马也彩头结尾，装饰精致，更能显示出出行者的尊贵。

---

① 《后汉书》卷16《寇恂》。
② （汉）刘熙：《释名》，中华书局1985年版，第117页。

图 6-94　容车（2）
（采自高文主编《中国巴蜀新发现汉代画像砖》，第 51 页。）

在画像石中，有两种车难以区分，那就是軿车和辎车，在相关的研究中也常常搞混，其实史书对二者是有一定区分的。《释名》："軿，屏也。四面屏蔽，妇人所乘牛车也。辎軿之形同，有邸曰辎，无邸曰軿。"①《后汉书》引《字林》曰："軿车有衣蔽，无后辕者谓之辎也。"引《傅子》曰："周曰辎车，即辇也。"② 邸通底，也就是说，辎车底部是露出的，延伸出车的后部。由此可以推断，四周屏蔽是軿车与辎车的共同点，二者的不同点就在于：辎车有邸，軿车无邸。从汉画来看，辎车的车身底部会延伸至车厢后，好比是在平板车上面装有车厢，便于装载重物。陕西米脂县官庄的横楣石画像中有一幅车马出行图（见图 6-95），车辆由右往左行进，其中的车辆主要为辎车。共有五名骑吏，六辆辎车，前面的两辆辎车和五个骑吏均处于奔驰状态，后面的四辆辎车处于静立状态。后面静止的马匹应该是模板使用错误导致。

---

① （汉）刘熙：《释名》，中华书局 1985 年版，第 118 页。
② 《后汉书》卷 119《舆服志上》。

图 6-95　辎车与骑吏

（采自康兰英、朱青生主编《汉画总录1·米脂》，第170—172页，原书释为軿车。）

再谈一下汉画中的车辆组合问题。在汉画中的车马出行图中，出行队伍中的车既有单一的车，如单纯的辎车，或单辆的斧车、軿车等，也有一种出行队伍中出现多种车辆的情况。这些车辆有的是处于出行状态，依次排列。还有的车辆在画像中分格排列，如陕西米脂县官庄一块左门柱画像石中的车马画像（见图6-96）。画像石上下共分为六格，由下往上，最下一格为牛拉辎车（原释文作"軿车"）的画像，最下层刻有三只鸭，第二、三格分别为手持棨戟与弓弩的前驱两骑吏，第四层为马拉軿车（原释文作"辎车"），第五层为马拉伞顶轺车，最上一层为两人在阁楼内谈话的场景。另一块右门柱画像石内容与此相似，只不过画像方向相反。

陕西绥德四十里铺的门柱画像石同样有类似车马画像（见图6-97），左门柱画面自下而上共分五栏。最下一栏为树木和静立的马匹，树下还有一犬蹲立，两只家禽走动。第二栏为牛拉辎车，第三栏为马拉軿车，车前一人拱手而立，第四栏为马拉伞顶轺车，车前一人拱手而立。最上一栏是站立的两妇人、一孩子和正在挥袖舞蹈的女子。人、车、动物及马匹均朝右方。右立柱画像除最下一层外，其余类似，只是方向朝左。

米脂县官庄的一块横楣石画像中有一列车马出行（见图6-98），有骑吏7人，除最后一骑吏外，其余6骑吏均荷棨戟，车队中有5辆伞顶轺车，车上均有御者，乘者一人，最后一辆为軿车。根据车辆的组合，5辆轺车中乘坐的应该是男子，而最后一辆軿车应该为女子所乘。

第六章 汉画中的建筑及礼器用具

图6-96 辎车与軿车（1）
（采自康兰英、朱青生主编《汉画总录2·米脂》，第50页。）

图6-97 辎车与軿车（2）
（采自康兰英、朱青生主编《汉画总录4·绥德》，第216页。）

图 6-98 轺车与辎车（1）

（采自康兰英、朱青生主编《汉画总录 2·米脂》，第 56—58 页。）

轺车与辎车组合的情况在陕西比较多见，如陕西米脂县境内的一块门楣画像石车马出行图（见图 6-99），其中有两辆轺车，最后一辆为辎车。骑吏共有八名，作为先导的骑吏四人，三人持弓，一人持棨戟。

图 6-99 轺车与辎车（2）

（采自康兰英、朱青生主编《汉画总录 3·米脂》，第 192 页。）

山东临沂市独树头镇西张官庄出土的东汉车马出行画像（见图 6-100），边饰宽带纹、S 形纹和垂帐纹。画面最前为二导骑，前者荷棨戟，后随一辆轺车、一辆辎车、二辆轵车，最后一辆为从骑。

图 6-100 车马出行（1）

（采自中国画像石全集编辑委员会编《中国画像石全集 3·山东汉画像石》，图五六，第 46—47 页。）

在车马出行队伍中，一般来说，轺车在前，辎车在后，但也有例外。陕西米脂县境内发现的一块墓门横楣石画像（见图 6-101），图中车马出行队伍中有两辆辎车居中，前后各有一辆軿车，其间的骑吏共十一名，他们手持弓弩、棨戟或持其他长兵器，还有的徒手骑行。米脂县另一车马出行画像也是两辆軿车分在前后，中间两辆辎车，所不同的是只有四名骑吏随行，且第一辆軿车前有一小孩迎接（见图6-102）。小孩头梳双髻，身穿披风，袖手面对车队。根据车队组合以及孩子迎接的情况，出行者的身份应该主要为女性，軿车走在最前方和最后，是为了表达对女性的尊重。迎接者尽管为孩子，但从其身穿披风的情况来看，应当是尊贵的小主人。

图6-101　车马出行（2）

（采自康兰英、朱青生主编《汉画总录3·米脂》，第209—210页。）

图6-102　车马出行（3）

（采自康兰英、朱青生主编《汉画总录3·米脂》，第212页。）

山东邹城郭里镇独山村出土的一块车马出行画像石（见图6-103），前有骑吏二人，其后为一軿车、一骑吏、一辎车、二骑吏，最后为一人执笏躬身相送。该出行图也是軿车在前，辎车在后。

图6-103　车马出行（4）

（采自胡新立、朱青生主编《汉画总录31·邹城》，第152—153页。）

当然，车马出行过程中，轺车和辎车的相对位置并不固定，既有辎车在前的情况，也有轺车在前的情况。如山东邹城郭里镇黄路屯收集的一块画像石的局部（见图6-104），轺车在前，辎车在后，这是常见的出行车辆组合方式。

图6-104　迎谒与送别车辆

（采自胡新立、朱青生主编《汉画总录31·邹城》，第168—169页。）

单辆轺车或单辆辎车的出行图也有，如安徽萧县圣村M2号墓出土的一块甬道门楣背面画像石就有一辆辎车出行的场景（见图6-105），一马拉辎车居中，前后各有一名骑从。此外，单辆轺车出行的场景见于安徽萧县圣村M1号墓的东耳室门楣画像石（见图6-106），一辆轺车居中，前后各有一名骑从，左向行进，最左侧的车队当前是三名迎谒人员，前两人跪地，后一人执笏站立。

图6-105　单辆辎车出行

（采自周水利、朱青生主编《汉画总录41·萧县》，第22—23页。）

第六章　汉画中的建筑及礼器用具

图 6 – 106　单辆辎车出行

（采自周水利、朱青生主编《汉画总录41·萧县》，第52页。）

在山东邹城郭里镇收集的一块画像石中也有两辆辎车出行的场景（见图6 – 107），画面内容分为四层，最下一层为辎车出行，画中两辆辎车自右往左行驶，画面最右侧一人执笏恭立，应在送行。车辆的底部向后延伸，可见车辆为辎车。

图 6 – 107　两辎车出行

（采自胡新立、朱青生主编《汉画总录31·邹城》，第111页。）

在山东邹城郭里镇的一块浅浮雕画像石上（见图6 – 108），画面的上两层分别为云气纹和连弧纹，最下格刻有车马出行图。画中共有三辆辎车，前有两导骑，中间和后殿各有一骑从。画面的最左端，两人躬身迎谒，在画面的最右端，一人躬身相送。

图 6 – 108　迎谒与送别

（采自胡新立、朱青生主编《汉画总录31·邹城》，第150—151页。）

汉画中除了常见的出行车辆外,还有几种比较实用的车,如平板车、鹿车(柴车)等。生活中普通百姓的车马出行,与军事礼制无关,但也体现了当时的民间礼俗,如陕西米脂县李站的一块门楣画像石中的车马出行场面(见图6-109),显示是民间的出行场景。车队左向行进,前一人骑马前驱,肩扛长戟,其后是一辆牛拉平板车,平板车上有头戴斗笠的御者一人,乘坐者二人,牛车后一人扛戟步行,再后是一辆马拉平板车,御者光头,乘坐者一人,光头,应为老者,一人发髻挽于脑后,车后一人步行,同样发髻盘于头顶,身背弓箭和箭囊,其后一人骑马随行。出行的人物没有戴冠的,要么是发髻外露,要么是光头,从装束看应该是经商者或普通的富人出行场景。

图6-109 车马出行

(采自康兰英、朱青生主编《汉画总录3·米脂》,第66—67页。)

第三节 汉画中的其他礼器

一 汉画中的音乐礼器

从周代以来,就以礼乐之治作为一种重要的统治手段,音乐作为礼文化非常重要的体现方式,在汉代也不例外,《史记·乐书》曰:"先王之制礼乐也,非以极口腹耳目之欲也,将以教民平好恶而反人道之正也。"在汉代画像中,有不少关于乐器和音乐表演的描绘,其中最具代表性的就是钟鼓的应用。

钟鼓之乐,又称金石乐悬、钟鼓乐悬,是以金石(编钟、编磬)、钟鼓类乐器为主体的乐队编制,是西周时期的宫廷"雅乐"的代表。作为一种礼乐制度,钟鼓乐器的组合体现出鲜明的等级,《仪礼注疏》:"天子宫

第六章 汉画中的建筑及礼器用具

悬，诸侯轩悬，士大夫判悬，士特悬。"① 从天子到士，都是可以用钟的，从四面悬钟到一面悬钟，用钟的规模体现等级。西汉帝王用钟也延续了四面悬钟的礼制，"高张四县，乐充宫廷"。② 东汉，有正月举行帝王大朝受贺的礼仪，其中有"钟鸣，受贺……司空奉羹，大司农奉饭，奏食举之乐。百官受赐宴飨，大作乐"等举乐环节。有学者认为，汉画中的钟鼓之乐，有效地再现了汉代礼乐重器的形制、形态、编制结构、放置方式、演奏方法等鲜为人知的信息，从而成为汉代社会钟鼓之乐及礼乐文化盛行的缩影。③ 汉画中的钟鼓乐悬有多种组合形态，李荣有教授将之归纳为金声鸣奏、钟鼓铿锵、钟磬鼓乐三种类型。在画像石中，钟作为一种乐器有单独出现和与其他乐器组合出现多种形式。

河南省南阳市郊王寨墓出土的一块后室门楣左一石上（见图6-110），刻绘有乐舞画像。右侧有一钟悬挂在钟架上，有两人夹钟而立，他们各以一手扶簨，另一手执杖撞钟。左侧为吹埙、抛丸、口吐火焰的幻术、单手倒立、滑稽表演等音乐和杂技表演活动。从中可以看出，钟是核心乐器。

图 6-110　乐舞杂技

（采自韩玉祥、李陈广主编《南阳汉代画像石墓》，图二，第 102 页。）

钟与鼓结合称钟鼓之乐，是一种规格较高的乐礼（见图 6-111）。河南省南阳市草店出土的一块墓室中门石上，刻绘有奏乐画像。画面中部为

---

① （清）阮元校刻：《十三经注疏》（上），中华书局 1980 年版，第 1014 页。
② 《汉书》卷 22《礼乐志》。
③ 李荣有：《汉画钟鼓之乐与礼乐文化考论》，《天津音乐学院学报（天籁）》2012 年第 2 期。

一悬挂的甬钟，一人跽坐，左手执长杖撞钟，右手扶簴。画面左侧为一建鼓，上饰羽葆，鼓座为连尾兽造型，鼓两旁各有一人，双手执枹，两人呈对称状，正击鼓作舞。画面左侧为跽坐排列的三人，左一人执枹击小鼓，右二人吹埙。南阳市军帐营出土钟鼓奏乐画像石中（见图6-112），钟悬挂于画面正中的位置。

图6-111 乐舞（1）

（采自赵世刚主编《中国音乐文物大系·河南卷》，第164页。）

图6-112 乐舞（2）

（采自韩玉祥、李陈广主编《南阳汉代画像石墓》，第93页。）

河南省南阳市七里园出土的奏乐画像石也有钟鼓结合的情况（见图6-113），左侧为吹奏乐人，右侧为一人跽坐击钟。最右侧为两人相对击鼓的情景，建鼓有羽葆装饰。钟鼓结合的情况还有湖北当阳画像砖乐舞图（见图6-114）、湖北枝江姚家港出土汉画像砖乐舞图（见图6-115）、济南无影山汉墓乐舞俑（见图6-116）等。

除了钟鼓组合外，钟与磬相结合也很常见（见图6-117）。并且在有磬这种乐器出现的场合，往往会有钟鼓同时出现。如徐州铜山钟磬鼓乐图就是如此，在这种演奏图中，羽葆建鼓居于中心地位，钟和磬分列两边。

图 6 – 113　钟鼓乐舞（1）

（采自韩玉祥、李陈广主编《南阳汉代画像石墓》，第 220 页。）

图 6 – 114　钟鼓乐舞（2）

（采自王子初主编《中国音乐文物大系·湖北卷》，大象出版社 1996 年版，第 168 页。）

图 6 – 115　钟鼓乐舞（3）

（采自王子初主编《中国音乐文物大系·湖北卷》，第 17 页。）

图 6 – 116　钟鼓乐舞（4）

（采自周昌富、温增源主编《中国音乐文物大系·山东卷》，大象出版社 2001 年版，第 209 页。）

图 6-117　钟磬鼓乐舞

（采自王子初主编《中国音乐文物大系·湖北卷》，第 278 页。）

沂南北寨出土的画像石不仅有钟、鼓、磬这些主要乐器，还有多种管弦乐器演奏（见图 6-118）。画面中，后面左起有一架建鼓，一人正双手执桴击鼓舞蹈；中为挂于架上的两个镛钟，右侧一人执长杖击奏；右有 4 枚编磬挂于架上，一人正踞坐于地，双手执桴击奏，乐人分三排踞坐于地，分别为管弦乐组、吹管乐组和敲击乐组。吹管乐有排箫、埙、笙、竽，弹弦乐组有抚琴，敲击乐有铙、鼓等，规模宏大。可以看出墓主身份

图 6-118　钟鼓管弦乐队

（采自周昌富、温增源主编《中国音乐文物大系·山东卷》，第 314 页。）

的高贵。同时也不难发现,"汉画中的金石、钟鼓乐悬图像,足以证明先秦时期宫廷贵族独享的礼乐重器已经传入广大社会"。[①] 这也表明,钟是一种在隆重场合使用的乐器。

在山东临沂市沂南县界湖镇北寨村中室东壁上横额有一幅宏大的乐舞百戏场景画像(见图 6-119)。其中的乐器几乎涵盖所有的大型乐器,其规格之高在汉画中非常少见,其中的大型乐器有钟、磬、建鼓、车载羽葆鼓吹等。

图 6-119 乐舞百戏

(采自王培永、朱青生主编《汉画总录 36·沂南》,第 16—21 页。)

由此可以看出,汉代的用乐礼制有这样几个特点:其一,钟鼓这些乐舞重器不仅用于朝廷等高规格的室内场合,也用于大型的露天百戏活动;其二,汉代的乐器繁多,不仅协调配合,而且同舞蹈、杂技、饮食等活动紧密结合起来;其三,大型乐舞参与人数众多,分工明确。

二 汉画中的佩戴类礼器

佩戴类的礼器物品在汉画中有绶带、玉璧等,具有象征身份,昭示信仰等功能。绶带同印玺一样,是官僚身份的象征,朱买臣富贵后,身穿旧衣如发迹前一样到会稽守邸者那里蹭饭,一开始受到众人的忽视,直到其印绶被发现。"守邸与共食,食且饱,少见其绶。守邸怪之,前引其绶,视其印,会稽太守章也。守邸惊,出语上计掾吏。"最后众人

[①] 李荣有:《汉画钟鼓之乐与礼乐文化考论》,《天津音乐学院学报(天籁)》2012 年第 2 期。

"相推排陈列中庭拜谒"。①

在多地汉画中均出现了绶带的形象,其寓意是地位高贵。在山东莒县沈刘庄东汉墓前室西面北端立柱正面画像的下部就刻画有鸟衔绶带的图像(见图6-120)。绶带两端宽大,中间有一个圆形类似结扣的物件,绶带从中穿过,鸟喙叼住绶带的折叠弯处,爪下还按有一兔。②除了鸟衔绶带之外,也不乏龙衔绶带的情况,沈刘庄墓的前室北面西三立柱正面就刻绘了双龙盘结,双尾上卷,龙首相对衔绶的情况(见图6-121)。

图6-120 鸟衔绶带

(采自中国画像石全集编辑委员会编《中国画像石全集3·山东汉画像石》,图一二九局部,第112页。)

图6-121 双龙衔绶

(采自中国画像石全集编辑委员会编《中国画像石全集3·山东汉画像石》,图一三二局部,第115页。)

在沈刘庄墓门西立柱正面画像中也有关于绶带的刻画(见图6-122)。画面上部为一凤鸟右向侧立,口衔绶带,下部为一身穿短衣之人,一手执幢状物,一手上举,抬头仰视,幢状物杆部也系有绶带。

---

① 《汉书》卷64上《朱买臣传》。
② 中国画像石全集编辑委员会编:《中国画像石全集3·山东汉画像石》,山东美术出版社、河南美术出版社2000年版,图一二九局部,第112页。

第六章 汉画中的建筑及礼器用具

图 6-122 凤鸟绶带

（采自中国画像石全集编辑委员会编《中国画像石全集 3·山东汉画像石》，图一一九，第 106 页。）

此外，绶带还与铺首等物组合出现。山东省诸城市前凉台出土的东汉画像石（见图 6-123），画面中部刻一长方形框，框内刻铺首衔环，环作绞索形状，环下系绶带。在另一幅山东昌平县出土画像石局部（见图 6-124），也刻绘有铺首衔环，环下系绶带的形象。在山东临淄水流乡石鼓村出土的东汉时期画像石（见图 6-125），有两块都雕刻有铺首衔环，环系绶带的画像。画面上部为数只小鸟，下部为铺首衔环，环下系绶带，环内有双鱼。

图 6-123 铺首绶带（1）

（采自中国画像石全集编辑委员会编《中国画像石全集 3·山东汉画像石》，图一四三局部，第 126 页。）

图 6-124 铺首绶带（2）

（采自中国画像石全集编辑委员会编《中国画像石全集 3·山东汉画像石》，图一四五局部，第 127 页。）

绶带主要是用来佩戴的，这在画像中也有显示。在山东城前村墓门右立柱正面画像由上往下的第一和第二层（见图6-126），分别为站立的人像。两人腰间均系有绶带。从冠饰来看，应为官员。绶带也往往同玉璧形成组合。汉画中的玉器有多种象征意义，有学者认为，玉璧与升仙有关，但这仅限于部分玉璧汉画的解释。玉璧等生活饰品作为人们所佩戴或所使用的礼器，用于祭祀或祈福，其中也用绶带进行装饰，如绶带缠绕玉璧的图像，象征富贵（见图6-127）。

图6-125 铺首绶带（3）

（采自中国画像石全集编辑委员会编《中国画像石全集3·山东汉画像石》，图一四八局部，第130页。）

图6-126 腰系绶带

（采自中国画像石全集编辑委员会编《中国画像石全集3·山东汉画像石》，图一〇一局部，第89页。）

图 6 – 127　绶带玉璧

（采自李国新、杨蕴菁编著《中国汉画造型艺术图典·器物》，第 12 页。）

可以说，绶带在汉代画像砖石中广泛出现，绶带的表现形式有龙衔绶带、鸟衔绶带、人戴绶带，绶带系于玉璧、铺首或其他器物，甚至有挂绶带于树枝的情况。它既是身份的象征，也承载了画像石主人的美好期望，故而成为一种常见的礼仪象征物。

余　论

汉画中出现如此众多与礼文化相关的内容，使我们对汉代的国家礼制和民间礼俗有了更多的了解。经济的发展、生活的富足、汉代国家与士人对礼的重视、汉代政治对文化与社会的影响等，都是礼类画像涌现的重要因素。礼类汉画的大量涌现是汉代以礼治国理念在文化上的展现，表明汉代礼制教化的成功及礼文化在社会上的流行程度。可以说，汉画的涌现是汉代物质文明和精神文明的生动体现，礼文化与汉画之间有着密不可分的互动关系。

第一节　汉代礼文化与汉画之间的相互影响

礼类题材的汉画不是出于凭空想象，而是对汉代礼文化的一定反映，把汉画与历史文献相对照，可探讨汉代礼文化建设的过程及其具体情况。

一　汉代礼制对汉画的内容有制约作用

汉代礼制对汉画中的礼文化内容具有约束作用。国家的礼制越严格，表明国力越强，对国家各阶层的控制力就越强，反映在汉画上，其内容与礼制要求契合程度高。

在出行礼制上，《后汉书·舆服志》曰："古者军出，师旅皆从；秦省其卒，取师旅之名焉。"为此规定，公以下至二千石的官吏，有骑吏四人，千石以下至三百石的官吏出行，县长有两人先导，皆带剑，执棨戟作为先导。唐河县针织厂汉画像石墓，出土了三幅车骑出行图，均有二导骑在前引路，说明此墓葬的主人生前可能为县令或县长级官吏。① 南阳市王庄画像石墓出土了两幅车骑出行图，② 一幅前有四骑吏，一幅前有八骑吏。说明出行者的身份为太守以上级官吏。内蒙古和林格尔壁画墓、山东武氏祠画像，以及国内其他地域的部分画像石墓和壁画墓，均在榜题中注明墓主或祠主生前的仕宦经历，而且画像中的礼制规格也与其身份相应。如武梁祠石刻上有墓主人"为都邮时"，鲁俊石刻上有"为九江太守时"，和林格尔壁画墓描绘了墓主从"举孝廉时""为二郎"、任"西河长史""行上郡图都尉时"、在"繁阳令"一直到"使持节护乌桓校尉"车马出行的场面。③ 不同时期的主车装饰、服饰、导从车辆及仪仗规模均不相同，故有学者认为，该种车马出行图是墓主人仕途形象化的记录。④ 此类画像具有实录的特点，势必受到汉代礼制的约束，并真实再现了汉代的礼制。

汉代礼制建设对汉画的礼制题材也具有制约作用，西汉时期礼制建设时断时续，而在东汉时期，从光武帝到明帝，礼制创建不断走向成熟，这也就不难解释为什么汉画中的车马出行等题材大多是东汉时期的。

汉代礼制和政治影响汉画，如南阳作为汉画的重要产地就与此有关。有学者通过《后汉书》传记统计，发现东汉时期封于南阳的王侯28人、公主7人。南阳人位至三公者达27人，封侯者120人，封九卿者38人。⑤ 蔡邕《独断》曾提到："汉帝子女曰公主，仪比诸侯。"如此裙带、职官、爵位及财富，聚于南阳。其冢墓中石刻涉及神话传说、人物故事、世间百态、车马衣冠、杂技乐舞，足见筑墓者的财势、知识和信仰，自然如鲁迅所言，"非'土财主'所能办"。⑥ 正是由于贵族聚集，使得南阳等地的画

---

① 柴中庆：《南阳汉代画像石墓墓主人身份初探》，载南阳汉代画像石学术讨论会办公室编《汉代画像石研究》，文物出版社1987年版。
② 南阳市博物馆：《南阳市王庄汉画像石墓》，《中原文物》1985年第3期。
③ 内蒙古自治区博物馆文物工作队编著：《和林格尔汉墓壁画》，文物出版社1978年版，第10页。
④ 夏超雄：《孝堂山石祠画像、年代及主人试探》，《文物》1984年第8期。
⑤ 韩玉祥、李陈广主编：《南阳汉代画像石墓》，河南美术出版社1998年版。
⑥ 杨义：《遥祭汉唐魄力——鲁迅与汉石画像》，《学术月刊》2014年第2期。

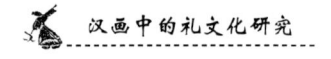

像石墓也相应较多，成为汉画像石的重要发现地。

汉代礼文化对汉画载体和题材具有制约作用。在汉画载体上，画像石造价最高，最能表现礼制层面的要素，如画像石墓的规模、墓主的身份与家世等。此外，画像砖由于受众更广，最能体现汉代的礼俗。在汉画题材上，礼文化的这种制约又容许一定程度的僭越和变通，一些达官贵人才有的生活场景会出现在一些富有之家的墓室刻绘上，故而礼文化对汉画的制约又是柔性的。特别是当国家的礼制受到破坏，国家对社会各阶层的控制能力下降，礼制约束亦不甚严格，普通官员或富有之家就会修建明显高出自身地位的高级别礼制汉画建筑，汉画内容也与墓主的身份不相应，体现了与国家礼制的错位。

反过来说，汉画是对汉代礼制和礼俗的反映。有关礼文化题材的汉画不是凭空的想象，而是对汉代礼文化一定程度的反映，把汉画与历史文献相对照，可了解汉代礼制的具体实施情况。当然，汉画中有关礼文化的题材未必都是关于汉代的，有不少是关于周秦时期的，这一方面说明周代的礼制在汉代仍具有一定的影响力，另一方面也说明周代的部分礼制为汉代继承。无论怎样，汉画都反映了当时的礼文化和社会现实。

二 汉画是对礼文化的曲折反映——以汉画"周公辅成王"为例①

汉画中有关礼文化的题材未必都是据实描绘，部分源于现实，部分经过加工或虚构，为了突出墓主形象，往往不合比例地放大其画像，同时缩小并模糊侍从众人的形象。不仅绘画技巧如此，就连画像题材也是这样，如"周公辅成王"汉画就曲折反映了汉代的政治礼制。

周公辅成王是政治上忠诚的典型刻画。周公辅成王的故事见于《史记·鲁周公世家》，周公旦作为周武王的弟弟，曾帮助武王灭纣，更可贵的是，在武王死后，周公全力辅佐年幼的成王，成王年长后，周公还政于成王，不仅维护了周朝的稳定，他自己也始终以臣子的身份恪尽职守。

---

① 本部分内容已经作为项目的阶段性成果发表于《中州学刊》2017年第3期。

（一）汉画与历史上的"周公辅成王"

在汉画像石中，以周公辅成王为题材的刻画有不少，当前发现的周公辅成王画像至少有十多幅，山东出现最多，陕西也有少量该题材画像石。周公辅成王画像的布局有两种模式，一种情况是图中画三人，成王居中而立，身形幼小，头戴王冠。两位大臣分立左右，其中一人躬身执华盖罩在成王头顶，华盖显出成王的尊贵和威严，另一位大臣面朝成王躬身而立。两位大臣分别为周公和召公，画像石中的榜题也说明了这一点，如山东嘉祥县纸坊镇出土的画像石中（见图7-1），局部有该类型图画，画面上明确标有"周公""成王""召公"字样，由榜题可以看出，执伞者为周公，躬身而立者为召公。

图7-1 周公辅成王（1）

采自中国画像石全集编辑委员会编《中国画像石全集2·山东汉画像石》，图一一四，第107页。

另一种情况是画面人数在三人以上，这种多人画面的布局一般为成王居中，周公、召公与其他臣僚一起分列左右。大臣们俯身恭立或跪伏于地，正在拜见成王，尽显谦卑恭敬之态。如宋山小石祠西壁画像中的周公辅成王图就是这样（见图7-2）。

图 7-2　周公辅成王（2）

（采自中国画像石全集编辑委员会编《中国画像石全集 1·山东汉画像石》，第 66 页。）

此外，嘉祥武氏祠的周公辅成王画像同上图类似（见图 7-3），仅人物方向有所不同。

图 7-3　周公辅成王（3）

（采自杨絮飞编著《中国汉画造型艺术图典·人物》，第 641 页。）

还有一幅周公辅成王汉画（见图 7-4），画中人物多达九人，成王居中，两侧各有四位大臣面向成王，其左侧的大臣则手举华盖置于成王上方。

图 7-4　周公辅成王（4）

（采自杨絮飞编著《中国汉画造型艺术图典·人物》，第 643 页。）

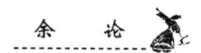

周公辅成王的多人画面中（见图7-5），下图画面中有八人，成王居中，画面左侧有四人排列，最近一人躬身行礼，画面右侧有三人，二人执笏向成王跪拜，最右一人恭立。

图7-5 周公辅成王（5）
（采自杨絮飞编著《中国汉画造型艺术图典·人物》，第642页。）

周公辅成王八人构图模式中（见图7-6），成王居中，画面左侧三人，右侧四人，多跪地执笏，其中一人手举伞盖置于成王头上。

图7-6 周公辅成王（6）
（采自杨絮飞编著《中国汉画造型艺术图典·人物》，第642页。）

周公辅成王五人模式（见图7-7），画中成王居中而立，画面左侧三人执笏而立，最右侧一人躬身而立，画中人物中，成王衣着普通，头上亦无伞盖。

另有一种周公辅成王画像中（见图7-8），似乎有两位主人，画面左侧是居中的成王，其左侧有三人躬身行礼，其右侧是两位大臣躬身行礼，最近的大臣手举伞盖置于成王头顶。在画面右侧区域又有三人，一人居中而立，其左右各有一人向其躬身行礼。

图 7-7　周公辅成王（7）

（采自杨絮飞编著《中国汉画造型艺术图典·人物》，第 642 页。）

图 7-8　周公辅成王（8）

（采自杨絮飞编著《中国汉画造型艺术图典·人物》，第 642 页。）

周公辅成王四人构图模式（见图 7-9），成王之外，画面中还有三人，左侧一人，右侧二人，其中一人手持伞盖于成王头上方。成王衣着普通，三位成人更像是家庭中关爱少年的长者，关怀但无恭敬之态。

图 7-9　周公辅成王（9）

（采自杨絮飞编著《中国汉画造型艺术图典·人物》，第 643 页。）

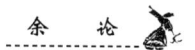

在多人画像中，成王居中是普遍情况，但成王居一边的情况也少量出现。如武氏西阙子阙身南面画像（见图7-10）。在该类周公辅成王画像中，有榜题的情况较少，如山东嘉祥县纸坊镇敬老院出土的武士、吴王、周公辅成王画像中（见图7-11），画面中部成王旁题"太子"字样。

图7-10 周公辅成王（10）

（采自中国画像石全集编辑委员会编《中国画像石全集1·山东汉画像石》，第10页。）

图7-11 周公辅成王（11）

（采自中国画像石全集编辑委员会编《中国画像石全集2·山东汉画像石》，第106页。）

周公辅成王是政治上忠诚的典型刻画，一直为后人称道。周公旦是周武王的弟弟，他功勋卓著，不仅曾帮助武王灭纣，还曾经制礼作乐，是文治武功的全才。在道德方面，周公也堪称楷模，在武王死后，周公全力辅佐年幼的成王，平定国内的叛乱，维护了周朝的稳定。成王长大后，正在摄政的周公主动还政于成王，并始终以臣子的身份恪尽职守。史载："成王少，周初定天下，周公恐诸侯畔周，公乃摄行政当国。"① 又载："周公之代成王治，南面倍依以朝诸侯。及七年后，还政成王，北面就臣位，匔匔如畏然。"②

周公辅政，要面临幼主、宗室的质疑。有这样一则故事，成王长大当权后，有人污蔑周公，结果周公不得不逃亡楚国。后来成王打开王室保存档案的秘府，发现了自己生病时，周公祈祷的文书，成王感动哭泣，接回周公。周公归国后，为了避免成王壮年后受到淫佚风气的不良影响，便写作了《多士》《毋逸》等文进行劝谏。③ 返政后的周公处境非常艰难，他一方面要教育成王，另一方面还要应对宗室的质疑、反对乃至叛乱。对于周朝宗室而言，他们对周公产生怀疑是在所难免的，就连稳重的召公也对周公产生了怀疑，"成王既幼，周公摄政，当国践祚，召公疑之，作《君奭》。"④ 召公仅仅是用文章来表达自己的疑虑，而其他一些表现激烈的宗室则直接选择武力反叛，武王崩逝，成王年少，周公旦专政。管叔、蔡叔怀疑周公将要做对成王不利的事，便要挟武庚一起叛乱。周公旦果断平叛，"承成王命伐诛武庚，杀管叔，而放蔡叔，迁之，与车十乘，徒七十人从"。⑤

无论史实到底怎样，后世对周公的评价几乎全是正面的，春秋时期的孔子就曾把周公看作是至圣之人，他有次说，"我好久都没有梦到周公了，我看来是真的衰老了！"甚至孔子连周公的缺点也能够容忍，他说："如果有人具备周公那样完美的才能，即便他骄傲小气，这些也都不足为道。"⑥ 秦国蔡泽也曾说："商君、吴起、大夫种这些前代名臣，作为人臣能够尽忠立功就是他们的愿望，像闳夭服从文王，周公辅佐成王，这些不都是忠圣之辈吗？"⑦ 不难看出，周公去世不久的春秋直到秦朝时期，他就已经以

---

① 《史记》卷 4《周本纪》。
② 《史记》卷 33《鲁周公世家》。
③ 《史记》卷 33《鲁周公世家》。
④ 《史记》卷 34《燕召公世家》。
⑤ 《史记》卷 35《管蔡世家》。
⑥ 杨伯峻译注：《论语译注》，中华书局 1982 年版，第 67、82 页。
⑦ 《史记》卷 79《范雎蔡泽列传》。

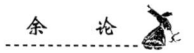

圣人的形象出现在人们的视野，并在汉代享受到与孔子一样的祭祀。

(二) 周公辅成王画像所包含的政治隐喻

我们不难看出，周公辅成王画像不是单纯的历史故事图画，而是有着特殊的政治意义。周公辅成王故事作为一个令后人称道的政治忠诚典型案例，它包括三个基本要素，一是年幼的天子，二是专权但贤明的辅政大臣，三是摄政权臣以天子的名义对不听命的宗室行"管蔡之诛"，维护国家安定。因此，周公辅成王并非一个孤立的事件，他涉及天子、权臣、宗室三层关系的处理。故而后人在利用周公辅成王的故事进行政治斗争时，往往选取这几个要素的某个作为侧重点。如西汉昭帝时，当政的权臣为保护年幼的天子，对宗室叛逆者提出警告。昭帝初立，作为宗室的武帝长子刘旦自以长子当立，与齐王子刘泽等谋为叛逆时，昭帝派遣宗正与太中大夫公户满意、御史二人出使燕地进行劝谕。公户满意借用周公故事对燕王说："周公辅成王时，诛杀了他两个叛乱的弟弟，使国家得到治理。武帝在时，还能够宽待燕王。而现在昭帝始立，年幼而未能亲政，所以把大事委任大臣。古人治理国家，行诛罚时不会姑息亲戚，故能够治理天下。现在大臣们辅政，他们严格执行国家法令，公正无私，如果您叛乱的话恐不能受到宽待。"① 于是燕王刘旦恐惧服罪，并叩头谢过。公户满意等利用周公的故事来教育和震慑燕王，其实这些大臣们并没有周公的贤明，他们不过是借周公之名进行专权。《索隐》认为，武帝诛太子而立童孺与权臣贪利有关："亦由权臣辅政，贪立幼主之利，遂得钩弋子当阳。"②

西汉末年王凤专政，杜钦见状曾告诫他说："以前周公身有至圣之德，并且与天子有着叔父之亲，成王也非常贤明有独到的见解，不会听信谗言，即便如此，当管、蔡散布流言时，周公也非常害怕。"③ 希望他像周公一样谦惧。

从总的倾向来看，西汉时期突出周公作为一个政治家的形象，忽略他在文化方面的地位。而周公的政治形象又蕴含着两层含义，一是皇室或老

---

① 《史记》卷60《三王世家》。
② 《史记》卷60《三王世家》。
③ 《汉书》卷60《杜周传附缓弟钦传》。

皇帝希望权臣像周公一样竭忠尽智地辅佐幼主，维系帝统的稳定；二是权臣为了篡权，以周公摄政自居，为自己的专权寻找历史依据。在西汉时期，出现了两个明显以周公比照的权臣，一个是霍光，另一个便是王莽。

征和二年（公元前91年），年老的武帝准备立宠姬钩弋（赵婕妤）所生幼子为嗣，准备命大臣辅之。武帝感到群臣中只有霍光比较可靠，欲以太子相托，便派黄门画师画了一幅周公负成王朝诸侯图赐予霍光，他还进一步挑明："立少子，君行周公之事。"① 《史记·外戚世家》则记载得更为详细："上居甘泉宫，召画工图画周公负成王也。于是左右群臣知武帝意欲立少子也。"霍光成为东汉辅佐幼主权臣的新榜样，"负图之托"也成为霍光辅政的专有名词，"周章身非负图之托，德乏万夫之望"。②

霍光辅政后，其专权的程度应该不亚于周公，昭帝即位时年仅八岁，"政事一决于光"。但与周公相比，霍光还是要差不少，周公与年幼的成王有着叔侄的亲属关系，而汉代的霍光尽管处于"周公"之位，他并非宗室成员，不过是老皇帝崇信的大臣。因此，汉代对霍光专权也不乏批评的声音，如班固认为霍光专政犹如周公之居摄。霍光专政时间过长，没有及时返政："光亡周公之德，秉政九年，久于周公，上既已冠而不归政，将为国害。故正月加元服，五月而灾见。"③ 既然武帝能够画周公负成王图表明心意，后人也有可能通过这种画像来重现霍光辅佐昭帝的历史。因此，周公辅成王汉画某种程度上折射出霍光辅昭帝的历史真实，之所以没有直接刻画霍光辅昭帝，是由于霍光并不能同周公相比，且要回避东汉帝王之讳。

（三）东汉周公辅成王汉画出现的政治与礼制背景

汉代统治者对周公的崇拜和祭祀是周公辅成王汉画出现的政治背景。周公辅成王汉画的流行，与汉人对周公的推崇有很大的关系。刻画周公辅成王汉画，正是表明了人们对周公的崇敬之情。在先秦时期，孔子等名人对周公仰慕有加。西汉早期，周公就已经被视为匡乱救危的政治家了，能

---

① 《汉书》卷68《霍光传》。
② 《后汉书》卷33《周章传》。
③ 《汉书》卷27上《五行志上》。

与周公相比是很大的褒扬。司马迁评论周勃道："在将相位，诸吕欲作乱，勃匡国家难，复之乎正。虽伊尹、周公，何以加哉。"① 司马迁对周公的仰慕之情也可以从不少地方看出，司马迁的父亲曾说，"自周公卒五百岁而有孔子。孔子卒后至于今五百岁"。在司马迁父子眼中，周公与孔子都是五百年一遇的先贤圣人。司马迁自己也提到，"依之违之，周公绥之。愤发文德，天下和之。辅翼成王，诸侯宗周"。② 公孙弘上疏请求效法周公之治推行教化，天子以册书答曰："（公孙）弘称周公之治，弘之材能自视孰与周公贤？"③ 可以看出，西汉人们已经把周公看作圣人，在赞扬一些名臣时也往往与周公对比。

对于权臣，一些有识之士往往以周公之德进行告诫。如王褒曾说："昔周公躬吐捉之劳，故有圉空之隆。"④ 王凤专权，杜钦劝他效法"周公之谦惧"。⑤ 对于王莽专权，一些大臣以及元皇后都持反对态度。孙宝认为："周公上圣，召公大贤。尚犹有不相说，著于经典，两不相损。"⑥

直到东汉时期，人们对周公仍充满敬意，一些辅佐幼主的权臣也以周公自居。和帝时，侍中窦宪自以外戚之重，准备让幼主学习经学，便上疏皇太后称："昔成王幼小，越在襁保，周公在前，史佚在后，太公在左，召公在右。"⑦ 他还请求让桓郁、刘方作为和帝的侍讲。在这里，窦宪虽未明言，但显然以周公自居，认为自己负有对幼主进行教育的责任。

可以说周代以降，各个时期的人们对周公是一边倒的正面评价，对周公的祭祀也由来已久，最早是在其儿子的封地鲁国举行的，"周兴，以少昊之虚曲阜封周公子伯禽为鲁侯，以为周公主"。⑧ 也就是由鲁国主持周公的祭祀。祭祀周公的祭品也比较特殊，"鲁祭周公，牲用白牡，鲁公用骍

---

① 《史记》卷57《绛侯周勃世家》。
② 《史记》卷130《太史公自序》。
③ 《汉书》卷58《公孙弘传》。
④ 《汉书》卷64下《王褒传》。
⑤ 《汉书》卷60《杜周传附缓弟钦传》。
⑥ 《汉书》卷77《孙宝传》。
⑦ 《后汉书》卷37《桓荣传附子郁传》。
⑧ 《汉书》卷28下《地理志下》。

刚"。① 正是由于周公的特殊地位，所以鲁国可以用牛进行祭祀。此后在鲁国朝觐京师的驿站许地也出现了祭祀周公的庙宇，据《史记·周本纪》索引注引《左传》云："许是鲁朝京师之汤沐邑，有周公庙"，《括地志》亦载："许田在许州许昌县南四十里，有鲁城，周公庙在城中。"②

帝王对周公的祭祀开始于东汉。永平二年（59年）三月，明帝率群臣躬养三老、五更于辟雍。行大射之礼，还在郡、县、道各级学校行乡饮酒礼，"皆祀圣师周公、孔子，牲以犬"。③ 这是东汉帝王在全国范围内祭祀周公的开始。周公同孔子一样作为"圣师"被祭祀，表明东汉时期对兴学和礼教的重视。可见，周公辅成王汉画在东汉时期的流行，不仅与两汉时期人们对周公的崇敬有关，也与东汉政局的变化、教育的发展以及朝廷对周公祭祀、对周公辅成王形象等各方面的认识密切关联。

东汉幼主即位、权臣当国及王室对幼主教育的重视也推动了周公辅成王题材汉画出现。两汉有不少年幼皇帝，如西汉的昭帝、平帝、孺子刘婴，东汉尤多。东汉和帝、殇帝、顺帝、冲帝、质帝、灵帝、献帝都是在幼年继位，大者十来岁，小者一两岁。这种情况也是诱发外戚宦官专权的一个重要原因，刻画周公辅成王汉画，从权臣一方能够为自己专权的合理性寻求依据，从王室以及民间来说也是为了让权臣以周公为榜样，希望其自我约束。无论出于何种目的，抑或是出于对幼帝教育的目的，从祭祀周公到图画周公图像都显得极为正常。

周公辅成王汉画中，画面一般有多人形象，这也与东汉人对周公辅成王的认识有关。除窦宪上书中提到成王被众人拥护的情况外，类似的描述随处可见，诸如："昔成王之政，周公在前，邵公在后，毕公在左，史佚在右，四子挟而维之。目见正容，耳闻正言，一日即位，天下旷然，言其法度素定也。"④ "昔成王之为孺子，出则周公、邵公、太史佚，入则大颠、

---

① 《史记》卷60《三王世家》注文。
② 《史记》卷4《周本纪》。
③ 《后汉书》卷94上《礼仪志上》"高禖"条。
④ 《后汉书》卷48《翟酺传》。

闳夭、南宫括、散宜生，左右前后，礼无违者"。① 可见，多人画像"周公辅成王"画面中的人物除周公、召公之外，其他人物原型可能来自史佚、毕公、大颠、闳夭、南宫括、散宜生等人。而在西汉的史书中，诸如《史记》《汉书》等，并没有见到诸臣们前后左右夹辅成王的类似描述。受王莽专权的影响，东汉的权臣不敢轻易提摄政，而更加强调效仿周公对幼主的教育。这也能够解释为什么东汉的周公画像有多人的缘故。由于画面难以显示前后左右的方位，故汉画在处理人物时仅表现出左右的布局。

周公辅成王汉画多出现于东汉，这离不开当时的周公信仰与君臣礼教的成熟。日本学者佐原康夫认为祠堂的画像供祭祀先人之用，画像具有宗教的要素和教训的要素，画像中的圣人、孝子、烈女及刺客义士等画像都具有教育训诫后人的意义。② 周公辅成王汉画多出现在山东，也同东汉人信仰的地域性特征有关，东汉人把周公作为圣人，在墓中或祠堂刻画这类图像，目的是希望自己的后代像成王一样受到贵人的辅佐和保佑，受到良好的儒家教育，子息繁衍，家业兴旺。在周公辅成王汉画的成王位置刻画"太子"字样，突出其太子身份。从这个角度来看，周公辅成王汉画已经成为一种象征，中间的成王象征家族的后代，生者希望死者的子孙能得到贵人的帮助和辅佐，光大家业。在嘉祥县武氏祠等地出现的周公辅成王汉画有十幅左右，占全国这类题材画像的大半，嘉祥位于山东西南，属于周公的封地——古鲁国的范围，从周公到孔子再到两汉硕儒，说明儒家思想在鲁地的深远影响。

汉画也是东汉推行以君臣伦理为中心的礼制教化的显现，当时已经有了系统的舆服礼制，并在《后汉书》中被记载下来，这是东汉礼教成熟的一个标志。东汉礼制更加强调崇君卑臣："今《左氏》崇君父，卑臣子，强干弱枝，劝善戒恶，至明至切，至直至顺。"③ 王充甚至把君臣之分看作是不可更改的天命："命有贵贱，才不能进退。成王之才，不如周公，桓

---

① 《后汉书》卷40《上班彪传》。
② ［日］佐原康夫：《汉代祠堂画像考》，《东方学报》1991年第63册。
③ 《后汉书》卷36《贾逵传》。

公之知,不若管仲,然成、桓受尊命,而周、管禀卑秩也。"① 君臣区分的强化在礼仪上得以体现:"夫威仪,所以与君臣,序六亲也。若君亡君之威,臣亡臣之仪,上替下陵,此谓大乱。"② 具体来说就是"天尊地卑,君庄臣恭",③ 周公辅成王汉画正是"君庄臣恭"的形象描绘。

周公辅成王汉画在一定程度上反映了两汉的政治实态。西汉帝王利用周公与成王的画像表达托孤的心愿,而权臣以周公自居,通过这样的画像为自己的专权与打击异己寻找合理性。到了东汉时期,从社会层面看,周公辅成王汉画也传达了东汉人的政治和教育观念,这种观念既包括儒家政治伦理层面的君君臣臣观念,也包括东汉人尊崇儒家教育,希冀子孙受到良好教育,弘大家业的愿望。从国家层面看,周公辅成王画像还反映了东汉幼主当国、君臣礼教强化、尊崇并祭祀周公等汉代政治的突出问题,并从另一个侧面反映出汉代儒学的兴盛,以及周公事迹在汉代的广泛流传。

第二节 关于汉画解读过程中的过分解读与不当解读反思

在汉画研究过程中,存在不少过度解读乃至不当解读的情况,必须考虑到当时的文化背景才能正确解读。汉画中过度解读现象并不少见,除了把汉画中的战神形象解释为蚩尤外,还有其他问题,如河南南阳的一块车马出行画像石,有人仅根据画面人物的装束以及车轮的形制就定名为"张骞出使西域",同样是过度解读。对于过度解读的情况,名称听起来令人振奋,但没有充分的证据,再好的假设也没有说服力,还会对涉猎不深者起到误导作用。

有些学者没有把画像中的戟与棨戟进行区分,前者为兵器,后者是一种礼器。二者在形制上也明显不同,但有著录往往一概称之为棨戟。显然

---

① 黄晖撰:《论衡校释》,中华书局1990年版,第21—22页。
② 《后汉书》卷94《礼仪志上·序》。
③ 《后汉书》卷96《礼仪志下》"诸侯王列侯始封贵人公主薨"条。

是不妥当的。

还有学者把汉画中人物所持之棒解释为"金吾"或"吾",该种解释是源于晋人崔豹《古今注》:"汉朝执金吾,金吾,亦棒也。以铜为之,黄金涂两末,谓为金吾。御史大夫、司隶校尉亦得执焉。御史、校尉、郡守、都尉、县长之类,皆以木为吾焉。"① 据此解释,金吾与吾作为棒,非普通人所执。从汉画像石来看,从未出现高级官员手执棍棒的情况,棍棒均为护卫之人所执。从正史记载来看,"执金吾"是一种官职,《史记正义·百官表》云:"中尉,秦官,掌徼循京师,武帝太初元年更名执金吾。"至于"金吾",颜注云:"金吾,鸟名也,主辟不祥。天子出行,职主先道,以御非常,故执此鸟之象,因以名官。"② 可见"金吾"是一种鸟形状的物品,与棒毫无关系。结合汉画来看,执棒的人多为门吏,根据崔豹的解释,这些门吏没有资格执"吾",更不用说"金吾"了。因此,执金吾是汉代掌管京师保卫和捕盗的高级官员,绝非普通人。据史书所载,执金吾秩"中二千石",其出行规格为"缇骑二百人,持戟五百二十人,舆服导从,光满道路",故而光武帝刘秀感叹"仕宦当作执金吾"。③ 由此可见,执金吾为东汉高级官员,出行阵仗宏大。"金吾"即便有棒的含义,也绝非普通的棒,也不是任何人都能手执的。

从另一方面说,普通的棒作为武器,是护卫之人常执之物。曹操青年时代任洛阳北部尉时,曾经制作五色棒,"造五色棒,县门左右各十余枚,有犯禁者,不避豪强,皆棒杀之"。④ 严明纪律,使当地社会治安明显好转。执棒捕盗的传统并非曹操首创,根据汉画中的刻画,持棒守卫在汉代非常普遍,而这种棒,绝非"金吾"或"吾"。在南阳画像砖石中,有些著录文献多把画像人物所执之棒命名为"金吾",其实是不妥当的。根据画像的具体内容,画像中的棒形物有的的确是用于守卫的棒,为一些门卫所执。还有一些男侍从和侍女手执的粗大棒形物,更多的是装纳衣物等常

---

① (晋)崔豹:《古今注》,中华书局1985年版,第2页。
② 《史记》卷122《酷吏列传》注文。
③ 《后汉书》卷117《百官志四》"执金吾"条。
④ (晋)陈寿:《三国志》卷1《武帝纪》注引《曹瞒传》,中华书局1959年版。

用物品的长形包裹。

　　此外，在汉画像石解读的空间顺序上也存在不当之处，在解读分层画像石时，学界往往从最上一层解读，称之为画像第一层，依次往下，而把最下层画像作为最后一层进行解读。实际上这样解读容易造成误解，根据古人的习惯，往往把最下一层作为第一层进行解读，正如对《周易》六十四卦进行解读时，每卦是从最下爻开始，往上象征逐步变化的过程。以下部为基准，越往上，显示时间越推进、空间越高、地位越高。画像石的分层也具有这种规律，如长沙马王堆汉墓帛画，天界内容往往在画面上端，地界画像位置在画面下端。而在对画面的左右方位进行解读时，学界也往往从左侧往右进行解读，其实应根据画面的具体情况而定，如车马出行，分为左向出行、右向出行和朝中出行的情况，应据图分类决定解读顺序。而在有些画像中，一般把左侧定为西方，右侧定为东方，同样要注意据实解读，而非单纯按单一顺序描述画面之物。解读汉代建筑类画像石也是如此，有学者认为在认读一幅类分层（格）较大幅的汉画像石时，一般应遵循"自下而上，自右而左"的认读顺序。①笔者深表赞同。

　　关于对画像进行解读的角度问题，笔者认为，一定要系统解读，综合解读，多角度解读，并要根据画像的区域、布局、内容进行具体分析，避免单一化、统一化解读或者过度解读。汉画像石墓本来就是丧葬的产物，若一味从葬礼的角度去解读，会忽略掉画像中所包含的真实社会背景。且由于汉画分布较广，地域的差异再加上社会的复杂性，具体画像在体现汉代某些共性内容的同时会呈现出明显的特殊性。如汉画葬礼中所体现的"事死如生"是汉代人信仰的共性，但在灵魂信仰方面，诸如灵魂的归宿，灵魂对生者的影响是没有统一观念的，魂归泰山的信仰仅在某一区域某一时段存在。汉画中的车马出行图，其中既有写实描绘墓主生前经历的出行场景，也有想象的阴间出行、升天成仙或按照葬俗依模板制作的出行图

---

　　① 周学鹰：《对一幅"汉代建筑画像石"的重新释读（之二）——从三维空间的角度》，《华中建筑》2022年第1期。

像。所以，汉画是汉代社会百态的生动写照，反映了汉代礼文化的方方面面，这种反映有的明确，有的隐晦。总的来说，解读汉画不能脱离汉代的社会背景与当时人们的认知常识。

主要参考文献

一 正史及古代文献

（汉）班固：《汉书》，中华书局 1962 年版。

（汉）桓宽撰，王利器校：《盐铁论校注》，中华书局 1992 年版。

（汉）贾谊撰，阎振益、钟夏校注：《新书校注》，中华书局 2000 年版。

（汉）刘熙：《释名》，中华书局 1985 年版。

（汉）毛亨传，（汉）郑玄笺，（唐）孔颖达疏，朱杰人、李慧玲整理：《毛诗注疏》，上海古籍出版社 2013 年版。

（汉）司马迁：《史记》，中华书局 1959 年版。

（汉）许慎撰，（宋）徐铉校定：《说文解字》，中华书局 2013 年版。

（汉）应劭撰，王利器校注：《风俗通义校注》，中华书局 1981 年版。

（南朝梁）萧统编，（唐）李善注：《文选》，中华书局 1977 年版。

（南朝宋）范晔：《后汉书》，中华书局 1965 年版。

（晋）陈寿：《三国志》，中华书局 1959 年版。

（晋）崔豹：《古今注》，中华书局 1985 年版。

（晋）葛洪撰，周天游校注：《西京杂记》，三秦出版社 2006 年版。

（晋）郭璞注，（清）郝懿行笺疏，沈海波校点：《山海经》，上海古籍出版社 2015 年版。

（晋）常璩撰，刘琳校注：《〈华阳国志〉校注》，巴蜀书社 1984 年版。

（北魏）郦道元著，陈桥驿校证：《水经注校证》，中华书局 2007 年版。

（唐）杜佑撰，王文锦等点校：《通典》，中华书局 1988 年版。

（唐）房玄龄：《晋书》，中华书局 1974 年版。

（唐）李隆基注，（宋）邢昺疏、金良年整理：《孝经注疏》，上海古籍出版社 2009 年版。

（唐）欧阳询撰，汪绍楹校：《艺文类聚》，上海古籍出版社 1982 年版。

（唐）徐坚等：《初学记》，中华书局 1962 年版。

（宋）郭茂倩编：《乐府诗集》，中华书局 1979 年版。

（宋）李昉等撰：《太平御览》，中华书局 1960 年版。

（宋）沈括撰，施适校点：《梦溪笔谈》，上海古籍出版社 2015 年版。

（清）陈立撰，吴则虞点校：《白虎通疏证》，中华书局 1994 年版。

（清）冯云鹏、冯云鹓辑：《金石索》，《续修四库全书》编纂委员会编《续修四库全书》894《史部·金石类》，上海古籍出版社 2002 年版。

（清）瞿中溶著，刘承幹校：《汉武梁祠画像考》，北京图书馆出版社 2004 年版。

（清）阮元校刻：《十三经注疏》，中华书局 1980 年版。

（清）苏舆撰，钟哲点校：《春秋繁露义证》，中华书局 1992 年版。

（清）孙希旦撰，沈啸寰、王星贤点校：《礼记集解》，中华书局 1989 年版。

（清）孙诒让撰，孙启治点校：《墨子间诂》，中华书局 2001 年版。

（清）孙怡让撰，王文锦、陈玉霞点校：《周礼正义》，中华书局 2013 年版。

陈广忠译注：《淮南子》，中华书局 2012 年版。

（清）陈士珂辑：《孔子家语疏证》，上海书店 1987 年版。

黄晖撰：《论衡校释》，中华书局 1990 年版。

陆玖译注：《吕氏春秋》，中华书局 2011 年版。

王明编：《太平经合校》，中华书局 1960 年版。

杨伯峻编注：《春秋左传注》，中华书局 1981 年版。

杨伯峻译注：《论语译注》，中华书局 1982 年版。

杨天宇：《仪礼译注》，上海古籍出版社 2004 年版。

张涛译注：《列女传译注》，山东大学出版社 1990 年版。

张涛译注：《孔子家语译注》，人民出版社 2017 年版。

赵幼文校注：《曹植集校注》，人民文学出版社1984年版。

二　今人著作

《中国画像砖全集》编辑委员会编：《中国画像砖全集》，四川美术出版社2006年版。

陈戍国：《中国礼制史·秦汉卷》，湖南教育出版社2002年版。

崔忠清主编：《山东沂南汉墓画像石》，齐鲁书社2001年版。

高文、王锦生编著：《中国巴蜀汉代画像砖大全》，国际港澳出版社2002年版。

高文编：《四川汉代画像砖》，上海人民美术出版社1987年版。

高文主编：《中国巴蜀新发现汉代画像砖》，四川美术出版社2016年版。

龚廷万等编著：《巴蜀汉代画像集》，文物出版社1998年版。

顾颉刚编著：《古史辨》，上海古籍出版社1982年版。

郭沫若：《奴隶制时代》，人民出版社1984年版。

韩玉祥、李陈广主编：《南阳汉代画像石墓》，河南美术出版社1998年版。

胡新立、朱青生主编：《汉画总录31·邹城》，广西师范大学出版社2017年版。

湖南省博物馆、中国科学院考古研究所编：《长沙马王堆一号汉墓》，文物出版社1973年版。

黄宛峰：《汉画像石与汉代民间丧葬观念》，中国社会科学出版社2015年版。

贾勇、朱青生主编：《汉画总录27·南阳》，广西师范大学出版社2013年版。

蒋英炬、吴文祺编著：《汉代武氏墓群石刻研究》，山东美术出版社1995年版。

蒋英炬、杨爱国编：《汉代画像石与画像砖》，文物出版社2001年版。

康兰英、朱青生主编：《汉画总录10·神木》，广西师范大学出版社2012年版。

康兰英、朱青生主编：《汉画总录1·米脂》，广西师范大学出版社2012

年版。

康兰英、朱青生主编：《汉画总录 2·米脂》，广西师范大学出版社 2012 年版。

康兰英、朱青生主编：《汉画总录 3·米脂》，广西师范大学出版社 2012 年版。

康兰英、朱青生主编：《汉画总录 4·绥德》，广西师范大学出版社 2012 年版。

康兰英、朱青生主编：《汉画总录 5·绥德》，广西师范大学出版社 2012 年版。

康兰英、朱青生主编：《汉画总录 6·绥德》，广西师范大学出版社 2012 年版。

康兰英、朱青生主编：《汉画总录 7·绥德》，广西师范大学出版社 2012 年版。

康兰英、朱青生主编：《汉画总录 8·绥德》，广西师范大学出版社 2012 年版。

康兰英、朱青生主编：《汉画总录 9·榆阳、清涧、子洲、吴堡、靖边、横山》，广西师范大学出版社 2012 年版。

李彬、朱青生主编：《汉画总录 32·邹城》，广西师范大学出版社 2017 年版。

李发林：《山东汉画像石研究》，齐鲁书社 1982 年版。

李国新、杨蕴菁编著：《中国汉画造型艺术图典·建筑》，大象出版社 2014 年版。

李国新、杨蕴菁编著：《中国汉画造型艺术图典·器物》，大象出版社 2014 年版。

李国新、杨蕴菁编著：《中国汉画造型艺术图典·纹饰》，大象出版社 2014 年版。

李国新编著：《中国汉画造型艺术图典·神仙》，大象出版社 2014 年版。

李建、朱青生主编：《汉画总录 25·南阳》，广西师范大学出版社 2013 年版。

李立：《汉画像的叙述——汉画像的图像叙事学研究》，中国社会科学出版社 2016 年版。

李荣有等：《礼复乐兴：两汉钟鼓之乐与礼乐文化图考》，中国社会科学出版社 2012 年版。

李浴：《中国美术史纲》，人民美术出版社 1957 年版。

练春海：《汉代车马形像研究——以御礼为中心》，广西师范大学出版社 2017 年版。

梁思成：《中国建筑史》，百花文艺出版社 2005 年版。

凌皆兵等主编：《中国南阳汉画像石大全 1》，大象出版社 2015 年版。

凌皆兵等主编：《中国南阳汉画像石大全 2》，大象出版社 2015 年版。

凌皆兵等主编：《中国南阳汉画像石大全 3》，大象出版社 2015 年版。

刘敦桢主编：《中国古代建筑史》，中国建筑工业出版社 1986 年版。

刘茜：《汉画像石图像艺术与汉代生死观》，中国社会科学出版社 2015 年版。

刘志雄、杨静荣：《龙与中国文化》，人民出版社 1992 年版。

刘志远、余德章、刘文杰编著：《四川汉代画像砖与汉代社会》，文物出版社 1983 年版。

南阳汉代画像石编辑委员会编：《南阳汉代画像石》，文物出版社 1985 年版。

南阳市文物研究所编：《南阳汉代画像砖》，文物出版社 1990 年版。

内蒙古自治区博物馆文物工作队编著：《和林格尔汉墓壁画》，文物出版社 1978 年版。

牛天伟、朱青生主编：《汉画总录 21·南阳》，广西师范大学出版社 2013 年版。

牛天伟、朱青生主编：《汉画总录 22·南阳》，广西师范大学出版社 2013 年版。

牛天伟、朱青生主编：《汉画总录 23·南阳》，广西师范大学出版社 2013 年版。

山东省博物馆、山东省文物考古研究所：《山东汉画像石选集》，齐鲁书社

1982年版。

孙机：《汉代物质文化资料图说》，文物出版社1991年版。

孙机：《载驰载驱——中国古代车马文化》，上海古籍出版社2016年版。

孙机：《中国古舆服论丛》，上海古籍出版社2013年版。

唐河县博物馆编：《唐河汉画》，中州古籍出版社2020年版。

汪小洋：《汉画像石宗教思想的研究》，天津人民美术出版社2004年版。

王伯敏主编：《中国美术通史1》，山东教育出版社1987年版。

王峰、朱青生主编：《汉画总录30·南阳》，广西师范大学出版社2013年版。

王建中：《汉代画像石通论》，紫禁城出版社2001年版。

王建中、闪修山：《南阳两汉画像石》，文物出版社1991年版。

王培永、朱青生主编：《汉画总录34·沂南》，广西师范大学出版社2019年版。

王培永、朱青生主编：《汉画总录35·沂南》，广西师范大学出版社2019年版。

王培永、朱青生主编：《汉画总录36·沂南》，广西师范大学出版社2019年版。

王清建、朱青生主编：《汉画总录18·南阳》，广西师范大学出版社2013年版。

王清建、朱青生主编：《汉画总录19·南阳》，广西师范大学出版社2013年版。

王清建、朱青生主编：《汉画总录20·南阳》，广西师范大学出版社2013年版。

王重民等编：《敦煌变文集》，人民文学出版社1984年版。

王子初主编：《中国音乐文物大系·湖北卷》，大象出版社1996年版。

吴曾德：《汉代画像石》，文物出版社1984年版。

武利华主编：《徐州汉画像石》，线装书局2004年版。

信立祥：《汉代画像石综合研究》，文物出版社2000年版。

徐光冀主编：《中国出土壁画全集1·河北》，科学出版社2012年版。

徐光冀主编：《中国出土壁画全集3·内蒙古》，科学出版社2012年版。

徐光冀主编：《中国出土壁画全集5·河南》，科学出版社2012年版。

徐光冀主编：《中国出土壁画全集6·陕西上》，科学出版社2012年版。

徐文彬等编著：《四川汉代石阙》，文物出版社1992年版。

徐州博物馆：《徐州汉画象石》，江苏美术出版社1985年版。

严福昌、肖宗弟主编：《中国音乐文物大系·四川卷》，大象出版社1996年版。

杨爱国：《幽明两界：纪年汉代画像石研究》，陕西人民美术出版社2006年版。

杨树达：《汉代婚丧礼俗考》，上海古籍出版社2000年版。

杨絮飞、李国新：《汉画学概论》，大象出版社2019年版。

杨絮飞编著：《中国汉画造型艺术图典·人物》，大象出版社2014年版。

曾宪波、朱青生主编：《汉画总录28·南阳》，广西师范大学出版社2013年版。

曾昭燏等：《沂南古画像石墓发掘报告》，文化部文物管理局1956年版。

赵世刚主编：《中国音乐文物大系·河南卷》，大象出版社1996年版。

郑建芳、朱青生主编：《汉画总录33·邹城》，广西师范大学出版社2017年版。

中国画像石全集编辑委员会编：《中国画像石全集1·山东汉画像石》，山东美术出版社、河南美术出版社2000年版。

中国画像石全集编辑委员会编：《中国画像石全集2·山东汉画像石》，山东美术出版社、河南美术出版社2000年版。

中国画像石全集编辑委员会编：《中国画像石全集3·山东汉画像石》，山东美术出版社、河南美术出版社2000年版。

中国画像石全集编辑委员会编：《中国画像石全集4·江苏、安徽、浙江汉画像石》，山东美术出版社、河南美术出版社2000年版。

中国画像石全集编辑委员会编：《中国画像石全集5·陕西、山西汉画像石》，山东美术出版社、河南美术出版社2000年版。

中国画像石全集编辑委员会编：《中国画像石全集6·河南汉画像石》，山东美术出版社、河南美术出版社 2000 年版。

中国画像石全集编辑委员会编：《中国画像石全集 7·四川汉画像石》，山东美术出版社、河南美术出版社 2000 年版。

中国美术全集编辑委员会编：《中国美术全集·绘画编》，上海人民美术出版社 1988 年版。

周昌富、温增源主编：《中国音乐文物大系·山东卷》，大象出版社 2001 年版。

周到、吕品、汤文兴编：《河南汉代画像砖》，上海人民美术出版社 1985 年版。

周水利、朱青生主编：《汉画总录 39·萧县》，广西师范大学出版社 2019 年版。

周水利、朱青生主编：《汉画总录 40·萧县》，广西师范大学出版社 2019 年版。

周水利、朱青生主编：《汉画总录 41·萧县》，广西师范大学出版社 2019 年版。

周学鹰：《解读画像砖石中的汉代文化》，中华书局 2005 年版。

朱存明：《汉画像的象征世界》，人民文学出版社 2005 年版。

朱存明：《汉画像之美：汉画像与中国传统审美观念研究》，商务印书馆 2011 年版。

朱青生主编：《中国汉画研究 2》，广西师范大学出版社 2006 年版。

朱锡禄编著：《嘉祥汉画像石》，山东美术出版社 1992 年版。

朱锡禄编著：《武氏祠汉画像石》，山东美术出版社 1986 年版。

朱永德、朱青生主编：《汉画总录 37·淮北》，广西师范大学出版社 2019 年版。

[美] 巫鸿：《武梁祠——中国古代画像艺术的思想性》，柳扬、岑河译，生活·读书·新知三联书店 2006 年版。

[美] 巫鸿著，郑岩、王睿编：《礼仪中的美术——巫鸿中国古代美术史文编》，郑岩译，生活·读书·新知三联书店 2005 年版。

[美] 余英时著，何俊编：《东汉生死观》，侯旭东等译，上海古籍出版社

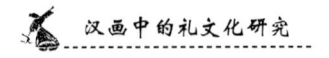

2005 年版。

三　今人论文

北京市文物工作队：《北京西郊发现汉代石阙清理简报》，《文物》1964 年第 11 期。

常金仓：《从周公摄政的争论说到历史考证》，《吉林大学社会科学学报》2002 年第 2 期。

陈江风：《汉画像中的玉璧与丧葬观念》，《中原文物》1994 年第 4 期。

陈江风：《汉画学学科建设的思考及其依据——纪念鲁迅先生收集汉画像 90 周年》，《鲁迅研究月刊》2005 年第 3 期。

陈明达：《汉代的石阙》，《文物》1961 年第 12 期。

陈直：《汉芗他君石祠堂题字通考》，《西北大学学报》（哲学社会科学版）1979 年第 4 期。

程继林：《泰安大汶口汉画像石墓》，《文物》1989 年第 1 期。

冯汉骥：《四川的画像砖墓及画像砖》，《文物》1961 年第 11 期。

高崇文：《论汉简〈葬律〉中的祭奠之礼》，《文物》2011 年第 5 期。

高二旺：《中国古代乡饮酒礼的四期流变》，《南都学坛》2022 年第 2 期。

高文：《汉代瑰宝——记四川出土的汉代纪年砖字砖》，《中国书法》2004 年第 9 期。

管恩杰、霍启明、尹世娟：《山东临沂吴白庄汉画像石墓》，《东南文化》1999 年第 6 期。

郭春艳：《汉画像酒文化研究》，硕士学位论文，江苏师范大学 2015 年。

郭旭东：《甲骨卜辞所见的商代献捷献俘礼》，《史学集刊》2009 年第 3 期。

贺西林：《东汉钱树的图像及意义——兼论秦汉神仙思想的发展、流变》，《故宫博物院院刊》1998 年第 3 期。

黄尚明：《汉代及以前有关灵魂升天的艺术作品探索》，《武汉大学学报》（人文科学版）2010 年第 4 期。

济宁地区文物组、嘉祥县文管所：《山东嘉祥宋山 1980 年出土的汉画像石》,《文物》1982 年第 5 期。

嘉兴地区文管会、海宁县博物馆:《浙江海宁东汉画像石墓发掘简报》,《文物》1983 年第 5 期。

李复华、曹丹:《乐山汉代崖墓石刻》,《文物参考资料》1956 年第 5 期。

李国华:《浅析汉画像石关于祭祀仪礼中的供奉牺牲》,《中原文物》1994 年第 4 期。

李建新:《从汉画像看汉代的祭祀礼俗》,《开封大学学报》2008 年第 1 期。

李立:《〈张公神碑歌〉考论——兼论汉代图像文学研究的意义与价值》,《北京师范大学学报》(社会科学版) 2009 年第 4 期。

李立、谭思梅:《汉画车马出行画像的神话学诠释》,《理论与创作》2004 年第 6 期。

李强:《汉画像石〈孔子见老子图〉考述》,《华夏考古》2009 年第 2 期。

李荣有:《汉画钟鼓之乐与礼乐文化考论》,《天津音乐学院学报（天籁）》 2012 年第 2 期。

李卫星:《汉画像石所见周礼遗俗》,《中原文物》2001 年第 1 期。

李卫星:《论两汉与西域关系在汉画中的反映》,《考古与文物》1995 年第 5 期

李亚利、滕铭予:《汉画像中的亭榭建筑研究》,《考古与文物》2015 年第 2 期。

李宗桂:《汉代礼治的形成及其思想特征》,《哲学研究》2007 年第 10 期。

刘建:《汉画中的孝亲伦理及其成因》,《理论学刊》2008 年第 6 期。

刘乐乐:《从"深衣"到"深衣制"——礼仪观的革变》,《文化遗产》 2014 年第 5 期。

刘乐乐:《河南汉画中建鼓图的礼仪功能探析》,《文化遗产》2017 年第 3 期。

吕品、周到:《唐河县电厂汉画像石墓》,《中原文物》1982 年第 1 期。

吕志峰:《东汉熹平二年张叔敬朱书瓦缶考释》,《中文自学指导》2007 年第 2 期。

罗二虎：《中国西南汉代画像内容分类》，《四川大学学报》（哲学社会科学版）2002 年第 1 期。

马雍：《论长沙马王堆一号汉墓出土帛画的名称和作用》，《考古》1973 年第 2 期。

南阳市博物馆：《南阳发现东汉许阿瞿墓志画像石》，《文物》1974 年第 8 期。

牛天伟：《汉画风伯形象及其功能探析》，《古代文明》2008 年第 3 期。

牛天伟、李真玉：《浅析汉画中的酒文化》，《南都学坛》2000 年第 2 期。

彭浩：《读云梦睡虎地 M77 汉简〈葬律〉》，《江汉考古》2009 年第 4 期。

任义玲：《汉代画像石刻中的拜谒礼俗探析》，《东南文化》2009 年第 4 期。

孙泽娟、陈章龙、陈雪香：《汉画中的饮酒礼俗》，《农业考古》2018 年第 4 期。

谭正：《从汉画像砖石中解读东汉庄园建筑院落特征》，《建筑与文化》2019 年第 3 期。

唐长寿：《乐山崖墓画像中的孝子图释读》，《长江文明》2010 年第 2 期。

唐红丽：《汉代厚葬之风孕育了汉画像石》，《中国社会科学报》2013 年 1 月 11 日。

仝泽荣：《江苏睢宁墓山汉画像石墓》，《文物》1997 年第 9 期。

王恩田：《泰安大汶口汉画像石历史故事考》，《文物》1992 年第 12 期。

王海航：《石家庄市东岗头村发现汉墓》，《考古》1965 年第 12 期。

王怀平：《汉画像"孔子见老子"与喻"礼"图式资源》，《齐齐哈尔大学学报》（哲学社会科学版）2019 年第 12 期。

王玲娟、刘云：《试析巴蜀汉阙整体构成的秩序之礼》，《重庆文理学院学报》（社会科学版）2014 年第 6 期。

王思礼：《山东肥城汉画象石墓调查》，《文物参考资料》1958 年第 4 期。

王四达：《论汉礼的兴作在经学演进过程中的三次跃迁》，《福建论坛》（人文社会科学版）2002 年第 3 期。

王玉金：《从南阳汉画看汉代的等级制度》，《南都学坛》1993 年第 1 期。

王煜：《汉代太一信仰的图像考古》，《中国社会科学》2014年第3期。

王元林：《试析汉墓壁画孔子问礼图》，《考古与文物》2012年第2期。

温乐平：《制度安排与身份认同：秦汉舆服消费研究》，《江西师范大学学报》（哲学社会科学版）2012年第6期。

吴荣曾：《镇墓文中所见到的东汉道巫关系》，《文物》1981年第3期。

夏晓伟：《汉代便面功用小考》，《东南文化》2003年第11期。

信立祥：《汉代画像中的车马出行图考》，《东南文化》1999年第1期。

徐婵菲、郭开红：《洛阳西汉空心砖画像解读》，《荣宝斋》2018年第10期。

徐文彬：《门阙考——并及四川石阙史略》，《西南师范大学学报》1986年第2期。

徐志君：《汉画所见棨戟研究——论使用、形制和意义》，《南京艺术学院学报》（美术与设计版）2015年第5期。

杨爱国：《汉代的忠孝观念及其对汉画艺术的影响》，《中原文物》1993年第2期。

杨爱国：《汉代画像石榜题略论》，《考古》2005年第5期。

杨爱国：《汉画像石中的庖厨图》，《考古》1991年第11期。

杨爱国：《中国考古百年视野下的汉代画像石研究》，《南方文物》2022年第2期。

杨朝明：《关于"周公辅成王"问题》，《文史知识》2006年第1期。

杨义：《遥祭汉唐魄力——鲁迅与汉石画像》，《学术月刊》2014年第2期。

于秋伟等：《山东费县刘家疃汉画像石墓发掘简报》，《文物》2018年第9期。

岳凤霞、刘兴珍：《浙江海宁长安镇画像石》，《文物》1984年第3期。

臧莎莎：《汉画中的嘉禾形象与汉人的农业崇拜》，《中国区域文化研究》2022年第1期。

曾繁模：《巴蜀汉画石棺双阙图像的再认识》，《长江文明》2014年第1期。

张其海：《山东苍山元嘉元年画象石墓》，《考古》1975 年第 2 期。

张倩倩：《汉代世俗世界中的礼乐文明——汉画像石与汉代礼乐文化简论》，《齐鲁文化研究》，2013 年总第 13 辑。

张闻捷：《楚汉时期特牛祭奠礼考》，《长江大学学报》（社会科学版）2016 年第 5 期。

张勋燎：《成都东御街出土汉碑为汉代文翁石室学堂遗存考——从文翁石室、周公礼殿到锦江书院发展史简论》，《南方民族考古》2012 年第 8 辑。

赵晨：《汉画"周公辅成王"中的叙事与象征》，《美术观察》2010 年第 9 期。

赵殿增、袁曙光：《"天门"考——兼论四川汉画像砖（石）的组合与主题》，《四川文物》1990 年第 6 期。

赵化成：《汉画所见汉代车名考辨》，《文物》1989 年第 3 期。

郑好：《汉代画像中的建筑形象》，《收藏家》2018 年第 11 期。

郑煦卓：《汉赋中的服饰描写与汉代礼乐精神》，《丝绸之路》2009 年第 2 期。

[美] 巫鸿、郑岩：《从哪里来？到哪里去？——汉代艺术中的车马图像》，《中国书画》2004 年第 4 期。

[日] 林巳奈夫：《后汉时代の车马行列》，《东方学报》1966 年第 37 册。

[日] 佐原康夫：《汉代祠堂画像考》，《东方学报》1991 年第 63 册。